청소년의 분노조절 자존감 향상
용서 프로그램

용서의 힘

김 홍 기 지음

꿈과 비전
Dream & Vision Books

용서의 힘

머리말

가장 아름답고 선하고
숭고하고 거룩한 '용서'의 힘

용서(容恕, forgiveness)는 인간으로서 할 수 있는 가장 아름답고 선하고 숭고하고 거룩한 행위다. 그래서 용서를 가리켜 신의 영역에 속한다고까지 말을 한다. 달리 말하면 용서를 할 수 있다면 신의 범주에 들어선다는 의미다. 역사적으로 존경 받는 성현들은 용서할 수 없는 사람을 용서함으로 신의 영역에 오른 사람들이다.

많은 사람들이 용서의 고귀함에 대해 알고 용서를 하고 싶어 한다. 그렇지만 어떻게 해야 할지를 알지 못하고 있다. 용서를 종교나 철학의 범주로 생각하고, 다른 사람을 위한 자선 활동이나 윤리 도덕 정도로 여기기도 한다. 그러나 용서는 남을 위한 것이 아니라 나를 위한 것이다. 용서함으로 잃는 것보다 얻는 것이 훨씬 많다. 용서는 마음의 평안을 주며 신체의 건강을 담보해준다. 가정의 화목과 이웃과의 화해 그리고 나라와 민족 더 나아가 인류의 평화를 가져온다.

그러면 허물투성이요 나 하나 감당하기도 버거운 연약한 인간이 어떻게 용서를 할 수 있는가? 그것은 오직 신의 능력을 덧입는 것이다. 하나님께서 인간을 지으실 때 이미 하나님의 능력을 불어넣어 주셨다.

창세기 1장 27절에 "하나님이 자기 형상 곧 하나님의 형상대로 사람을 창조하시되 남자와 여자를 창조하시고"라고 했다. 인간은 태어날 때부터 하나님처럼 거룩하고 진실하고 선하고 아름답고 정의롭고 오래 참고 용납하고 온유하고 사랑스러운 존재로 지음 받았다. 하나님의 형상을 닮은 존재로서 신의 속성과 능력을 지니고 태어난 것이다.

그런데 사단의 유혹에 넘어간 인간은 죄를 범하게 됨으로 하나님의 형상을 잃어버리고 신의 속성을 상실하게 되었다. 이런 인간이 사는 세상은 죄가 관영하여 시기, 질투, 미움, 분쟁, 거짓, 불의, 반목, 중상, 모략, 강포, 살인 등으로 낙원을 상실한 상태가 되었다. 오늘날 모든 개인이나 사회, 국가나 민족 간의 문제도 궁극적으로 이런 인간의 죄에서 비롯된다. 심각한 사회 문제가 되고 있는 학교폭력, 따돌림, 학업 스트레스, 우울증, 인터넷 중독, 스마트폰 중독, 음주흡연, 성폭력, 자살 등의 청소년 문제도 결국 그 뿌리는 죄 문제와 연결되어 있다. 죄의 결과 하나님의 형상을 잃어버리고 하나님에 대해 왜곡하며, 이웃 간에 상처를 주고받으며 분노하고, 자존감을 상실한 채 살아가고 있다. 결국에는 심판과 사망에 이를 수밖에 없는 한계적인 상황에 놓이게 되었다.

　이런 인간들의 근본적인 문제를 해결하기 위해 하나님께서 독생자를 보내셨다. 독생자 예수 그리스도의 대속적(代贖的) 죽음을 통해 하나님의 공의를 실현하시고 인간의 죄를 용서하셨다.

　개혁주의 신학의 관점에서 볼 때, 용서의 최고 절정은 예수 그리스도의 십자가 용서이다. "예수께서 이르시되 아버지 저들을 사하여 주옵소서! 자기들이 하는 것을 알지 못함이니이다."(눅23:34)

　예수 그리스도의 대속적 죽음과 용서의 기도로 인하여 불화 관계에 있던 하나님과 인간, 인간과 인간 사이에 용서와 화해가 이루어지고, 구원의 길이 열리게 되었다. 그러므로 예수 그리스도의 용서의 사랑을 덧입을 때, 용서의 힘을 얻을 수 있다.

　본 저서는 '용서 프로그램이 기독청소년의 분노 조절과 자존감 향상에 미치는 영향'이라는 졸자의 박사학위 논문을 기초로 했다. 기존의 용서 관련 연구들이 대부분 수평적 인간관계 측면에서 심리적 인지적 행동적 접근을 시도했다. 이러한 접근이 나름대로 의미와 효과가 있지만 전인적(全人的) 측면에서 볼 때 미흡한 점이 많다.

　한 인간을 온전히 용서하기 위해서는 수평적 대인관계뿐만 아니라 수직적 대신관계 즉 하나님과의 관계를 빼놓을 수 없다. 기독 청소년들의 경우 자신에게 피해나 상처를 준 가해자의 이면에 역사하시는 하나님에 대한 왜곡된 이미지를 가지고 있다. 깊은 상처를 주도록 내버려두고 방관한 하나님을 궁극적인 가해자(ultimate perpetuator)로 생각하여 대신(對神)관계가 불화 상태에 있는 경우가 많다. 그러므로 온전한 용서를 이루기 위해서는 하나님과의 정서적 화해와 전인격적인 용서가 선행되어야 한다. 하나님과의 수직적 용서와 화해가 이루어질 때 사람과의 수평적 대인관계도 온전한 용서가 이루어질 수 있다.

본 연구에서는 왜곡된 하나님 이미지를 성경적으로 변화시켜 올바른 하나님 이미지를 형성하도록 도움으로 용서를 촉진하고, 분조를 조절하며, 자존감을 향상시킬 수 있도록 용서프로그램을 개발하여 운영했다.

그 동안 본 저서가 나올 수 있도록 지도해주신 고광필, 정준기 박사님과 김현진, 김성환 교수님께 감사드리며, 35년 동안 교육 현장에서 동고동락했던 교직원님들께 감사드린다.

젊은 시절 세계선교 비전을 심어주신 UBF 공동 설립자이신 Samuel Lee 선교사님과 Sarah Barry 선교사님께 감사드린다. 청소년 선교를 지원을 해주신 전 UBF 한국대표 전요한, 이사무엘 목자님과 현 UBF 대표이신 김다윗 목자님께 감사드린다. 영적인 아버지 이여호수아 목자님과 복음적인 말씀으로 은혜를 주신 양마가 선교사님, 차세대 선교 동력으로 비전을 주신 Peter Chang 선교사님께 감사드린다. 청소년 선교를 위한 기도와 물질적 지원을 해주신 전국의 UBF 목자님들과 함께 청소년 사역을 위해 수고해 주신 JBF 교사목자님들, 광주2부 동역자님들께 감사드린다.

부족한 자를 늘 기도로 격려해주신 경주선교교회 박광준 목사님, 처형님들, 처남님들과 처조카들께 감사드린다. 아버지 역할을 해주신 큰형님과 형수님, 나의 멘토 서울 형님과 형수님, 조카들 그리고 날마다 기도로 용기를 북돋워준 사랑하는 아내, 독일에서 선교사역을 감당하는 아들 모세, 며느리 마리아, 손주 요셉과 요한, 아빠의 뒤를 이을 딸 지혜에게 감사드린다.

끝으로 졸저에 관심을 가져주시고 기꺼이 출판해주신 '꿈과 비전'의 신수근(사무엘) 사장님과 편집진께 감사드리며, 이 작은 글이 성서한국과 세계선교 역사에 오병이어가 될 수 있기를 기도한다.

2017. 5. 21.

무등산 자락에서 김홍기(모세)

추천사

"청소년 사역 위해 헌신하는 분들 위한 지침서"
– 김다윗(UBF 한국대표)

김모세(홍기) 목자님, 하나님께서 모세 목자님을 지난 35년 동안 캠퍼스 청년들과 청소년들을 위해 헌신케 하신 것을 감사합니다. 모세 목자님의 헌신과 수고를 받으시고 많은 방황하던 청년들과 청소년들을 주께로 돌아오게 하신 크신 은혜를 감사합니다. 사역이 그렇게도 바쁘신 가운데서도 모세 목자님으로 하여금 귀한 박사 학위 논문을 쓰시기까지 힘주시고 지혜와 명철을 주신 하나님의 은혜를 감사합니다. 이 논문을 캠퍼스 청년들과 청소년 사역에 헌신하시는 주의 종들에게 큰 지침과 은혜가 되게 하시기를 기도합니다. 주님께서 박사학위를 받도록 은혜주시고 축복하신 것을 감사하고 축하드립니다.

"10년여의 기도 땀 헌신 한데 어울려 만든 역작"

– 고광필(광신대학교 조직신학 명예교수)

저술의 가치는 책의 양에 있지 않고 책에 쏟아 부은 열정의 강도에 따라서 결정된다는 말이 있듯이 김 박사님의 저서 '용서의 힘(부제: 용서프로그램이 기독교 청소년의 분노조절과 자존감 향상에 미치는 영향'은 자신의 박사학위 논문을 다시 정리하여 내놓은 역저이다.

그는 박사학위 논문을 마치기 위해서 명예퇴직을 하면서까지 논문 기일에 맞추기 위해서 시간에 쫓기는 중압감과 불안 속에서 논문을 마쳤다. 따라서 저자는 이 저술을 위하여 10여년의 짧지 않은 세월과 간절한 기도와 땀과 피가 한 데 어울려 흐르는 값진 저서이다. 독자는 저자의 언어, 스타일을 통해서 저자의 감정과 마음을 읽을 수 있을 것이다.

본 저술은 기독교 상담학의 핵심은 죄의 용서에 있음을 깊은 신학적인 분석과 중요성을 지적하고 있다. 기독교적인 관점에서 볼 때 상담학의 본질은 청소년의 분노를 단순히 분노를 조절하는 심리적인 이해와 방법에 있는 것이 아니라 인간의 근본 문제인 죄를 해결하는데 있다고 봤으며, 근본적인 해결책은 예수 그리스도의 용서에 출발하며 이 출발에서 기독교 분노 조절의 상담은 시작된다고 보고 있다. 이것이 신학적으로 아주 중요한 포인트이다. 모든 인간의 문제의 해결점은, 청소년의 분노 문제를 포함해서, 그 문제 자체에 있지 않고 하나님과 인간관계를 회복하는데서 오기 때문이다. 근본적으로 분노의 조절은 하나님과 인간관계의 회복이며 이 회복은 죄의 용서에 있다. 용서를 통해서 하나님의 형상은 회복되어져 가며 형상 회복은 자존감의 회복이다.

은혜로 구원받은 그리스도인에게 용서는 의무이기 전에 은혜 받은 신자의 특권이요 은혜의 선물이라고 저자는 강조하고 있다(논문, 21). 용서는 내가 하는 것이 아니라 예수 그리스도를 통한 용서이며 우리는 그의 용서함을 덧입어서 나와 너를 사랑하고 신자로서 정체성을 가지고 살 수 있다. 이것이 용서의 비밀이다.

청소년의 분노 조절의 문제도 일차적으로 심리학적인 방법이 아니라 먼저 용서를 통해서 하나님과 인간의 관계가 회복됨으로서 죄책감이 해소되고 자존감을 동시에 회복할 수 있다. 이와 같은 신학적인 깊은 통찰은 심리학 중심의 상담학을 무시하는 것이 아니라 보완하여서 기독교적인 상담학을 새로운 각도에서 보게 하는 새로운 패러다임을 제시했다는 점에서 아주 중요하며, 실제 청소년의 분노 조절이 신학적인 용서에서 시작해야 한다는 사실을 통계학적으로 증명함으로 가독성을 높이고 있다.

오늘날 청소년의 문제가 날이 갈수록 악화되고 있으며 사회적인 심각한 문제로 등장하고 있는 이 시점에 특별히 용서를 중심한 기독교 상담학적인 면에서 분노의 조절을 시도한 것은 저자의 신학적이고 상담학적인 깊은 통찰이라고 본다. 따라서 이 저서는 일반 교회에서도 목사를 비롯한 평신도도 꼭 일독을 해야 할 충분한 가치가 있는 저서라고 생각되어 강력하게 일독을 추천한다.

"수십 년간 청소년 사역 현장체험의 결정체"
– 정준기(광신대학교 역사신학 명예교수)

자신의 일상생활에서 풍성한 삶을 영위한 자는 그 자신이 어떤 일에 종사하는지에 불문하고 행복자라고 생각된다. 그런데 이 풍성한 삶의 방식은 거의 모든 경우에 청소년기에 형성된다. 15세 전후의 청소년들이 점진적으로 형성해가는 우주관, 인생관이 차후 그들의 삶을 지배한다고도 볼 수 있다. 따라서 청소년기에 형성할 삶의 정체성은 그들이 만나는 다양한 형태의 분노를 어떻게 조절하느냐에 따라서 결정된다고 해도 과언이 아니다. 이 조절은 용서와 건강한 자존감이라는 두 개의 건설적인 방식이 전제된다.

이 책의 저자인 김홍기 박사님은 수십 년에 걸쳐 청소년 사역을 감당하시면서 용서와 화해, 그리고 건강한 자존감을 청소년들에게 심어 주신 분으로 평소 그가 체험한 실제를 여러 상담이론으로 승화시켜 이번에 출판하셨다. 인류 최대의 문제인 용서의 철학과 신학이 이 저술에 담겨있어 매우 유익한 저술이라 사료된다.

"용서의 향연 위한 등불 비추는 소중한 길잡이"
– 김성환(광신대학교 상담치료대학원 주임교수)

사랑과 용서는 기독교 진리의 가장 아름다운 정수입니다. 하나님께서 십자가를 통해 나타내주시고 성취해주신 사랑과 용서가 없었다면 그리스도인들의 놀랍고 은혜로운 구원도, 거듭난 존재로서의 신비하고 비밀스러운 새 생명의 삶도 불가능했을 것입니다. 자신에게 죄를 범한 사람을 몇 번이나 용서해야 하는지에 대한 제자의 질문에 예수님은 일흔 번에 일곱 번까지 용서하라고 말씀하십니다. 주님을 알지 못하는 사람에게 용서는 단 한 번도 수행하기 어려운 짐이 되겠지만 주님의 사랑과 용서를 경험한 그리스도인에게는 의무의 형태로 된 가장 놀라운 특권입니다.

용서는 나에게 상처와 아픔을 준 상대에게 면죄부를 주고 놓아주는 것이기 이전에, 상처와 쓴 뿌리로 인해 족쇄에 매여 옥에 갇혀 있는 나 자신에게 자유와 해방과 평안을 선포하는 것입니다. 용서는 표면적으로 가해자와 피해자 사이, 즉 사람과 사람 사이에 수평적 관계회복과 화해를 의미합니다. 그러나 진정한 용서는 십자가의 주님과의 인격적 만남을 통한 사랑과 용서의 경험, 다시 말해 하나님과의 수직적 화해가 전제되지 않고는 절대로 이루어질 수 없습니다.

거의 평생을 걸쳐 선교와 목양의 현장에서 주님의 제자들을 길러내며 특히 기독교 청소년들을 그리스도의 진리와 사랑으로 돌보며 양육해온 저자는 그들이 지닌 자존감의 문제와 내면의 분노의 응어리에 주목합니다. 어쩌면 기성세대들이 짐을 지워주었을지 모르는 시대적 멍에와 상처를 조금이라도 덜어주기 위해 그들을 하나님께서 열어주신 용서의 풍성한 연회로 초청합니다.

본서에는 저자 자신의 주님과의 인격적 만남의 체험, 긴 세월에 걸친 주님의 제자로서의 한결같은 헌신의 삶, 한 영혼 한 영혼을 주님께로 인도하며 성숙한 그리스도인으로 양육하고자 하는 사랑의 열정과 다양한 사역의 경험, 오랜 기간에 걸친 신학과 기독교상담학 분야의 학문적 연마와 수양 등의 열매가 아름답게 어우러져 녹아있습니다.

본서가 용서의 가치와 중요성은 잘 알면서도 그것을 순종하기 어려운 짐이요 의무로 여기며 살아가는 기독청소년들을 포함한 수많은 그리스도인들에게, 십자가의 주님과의 인격적 만남을 통한 사랑과 용서의 향연을 즐기며 용서의 특권과 자유를 마음껏 누리며 살아갈 수 있도록 등불을 비춰주는 소중한 안내서가 되기를 소망해봅니다.

"전국 중고교 카운슬러 참고용으로 적극 활용할 만"
- 노아 송수일 장로

평소에 고마우시고 존경하는 김모세(홍기) 목자님의 박사 학위 논문을 처음 접했을 때, 그때의 감탄과 소감을 몇 마디 적습니다.

우선 연구 주제 "용서 프로그램이 기독청소년의 분노조절과 자존감 향상에 미치는 영향"에 대한 것입니다. '용서' '분노' '자존감' 등의 단어가 심금에 와 닿았습니다. 상대방이 내게 준 상처로 말미암아 분노며 자존감을 상해보지 않은 청소년은 아마 아무도 없을 것입니다. 말로나 폭력, 왕따, 배신, 멸시, 따돌림 등으로 자존감을 상할 뿐만 아니라 심지어는 화병이 나고 상처를 준 상대방을 죽이고 싶도록 분노를 느낄 때도 있을 것입니다.

졸자의 경험에 의하면 상처를 입고 화병이 나서 입안이 망가지고 뒤

집혀서 물도 마실 수 없어 1주일간 입원 치료를 받았으나 낫지 않았습니다. 상화당 한의원의 진단으로 화병 치료를 받고 나았으나 마음의 분노는 그로부터 꼭 1년 1주일 만에 순천 남산 약수터의 억새풀 숲속에서 기도할 때, 하나님의 치료하심으로 손바닥 뒤집듯이 나았습니다. 이처럼 용서는 사랑하기보다 힘들고 어려우며, 사랑보다 값지고 사랑보다 우선이며, 진실한 인격적 정서의 치료라고 생각합니다.

"아버지여, 저들을 사하여 주옵소서!" 예수님은 자기를 십자가에 못박은 원수들을 용서해주시라고 하나님께 기도하셨습니다(눅23:34).

중국의 석학 임어당은 십자자상에서 절규하신 예수님의 이 한 마디 말씀으로 예수님을 메시아로 믿게 되고 영접해서 구원 받았다고 합니다. '좋은 나무가 좋은 열매를 맺는다.'(눅6:43~44)라고 하신 예수님의 말씀은 만고불변의 진리가 아니겠습니까?

저자 김홍기 박사님은 좋은 나무라고 확신합니다. 그 분의 열매를 통해서 내가 알기로는 그분은 중고등학교에서 여러 해 동안 교편을 잡고, 제자들로부터 존경 받은 참 스승이요, UBF 광주 백악센터 시니어 목자시며, 특별히 JBF(청소년성경읽기선교회) 청소년들을 신앙 인격으로 잘 길러주신 참 목자이심을 모두가 압니다. 나도 또한 JBF 출신인 우리 손자들을 통해서 잘 압니다. 2009년에는 목사 안수도 받으신 분입니다. 광주 JBF 청소년들은 참으로 행복한 학생들입니다. 또 좋은 열매로는 그 분의 박사 학위 논문의 내용이라 하겠습니다.

첫째, 연구 주제가 학원 폭력이 난무하고 왕따 당하는 학생이 많은

이 시대에 현장 지도에 적합한 연구 주제라 하겠습니다.

둘째, 연구 보고서의 체제와 내용이 잘 짜였으며 후배 연구자들의 좋은 본이 되기에 부족함이 없을 것입니다.

셋째, 구체적인 내용을 다 열거할 수는 없으나 용서 프로그램이 섬세하게 잘 짜였으며 특별히 그 중에서도 8주 동안의 8회기에 걸쳐 진행된 프로그램이며 p.150의 Ⅴ. 논의 내용들, 예를 들면 '보이지 않은 편지' '용서에 대한 나의 생각' '용서의 선물하기' '용서에 대한 경험 나누기' '하나님에 대한 바른 생각 갖기' 등과 풍부한 참고 문헌이며, 선행 연구의 탐사는 많은 시간과 정성을 드렸을 것입니다. 그 노고에 비한다면 우리가 한 달을 걸려 정독한다할지라도 얼마나 큰 경제적인 수확이 아니겠습니까?

끝으로 감히 바라옵건대, 이 주옥같은 보배로운 자료를 전국 중고등학교의 카운슬러 참고용으로 애용한다면 더욱 빛이 날 것입니다. 감사합니다.

목 차

머리말
추천사

I. 서론
1. 연구의 목적과 필요성 … 23
2. 연구문제 … 31
3. 용어의 정의 … 32
4. 연구의 범위와 한계 … 35

II. 이론적 배경
1. 용서의 이해 … 39
2. 기독청소년의 이해 … 55
3. 용서와 청소년 분노의 이해 … 96
4. 용서와 청소년 자존감의 이해 … 137
5. 용서와 하나님 이미지의 이해 … 158
6. 선행 연구 … 188

III. 연구 방법
1. 이론적 배경 … 205
2. 연구 참여자 … 208
3. 용서프로그램의 개발 … 209
4. 자료 분석 방법 … 218
5. 연구 과정의 평가 … 221

IV. 연구 결과
1. 구성 집단의 인구학적 특성 … 229
2. 실험군과 대조군의 동질성 검사 … 231
3. 용서프로그램 운영의 결과 분석 … 234

V. 논의
1. 용서 프로그램에 의한 용서의 증가 … 239
2. 용서 프로그램에 의한 분노의 감소 … 241
3. 용서 프로그램에 의한 자존감의 증가 … 241
4. 용서 프로그램에 의한 하나님 이미지의 변화 … 242

VI. 요약, 결론 및 제언
1. 요약 … 247
2. 결론 … 248
3. 제언 … 249

◈ 참고문헌
◈ 부록
〈부록 1〉 용서프로그램 워크북 … 261
〈부록 2〉 I. 용서 검사지 … 230
〈부록 3〉 II. 분노 검사지 … 336
〈부록 4〉 III. 자존감 검사지 … 337
〈부록 5〉 IV. 하나님 이미지 검사지 … 338

제1장
서론

인간은 태어나면서부터 사람들과의 관계성 속에서 살아간다. 서로 협력하여 인류 역사와 문화를 발전시키기도 하지만 반목(反目)과 질시(嫉視)로 갈등하며 다투기도 한다. 청소년 역시 아동기를 벗어나 성인에 이르는 과도기적 삶을 살면서 많은 갈등을 겪는다. 학업에 대한 스트레스와 친구관계에서 오는 갈등으로 자존감을 상실하고 분노하기도 한다. 이런 문제들이 원만히 해결되지 않을 때 학교 폭력, 따돌림, 우울증, 청소년 비행, 범죄, 자살 등 심각한 사회 문제로 발전하게 된다.

인간 문제를 해결하기 위한 많은 노력들이 큰 흐름을 이루며 이어져 왔다. 정신분석에서 비롯한 정신역동이나 인지행동치료, 심리치료, 게슈탈트 등 하나의 큰 흐름을 이루며 이어져 왔다.[1] 이러한 연구는 대부분 수평적 인간관계 차원에서 이루어졌다. 기존의 용서관련 연구나 프로그램들은 설사 기독교상담 분야라 할지라도 대부분 수직적 하나님과의 관계 회복보다는 심리적, 인지적, 행동적 접근을 통한 수평적 인간관계 회복에 무게 중심을 두는 경우가 지배적이었다.

---

1) 김현진, "역자 서문"「정서중심치료」(서울: 교육과학교육사, 2015), 10.

하지만 이러한 접근은 한 사람이 온전한 용서에 도달하기 위해서 수평적 차원의 대인관계 회복은 물론 하나님과의 수직적 관계 회복이 반드시 전제되어야 하고, 보다 강조되고 구체화 될 필요가 있다는 점에서 아쉬움과 한계가 있다.

기독청소년의 경우 인간관계에서 겪게 되는 마음의 상처나 피해로 인하여 상대방에 대해 갖게 되는 분노나 미움도 그 내면 깊은 곳에서는 하나님에 대한 분노나 미움이 있을 수 있다. 자신을 이런 상황에 이르도록 내버려두거나 방관하신 절대주권자이신 하나님을 궁극적인 가해자(ultimate perpetuator)로 여겨 대신관계가 불화 상태에 있는 경우가 많다.[2] 왜냐하면 하나님은 우리의 머리털까지 다 세시며, 하나님의 허락이 없이는 참새 한 마리도 땅에 떨어지지 않기 때문이다(마10:29-30). 이처럼 잘못된 하나님 이미지를 성경적으로 변화시켜 하나님과의 정서적 화해, 전인격적인 화해를 이룰 때 온전한 인간관계가 회복될 수 있을 것이다.

수평적, 수직적 온전한 화해를 위한 방안으로 용서가 제기되고 있다. 하지만 용서는 신의 영역에 속한다고[3] 말을 할 정도로 쉽지만은 않다. 피해와 상처를 준 상대방에 대해 용서해주고 싶지 않은 마음이 심층에 깔려있다. 용서를 해주면 손해라는 생각도 있다. 이는 용서에 대해 잘

---

2) 김성환, "화병에 관한 목회상담적 소고"「복음과 상담」제23권 1호(2015), 33.
3) Robert DeGrandis,「용서는 신적 사랑」(서울: 성요셉출판사, 1991), 2.

모르기 때문이다. 용서는 상대를 위하기에 앞서 자신을 위한 것이다.[4] 용서에 대한 바른 이해와 방법을 알면 누구나 할 수 있다.

이런 점에 문제의식을 가진 본 연구자는 기독청소년들의 분노를 조절하고, 자존감을 향상시키기 위해 하나님 이미지의 성경적 변화를 통한 용서프로그램을 개발하여 운영하고자 한다. 국내 선교회의 청소년을 대상으로 8주간 8회기에 걸쳐 용서프로그램을 운영할 계획이다. 이를 통해 우리의 희망인 청소년들이 거룩한 열망으로 아름다운 사회를 만들어 가기를 기대한다.

1. 연구의 목적과 필요성

인류 역사는 흥망성쇠를 거듭하며 유구한 역사를 이어오고 있다. 큰 흐름에서 보면 사필귀정(事必歸正)으로 선이 승리하고 모든 일은 결국 바른 길로 돌아간다. 정의가 실현되고 진리가 승리한다. 그러나 부분적인 면에서 보면 악이 승리하고 불의가 득세하는 것처럼 보이기도 한다. 세상이 불공평하고 부정과 부조리가 판을 치고 거짓과 속임수, 억압과 탄압, 분함과 성냄, 불의와 강포가 득세하여 법과 질서를 지키며 선하게 사는 사람이 오히려 손해를 보기도 하고, 울분을 해결하지 못해 마음의 병이 되기도 한다. 국가나 민족 간에도 반목과 갈등, 경쟁과 다툼

---

4) Gordon Livingston,「너무 일찍 나이 들어버린 너무 늦게 깨달아버린」(서을: 웅진씽크빅 리더스북, 2013), 228.

으로 긴장이 고조되고 자국의 이익을 위해 군비를 증강하는 등 갈등은 끊이지 않고 있다.

이처럼 불공평한 세상에 대해 사람들은 분노나 억울함을 풀어줄 다른 대상을 찾게 되는데, 이를 이용한 사행산업이 흥행하고 영화나 예술도 이와 관련된 것들이 많이 있다. 특히 청소년의 스트레스를 가장 쉽게 풀어줄 수 있는 한 방편으로 게임 산업이 성업 중인데, 자라나는 세대들이 게임 중독에 깊이 빠져 사회 문제로 대두되고 있다. 이런 게임의 내용이 대부분 폭력적이고 파괴적인 것으로 억눌린 감정을 시원하고 통쾌하게 해결해 주는 듯하다. 액션 영화를 보아도 억울한 사람들의 문제를 직접 해결하는 법의 수호자, 복수의 화신들이 많이 등장한다. 법의 수호자들은 부당한 세력들에 대해 법을 집행하거나 직접 심판함으로 복수를 한다. 이런 과정은 보는 이의 울분을 대신 해결해주는 것 같아 대리만족감을 주고 통쾌한 쾌감을 느끼게 한다. 그러나 복수는 문제 해결의 진정한 방법이 아니다. 복수는 복수를 낳고 원한은 원한을 낳는다. 또 다른 상처를 낳아 죄의 대물림이 된다.

그러면 우리 사회의 억눌린 감정, 마음의 상처를 해결해줄 수 있는 진정한 해결 방법은 무엇인가? 복수의 악순환, 상처의 대물림을 극복하는 방안으로 용서가 제기되고 있다. 용서는 모든 종교에서 강조하는 덕목이며 많은 성현들은 일찍이 용서의 본을 보였다. 소크라테스는 '악법도 법이다.'라며 악법일지라도 수용했고, 예수는 '저들의 죄를 사하여 주옵소서!'하며 용서의 기도를 했다.

기독교를 가리켜 사랑의 종교라고 한다. 구약의 율법을 함축하고 있는 십계명을 한 마디로 하면 사랑이다. 제1계명에서 제4계명까지는 하나님 사랑에 대해 말하고 있고, 제5계명에서 제10계명까지는 이웃 사랑에 대해 말하고 있다. 신약의 핵심 교리도 사랑이다. 결국 신구약 성경 66권의 내용은 하나님 사랑과 이웃 사랑으로 요약할 수 있다. 이 사랑은 독생자를 주시기까지 사랑하신 하나님의 사랑이요. 십자가에 몸을 내어 주시기까지 하신 예수 그리스도의 사랑이다. 그런데 예수 그리스도의 사랑은 바로 용서의 사랑이다. 예수께서 십자가에서 말씀하신 "아버지 저들을 사하여 주옵소서! 자기들이 하는 것을 알지 못함이니이다."(눅 23:34) 라는 말씀이 곧 용서의 기도, 용서의 사랑이다. 다시 말해 사랑은 용서를 전제로 하고 있다. 도저히 용서할 수 없는 사람을 용서하는 것이 사랑이다. 우리가 아직 죄인 되었을 때에 그리스도께서 우리를 위하여 죽으심으로 하나님께서 우리에 대한 자기의 사랑을 확증하셨다(롬5:8). 성경에 줄기차게 흘러내려오고 있는 하나님의 메시지는 바로 용서의 사랑이다. 예수께서도 말씀하시기를 "또 네 이웃을 사랑하고 네 원수를 미워하라 하였다는 것을 너희가 들었으나 나는 너희에게 이르노니 너희 원수를 사랑하며 너희를 핍박하는 자를 위하여 기도하라."(마5:43-44) 하셨다. 심지어 "하루에 일곱 번이라도 네게 죄를 짓고 일곱 번 네게 돌아와 내가 회개하노라 하거든 너는 용서하라."(눅17:4) 하셨다.

어떻게 이렇게 할 수 있는가? 용서가 좋은 것이요 숭고한 것이라는 것은 알지만 생각처럼 누구나 쉽게 할 수 있는 것은 아니다. 로버트 드

그란디스(Robert DeGrandis)의 말처럼 용서는 신의 영역에 속한 것인지 모른다.[5] 그러나 용서는 상처 받은 우리의 내면을 치유하고 장차 갑자기 닥칠 수 있는 갈등과 상처를 슬기롭게 극복하고 나아가 성장의 계기로 삼을 수 있는 기회일 수도 있다. 이런 점에서 볼 때, 용서는 다른 사람을 위한 것이기에 앞서 나 자신을 위한 것이다. 용서는 다른 사람이 아닌 자신에게 주는 선물이다.[6] 프레드 러스킨(Fred Luskin)은 "용서란 이미 일어난 나쁜 일이 비록 나의 과거를 망가뜨렸을지언정 오늘과 미래는 결코 파괴할 수 없다는 힘찬 자기 선언이다."[7]라고 말하며, 용서는 과거를 받아들이면서 미래를 향해 움직일 수 있도록 하는 열쇠를 우리 손에 쥐어 주는 것이고, 용서하고 나면 두려워할 일이 적어진다고 했다. 궁극적으로 용서는 나에게 피해나 상처를 입힌 사람을 위해서 해주는 것이 아니라 나 자신의 성장과 성숙을 위해 스스로 선택하고 결정한 위대한 잠재 능력이다.

이처럼 용서는 궁극적인 면에서 볼 때 다른 사람을 위한 것이 아니라 자신을 위한 것이다. 아울러 용서는 포기나 망각이 아니라 변화를 위한 적극적인 의지이며, 원망과 복수심을 버리고 성숙으로 나아가는 위대한 결단이다.

인간관계에서 이처럼 중요한 것이 용서이지만 용서에 대한 심리학적

---

5) Robert DeGrandis,「용서는 신적 사랑」(서울: 성요셉출판사, 1991), 2.
6) Gordon Livingston, 앞의 책.
7) Luskin, Fred, 장현숙 옮김.「용서 : 나를 위한 용서, 그 아름다운 용서의 기술」, (서울: 랜덤하우스중앙, 2003), 14.

접근이 시작된 것은 1980년대 후반부터이며, 최근에야 경험적인 연구 결과들이 조금씩 축적되고 있는 실정이다. 우리나라에서는 2000년에 시작된 '한국 용서와 화해 연구회'가 최초의 용서와 화해 연구모임으로 활동하고 있다.[8]

특히 청소년 문제와 관련하여 용서의 심리학적 접근은 이제 시작 단계라고 할 수 있다. 한국청소년상담원이 심리 검사나 개인상담, 집단상담 등의 대면상담과 전화상담 총 36,741건의 내용을 분석한 결과 청소년의 대인관계 문제가 19.2%로, 학업진로문제 13.5%보다 높게 나타났다.[9] 이는 오늘날 많은 청소년들이 상호관계 문제에 어려움을 겪고 있다는 것을 말해준다.

오늘날 우리나라의 청소년들은 대학입시라는 커다란 굴레에 얽매여 원하든 원하지 아니하든 수레바퀴처럼 굴러가고 있다. 대학에 들어가기 위한 한 가지 일념으로 모든 것을 참고 포기하며 젊은 날을 억압하고 부정하며 살아간다. 이로 인해 말할 수 없는 스트레스와 좌절, 불만과 분노를 겪으며 살아가고 있다. 청소년의 문제가 사회적인 이슈로 떠오르고 있지만 드러난 문제만 수습하기에 급급할 뿐 이들을 사전에 교육할만한 용서 프로그램이나 매뉴얼이 없는 실정이다.

전성수는 오늘날 우리 교육의 현실을 '복수당하는 부모들'이라는 말로 표현했다. "한국의 자녀교육은 한마디로 부모는 부모로서 힘들고,

---

8) 김광수 외, 「용서를 통한 치유와 성장」(서울: 학지사, 2016), 4.
9) 한국청소년상담원 편, 「2010 상담경향분석 보고서」(서울: 청소년 상담원, 2001), 15-17.

자녀는 자녀대로 힘들고, 그러면서 결과는 엉뚱한 것이 특징이다. 부모들은 자녀를 너무나 사랑하고 자녀를 위해 온몸 바쳐 희생한다. 자녀에게 너무나 열심이다. 그런데 자녀는 자녀대로 너무 힘들다. 공부에 치이고, 학원에 지치고, 부모 잔소리에 불만이다. 먹을 것 못 먹고, 입을 것 못 입고 자녀를 위해 희생했는데 자녀는 그런 부모에 대해 불만이고 나중에 자녀가 성공했더라도 부모를 존경하지 않고 무시한다. 부모는 자신도 모르게 복수당하고, 자녀는 자신도 모르게 복수한다."[10]

기독 청소년들도 크게 다르지 않다. 시대적 흐름에 영향을 받으며 일주일에 한 번 예배드리는 것으로 신앙의 명맥을 겨우 유지하고 있다. 일각에서는 청소년들이 교회를 떠나고 있다고 우려를 하고 있지만 교회가 청소년들의 문제들을 효율적으로 해결해주기 못하고 있다. 바른 지도 방법을 몰라 황금 어장과 같은 청소년들을 무방비 상태로 세상에 흘려보내고 있다.

이는 일찍이 아모스 선지자가 우려했던 문제가 오늘날 우리의 현실 문제로 대두된 것이다. "주 여호와의 말씀이니라. 보라 날이 이를지라. 내가 기근을 땅에 보내리니, 양식이 없어 주림이 아니며, 물이 없어 갈함이 아니요, 여호와의 말씀을 듣지 못한 기갈이라."(암8:11) 이는 현실 문제에 얽매여 말씀을 들어도 깨닫지 못하는 제자들의 모습과 같은 것이다(막6:52).

---

10) 전성수,「복수당하는 부모들」(서울: 베다니출판사, 2015), 15-16.

청소년의 시기야말로 정체성의 혼란을 겪으며 또한 종교적 회심이 가장 많이 일어나는 시기이기도 하다. 스타벅(Starbuck)에 의하면 회심을 일으키는 가장 공통적인 최적의 연령으로서 청소년기를 들고, 청소년기 회심의 평균 연령이 여자의 경우는 13.7세와 14.8세, 남자의 경우는 16.3세와 16.4세로 제시했다.[11] 길레스피(V. Baily Gillespie)의 연구 결과에 의하면 49.7%의 남자와 50.8%의 여자가 13세 전에 종교적 회심을 했다고 보고했다.[12] 이는 청소년의 시기야말로 가치관의 혼란이 일어나며 이러한 때 바른 가치관을 형성하도록 도와주는 것이 무엇보다 중요하다는 의미이다.

그래서 유대인들은 대학입시를 앞두고 있는 고등학교 3학년일지라도 오전에 율법교육을 하고, 오후에 일반 세상 공부를 한다.[13] 오전 내내 성경공부를 해야 마음이 더 집중되고, 하나님께서 지혜를 주셔서, 이방 사람들이 8시간 공부할 것을 1시간만 해도 따라갈 수 있다는 것이다. 율법 중심의 수직 교육과 일반 학문의 수평 교육이 조화롭게 이루어져 창의성을 키우고 세계사에 가장 영향력을 미치는 민족이 되고 있다. 유대인들은 부모와의 세대차이가 가장 적은 민족이기도 하다. 그러나 우리의 현실은 어떠한가? 부모는 고사하고 형제 사이에도 세대 차

---

11) Edwin D. Starbuck, Psychology of Religion, 28; 임영은, "21세기 한국 기독교인들의 종교적 회심 연구" (이화여자대학교 대학원, 석사논문, 2012), 42-43에서 재인용.
12) Gillespie V. Bailey, "Religious Conversion and Identity: a Study in Relationship" (Ph. D. Diss. Claremont Graduate School, 1973).
13) 현용수,「IQ는 아버지는, EQ는 어머니 몫이다①」(서울: 서로사랑, 2004), 226.

이를 느낄 정도로 대화가 단절되고 소통이 잘되지 않고 있다. 부모와 자식 사이에 서로 복수를 하고 있는 것이다. 오늘날 청소년들이 대학 입시라는 현실 문제에 억눌려 분노하고 있으며, 진정한 삶의 의미를 찾지 못해 낮은 자존감을 안고 살아가고 있다. 기독청소년들은 하나님에 대한 잘못된 이미지를 가지고 교회를 떠나고 있다.

본 연구자는 이런 상황에 대해 문제의식을 갖게 되었고, 기독청소년들의 분노를 조절하고 자존감을 향상시키기 위한 방안으로 용서프로그램을 개발하게 되었다. 일반 심리학에서는 인간의 용서를 수평적 대인관계에서만 취급하고 있다. 그러나 전인(全人, Whole person)으로서 인간의 문제는 수직적 하나님과의 관계를 취급하지 않고서는 온전하게 전인 회복을 이룰 수 없다. 국내외적으로 실시되고 있는 용서 프로그램의 모델들이 성령의 사역을 배제하고 하나님의 개입 없이 될 수 없는 사역임을 볼 때 심리학적인 접근만으로는 한계가 있다.[14]

본 연구는 엔라이트(Enright)와 휴먼 디벨럽먼트 스터디 그룹(Human Development Study Group)의 용서과정 모형을 김광수가 수정 보완한 용서교육 프로그램(1999, 2007)에 기초하여, 하나님 이미지의 성경적 변화를 통해 기독청소년들의 분노를 조절하고, 자존감을 향상시키기 위해 용서프로그램을 개발하고자 한다. Enright의 용서 과정 모델은 용서로 고민하는 내담자들과 상담하는 과정 중에 매우 유용

---

14) 오오현, "기독교인 용서프로그램: 개발 및 적용" (계명대학교대학원, 박사학위논문, 2002), 33-34.

하게 사용될 수 있으며, 용서를 결과가 아닌 과정과 단계로 이해했다는 점에서 계속되는 연구에 적용할 가치가 있다. 그러나 Enright의 용서 과정 모델도 실제 상담 현장에서 상담자와 내담자의 만남 가운데 도출된 이론이 아니라는 점에서 목회상담적 관점에서 볼 때 감정과 정서를 치료하는데 한계가 있다.[15]

따라서 본 연구에서는 심리학적 상담의 한계인 수평적 대인관계뿐만 아니라, 하나님과의 수직적인 관계를 포함한 용서프로그램이 청소년의 분노 조절과 자아존중감에 어떠한 영향을 주는지를 파악하고자 한다.[16]

2. 연구문제

위와 같은 연구 목적 하에 아래와 같은 연구문제들을 둔다.

첫째, 용서프로그램이 기독청소년의 용서의 감정과 사고와 행동에 미치는 영향은 어떠한가?

둘째, 용서프로그램이 기독청소년의 분노 조절에 미치는 영향은 어떠한가?

셋째, 용서프로그램이 기독청소년의 자존감 향상에 미치는 영향은 어떠한가?

---

15) 노항규, "용서 변화 현상 모델의 목회상담적 적용: 남편 외도를 겪은 아내의 용서 경험을 중심으로" (장로회신학대학교대학원, 박사학위논문, 2010), 83-84.
16) 오윤선, "말씀묵상기도를 통한 용서프로그램이 기독교 청소년의 용서경험 및 자아존중감에 미치는 영향"「복음과 상담」제19권, 217-218.

넷째, 용서프로그램이 기독청소년의 하나님 이미지에 대한 영향은 어떠한가?

3. 용어의 정의

가. 용서

표준국어대사전은 용서(容恕)를 "지은 죄나 잘못한 일에 대하여 꾸짖거나 벌하지 아니하고 덮어 줌"이라고 했다.[17] Enright는 용서는 "피해를 준 사람에 대한 부정적인 감정과 판단을 극복하는 것으로, 이는 이러한 판단과 감정을 가질 권리를 부인하는 것이 아니라 상대방이 그럴만한 자격이 없음에도 불구하고 상대를 자비, 동정심, 심지어 사랑으로 대하려고 노력하는 인지, 정의, 행동적 복합체"라고 했다.[18] 본 연구에서는 용서란 부당한 피해나 상처를 준 사람에 대해 갖는 부정적 사고, 감정, 행동을 초월하여 상대방의 태도와는 무관하게 자발적인 마음으로 긍정적 사고, 감정, 행동을 하는 것으로 정의한다.

나. 용서프로그램

기존의 용서 관련 프로그램들이 있지만 대부분 수평적 인간관계에

---

17) 국립국어원,「표준국어대사전」(2016), http://stdweb2.korean.go.kr/search/List_dic.jsp
18) Enright, R. D. et al., Interpersonal Forgiveness within the helping professions: An attempt to resolve difference of opinion. Counseling and Values, 36, 84-103.

비중을 둔 정서적, 인지적, 행동적 접근을 시도하였다. 본 연구에서는 수평적 인간관계도 고려하지만 개혁주의 상담 신학의 관점에서 하나님과의 수직적 관계 회복에 보다 더 큰 무게 중심을 둔 용서프로그램을 개발하여 운영하고자 한다.

다. 기독청소년

교파나 교단을 초월하여 교회학교의 중고등부어 출석하고, 예수 그리스도를 영접하여 세례의식을 통해 교회의 구성원이 된 청소년을 기독청소년이라고 할 수 있겠다. 본 연구에서는 교회학교의 중고등부에 출석하여 세례의식을 통해 예수 그리스도를 구주로 영접하고, 교회의 구성원으로서 영적 교제를 나누는 청소년을 기독청소년이라고 정의한다.

라. 분노

분노(憤怒)의 사전적 의미는 '분개하여 몹시 성을 냄. 또는 그렇게 내는 성'이다.

Spielberger는 분노란 긴장, 격분되고 화가 나는 주관적인 느낌으로 구성되는 정서 상태라고 했고, Novaco는 분노는 모든 개인이 표현하는 일상적인 감정이며, 생리적 각성과 적대적 인지를 수반하는 주관적인 정서 상태로, '주관적 정서'란 현재의 정서 상태를 '화난' '성난' 등으로 명명하는 것을 의미하며, 분노란 분노 촉발 사건에 대한 정서적인 스트레스 반작용이라고 하였다.[19] 이들을 참고하여 본 연구에서는 분노(anger)란 부당한 세력이나 억울한 상황에 대해 '무의식적인 나(Unconscious I)'의 생존을 위한 자기표현(self-expression)으로 정의한다.

마. 자존감

자존감(self-esteem)이란 자긍심, 자부심, 자아 개념, 자아상, 자기 존중감 등 여러 가지로 사용되는데 자신을 어떻게 바라보고 어떻게 느끼는가와 관련이 있는 말이다. 게리 콜린스(Gary. R. Collins)는 "자존감은 각 개인의 가치, 능력, 중요성에 대한 스스로의 평가"라고 설명했다.[20] 자존감은 자신의 여러 가지 자아 개념에 대해 긍정적 또는 부정적으로 느끼는 마음의 자세로 볼 수 있는데, 자존(自尊)이란 자기의 품위를 스스로 지키는 것이다. 본 연구에서는 자존감이란 하나님의 형상대로 지음 받은 자로서 자신을 바르게 인식하고 자신의 가치, 능력, 중요성을 인정하며, 자기 자신에 대해 존귀하게 여기는 마음의 태도로 정의한다.

바. 개혁주의 상담 신학

개혁주의 신학은 하나님의 주권 신앙을 드러내고, 정확 무오(無誤)한

---

19) Spielberger; Novaco; 송혜정, "집단상담 프로그램이 비행청소년의 공격성, 분노조절, 자아존중감 및 진로성숙도에 미치는 영향"(한서대학교일반대학원, 박사학위논문, 2013), 6에서 재인용.
20) Gary. R. Collins, 피현희 역, 「크리스챤 카운슬링」(서울: 두란노, 1984), 314.

성경 말씀의 권위를 높이며, 일반은총의 영역에 대해 적극적인 관점을 갖고 있는 신학이다.[21] 개혁주의 상담 신학은 이런 개혁주의 신학에 입각하여 하나님 중심, 말씀 중심, 교회 중심적으로 하나님의 주권과 섭리를 통해 내담자의 고통과 갈등을 해결해나가는 상담이다.

4. 연구의 범위와 한계

연구의 목적을 달성하기 위한 연구의 범위를 다음과 같이 요약할 수 있다.

첫째, 개혁주의 상담 신학의 관점에서 기존의 용서와 관련된 연구 자료를 살펴보고 미진한 부분을 보완하고자 한다.

둘째, 기독 청소년들을 대상으로 용서 상담 프로그램을 개발한다. 용서 상담 프로그램은 용서의 이해, 용서의 과정, 용서의 결과에 대한 이론적 탐구와 기존의 용서상담의 모형을 분석하여 용서의 증가, 분노의 감소, 자존감의 향상, 하나님 이미지의 바른 형성을 할 수 있도록 집단 상담 형식으로 개발한다.

셋째, 개발된 용서프로그램의 실시와 효과를 검증한다. 용서프로그램을 운영한 자료를 수집하여 SPSS 12.0 for Windows 통계 프로그램을 활용하여 통제집단 및 실험집단 간의 빈도분석(frequency analysis),

---

21) 이관직,「개혁주의 목회상담학」(서울: 도서출판 대서, 2007), 7.

기술 통계 분석(descriptive analysis), 대응표본 t-검증(Paired t-test), F검증을 실시한다.

넷째, 개발된 용서상담 프로그램으로 집단 상담을 실시한 사례를 분석한다. 집단 상담에 참여한 집단원의 내면에 어떤 변화가 있었는가를 분석하고, 발달 과정에 있는 일반 청소년의 용서 능력 증가 가능성을 탐구한다.

본 연구의 한계점은 통제집단 15명과 실험집단 15명을 대상으로 하였기 때문에 전체 청소년에게 그대로 적용하는 것에는 한계가 있다. 또한 기독청소년을 대상으로 하였기 때문에 일반 청소년과는 다를 수 있으며, 2개월 동안 8회기에 실시한 것으로 단 기간에 실시하여 집단 상담을 통한 지속적인 연구가 필요하다.

제2장

이론적 배경

1. 용서의 이해

가. 용서의 일반적 개념

용서에 대한 논의는 역사, 문화, 종교, 철학, 윤리, 신학 등 여러 분야에서 인간 생활과 연관성을 가지며 포괄적으로 다뤄 왔고 그 특성상 초월적이고 복합적인 측면이 있어 단순하게 규정하기는 쉽지 않다.[1] 먼저 선행 연구자들의 견해를 살펴보면 다음과 같다.

트레이너(Trainer)는 진정한 용서란 '가해자에게 용서와 호의를 표현하고 가해자에게 대한 감정과 태도를 바꾸는 것'이라고 했다. 즉 용서는 분노와 부정적 정서가 감소하고 관계 향상을 수반하는 가해자에 대한 인지적 정서적 변화를 뜻한다고 보았다.[2]

노쓰(North)는 진정한 용서의 세 가지 요소로 상처 받은 사람이 실제 상처를 재인식(recognition)할 수 있다는 점과 정당한 보복을 하기 보다

---

1) Harry T. Triandis, "The Psychological Measurement of Cultural Syndromes," American Psychologist 51(1996): 407-415.
2) Trainer, forgiveness: Intrinsic, role-expected, expedient in the context of divorce. Unpublished doctoral dissertation, Boston University(1981).

는 자발적으로 자비(mercy)를 선택한다는 점 그리고 이전 보다 더 긍정적인 상호작용으로 나아가게 하는 도덕적인 행위를 말했다.[3]

엔라이트(Enright)는 이들의 견해를 더 발전시켜 용서의 세 요소로 '타인 용서하기', '타인으로부터 용서 받기', '자신을 용서하기'를 제시하면서, 용서는 "피해를 준 사람에 대한 부정적인 감정과 판단을 극복하는 것으로, 이는 이러한 판단과 감정을 가질 권리를 부인하는 것이 아니라 상대방이 그럴 만한 자격이 없음에도 불구하고 상대를 자비, 동정심, 심지어 사랑으로 대하려고 노력하는 인지, 정의, 행동적 복합체"라고 했다.[4]

용서에 대한 엔라이트(Enright) 외 휴먼 디벨럽먼트 스터디 그룹(Human Development Study Group)의 연구 작업은 심리학적 문헌 중에서 가장 포괄적이고 명확하게 형성된 정의로 여겨지고 있다.[5] 또한 이들은 용서의 정의를 조작화한 후 정서적, 인지적, 행동적 영역에서 용서의 수준을 양적으로 측정할 수 있는 엔라이트(Enright) 용서 척도를 제작하여 용서에 대한 실증적 연구를 할 수 있는 토대를 마련했다.[6]

김광수는 여러 학자들의 의견을 다양한 관점에서 수렴하여 다음과

---

3) Noth, J., Wrongding and forgiveness Philosophy, 62(1987). 336-352.
4) Enright, R. D. et al., Interpersonal Forgiveness within the helping professions: An attempt to resolve difference of opinion. Counseling and Values(1992), 36, 84-103.
5) Wilson, Forgiveness and survivors of sexual abuse(1994): Relationship among forgiveness of the perpetuator, sprit well-being, depression and anxiety. Unpublished doctoral dissertation, Boston University.
6) 김광수,「용서의 심리와 교육프로그램」(파주: 한국학술정보, 2007), 32.

같이 용서를 정리했다. 즉 역사적 관점에서는 인간갈등 및 대립에 대한 반응 행동인 복수(revenge)의 대안 행동으로, 문화인류학적 관점에서는 인간의 갈등과 피해 해결의 과정이나 방법과 관련하여 범문화적(cross cultural) 행동으로 정의했다. 아울러 종교적 관점에서는 자기중심적 집착에서 벗어나 영적 성장을 위해 실천되어야 할 가치 있는 덕목으로, 철학적 관점에서는 인간적이며 숭고하고 용기 있으며 회복을 가져다주는 건강한 행위로 정의했다. 나아가 법학적 관점에서는 정의를 온전케 완성하는 행위로, 사회학적 관점에서는 서로에 대한 악의를 줄이며 조화로운 상호작용을 촉진하는 일련의 친사회적 행동으로 정의했다. 정치학적 관점에서는 평화와 번영의 길로 나아가기 위해서 통과해야 할 관문이자 채택되고 준수되어야할 정책이라고 정의했다. 그리고 용서가 인간의 삶속에서 개인과 사회와 국가의 과거 문제를 해결하고 미래의 성장과 번영을 위해 매우 중요한 기능을 하는 것으로 보았다.[7]

오윤선은 심리적, 성경적인 관점에서 용서는 피해자가 가해자에 대한 잘못이나 죄를 꾸짖거나 처벌하지 않고 가해자에 대한 원한을 풀거나 보복을 포기하는 것이라 했다.[8]

김성환은 용서는 나에게 상처를 준 사람 앞에서 온전한 평안과 자유를 누리는 것이라고 말한다. 세상에서 가장 어려운 것이 용서이지만 그

---

7) 김광수, "용서교육 프로그램 개발" (서울대학교대학원 교육학과 박사학위논문, 1999), 11-12.
8) 오윤선, "말씀묵상기도를 통한 용서프로그램이 기독교 청소년의 용서경험 및 자아존중감에 미치는 효과"「복음과 상담」제19권(2012), 220.

리스도인들에게 있어 용서는 그 어떤 것보다 쉬운 것이고 반드시 누려야 할 특권이라고 한다. 일만 달란트 빚진 자의 비유를 통해 용서는 마땅히 해야 하는 의무를 넘어 그리스도인들만이 누릴 수 있는 무한대의 특권이라고 말한다. 십자가의 사랑으로 아무런 자격과 가치가 없는 자신을 끊임없이 받아주시고 용서해 주시는 하나님의 사랑에 감격하는 그리스도인에게 용서는 의무이기 이전에 특권이며, 해야 하는 것이기 이전에 저절로 이뤄지는 은혜의 선물이라고 한다.[9]

용서는 상처에 대한 망각이나 분노에 대한 억압이 아니다. 내가 못나고 힘이 없어서 어쩔 수 없이 참아내는 것도 아니다. 아픔과 상처에 대해 분명히 인식하고 기억하지만 나를 죄 가운데서 구원하여 주신 예수 그리스도의 사랑을 생각하며 감사함으로 감당하는 것이다. 결과적으로 용서는 다른 사람을 위해서 해주는 것이 아니라 나 자신을 위해서 하는 것이다. 용서를 해줌으로 손해를 보는 것이 아니라 유익이 되는 것이다.

용서는 아픔과 상처를 딛고 일어나 더 높은 단계로 나아가게 하는 성장과 성숙의 발판이다. 용서는 인간 사회에서 불가피하게 발생할 수 있는 분노와 울분, 미움과 원한을 치유하는 가장 강력한 치료제이며, 복수의 악순환을 끊어내고 화해의 물줄기를 이끌어내는 원천이다. 용서는 얼어붙어 있는 인간관계를 녹여주어 훈훈한 사회를 만들어가는 따뜻한 바람이다. 용서는 인간이 할 수 있는 가장 아름다운 미덕이며, 거

---

9) 김성환, 「꿈과 치유의 멘토링」, (대전: 그리심어소시에이츠, 2014), 86.

룩함에 이르게 하는 가장 수준 높은 차원의 신조 행위다. 이 비밀을 이해하고 받아들인다면 누구라도 용서를 할 수 있을 것이다.

나. 용서의 상담심리학적 이해

과거의 분노나 고통으로부터 피해자들을 해방시켜 주는 본질적이고 핵심적인 요소가 용서라는 인식이 상담가와 치료자들 사이에서 증가하고 있다.[10] 피크(Peek)는 "용서하기를 배우는 것은 인간이 성장하는데 있어서 매우 큰 부분을 차지한다."고 강조했다.

용서를 피해자와 가해자 사이에 일어나는 대인관계로 볼 때, 피해자의 고통과 관계 문제의 갈등, 가해자의 행동 등 세 가지 관점에서 이해될 수 있다.

첫째는 피해자 내면의 갈등과 문제해결에 초점을 두는 관점이고, 둘째는 가해자와 피해자 사이에 발생하는 관계 문제의 회복, 즉 화해를 염두에 두고 용서 문제를 풀어가는 관점이다.

셋째는 용서 문제를 야기한 가해자의 잘못된 행동을 바로잡으려는 관점이다.

이러한 관점들은 용서가 개인의 내적 치유와 회복을 가져오고 화해의 문을 열어두며 상대방의 변화를 유도할 수 있는 가능성을 시사한다. 그러나 화해와 상대방의 변화는 용서의 결과로 나타나는 것이기 때문

---

10) Glynn, Toward a Politics of forgiveness, The American Enterprise, September / October, 49-53.

에 용서의 조건이나 용서와 동일시 될 수 없다. 따라서 용서는 일차적으로 개인의 치료와 성장 및 발달을 목표로 개인의 내적 자아의 세계에 초점을 맞춰질 필요가 있다.[11]

김현진은 신학적 측면에서 용서는 하나님의 용서에 기초하지만 현대 심리학에서는 용서는 내담자의 정서적인 면에 국한시키고 있는 경향이 강하다고 했다.[12] 그리고 법정 시스템(court system)을 이용하여 용서의 7단계 모델을 제시했다.

① 용서는 먼저 도덕적 판단을 필요로 한다.

② 희생자의 용서는 천상의 법정에서 대변자를 필요로 한다.

③ 학대자를 용서하는 것은 개인적 판단과 심판으로부터 학대자를 놓아 주는 것을 포함한다.

④ 용서는 법정의 사건 집행 과정의 특성에 따르면, 단 한 번의 행동보다는 하나의 일련의 과정이다.

⑤ 용서는 단순하게 아픔, 원한, 화를 희생자의 가슴에 묻어 두어 덮는 것이 아니다.

⑥ 하늘의 법정의 재판장이신 하나님 아버지께 가해자의 행위로 인한 아픈 기억들로부터 치유해 주시기를 간구하라.

⑦ 사건에 대한 당신(내담자)의 반응을 다루라.[13]

---

11) 김광수,「용서의 심리와 교육프로그램」(파주: 한국학술정보, 2007), 35.
12) 김현진,「성경과 목회상담」(서울: 도서출판 솔로몬, 2007), 107.
13) 김현진, 앞의 책, 138-139.

박성수는 상담교육을 가리켜 "인간이 삶속에서 체험하는 경험과 마음을 드러내는 대화를 통해서 탐색, 분석, 해석, 종합함으로 자아가 통합되고 발달할 수 있게 하고, 개인들이 삶의 주체로서 자아의 힘을 길러 창조적인 삶을 살아갈 수 있도록 하는 교육적 활동"이라고 지칭했다. 즉 상담교육은 마음을 드러내는 대화를 통해 삶의 경험을 교육적으로 재구성하고, 자아의 통합과 실현을 추구하는 활동이요 삶의 주체로서 자아의 주체성을 확립하고 능력을 발전시켜 나가는 것을 목적으로 한다는 것이다.[14]

노항규는 용서 연구의 신학적 측면과 심리학적 측면을 언급하면서, 심리학적 용서 연구는 치료적 용서(therapeutic forgiveness)를 강조하는 것인데, 신앙적인 관심이 배제된 것으로, 이전의 과정 보다 훨씬 구체적으로 알게 되었지만 하나님이 없는 용서의 개념에 논란의 여지가 있다고 지적했다.[15]

왓츠의 말을 인용하여 모든 인간의 용서는 하나님과 관련이 있으며 인간의 용서가 하나님의 성품과 연합될 때 더 높은 용서와 사랑의 수준으로 나타나지 된다고 강조했다.

왓츠(Fraser Watts)는 지금까지 신학적인 용서 연구는 추상적이고 구체적이지 못했기 때문에 인간이 경험하는 용서의 현실과 동떨어진 반

---

14) 박성수, "상담교육과 상담교육학" 「한국교육의 맥」 이성진(편), (서울: 나남출판, 1994)
15) 노항규, "용서 변화 현상 모델의 목회상담적 적용" (장로회신학대학교 대학원, 박사학위 논문, 2010), 26.

면, 오늘날의 심리학적 연구는 용서의 실제에 관심을 가졌지만 신학적인 맥락을 상실하면서 빈곤하고 지나치게 단순해지고 말았다고 지적했다. 이에 따라 용서에 대한 종교적인 접근과 신학적인 접근이 모두 중요하며, 두 연구는 같은 용서 현상에 대한 다른 측면에서의 고찰로 양립될 수 있으며 굳이 갈등할 필요가 없다고 말했다.[16]

박형렬은 통전적(Intergrative, 統全的) 치유모델에서 기독교적 치유가 하나님 나라 신학과 전인적 인간 이해를 바탕으로 영적, 심리적, 육체적, 사회적, 자연 환경적 차원을 망라하여 총체적으로 이루어져야 한다고 했다.[17]

김성환도 통합적 전인치유 관점에서 죄와 갈등과 고통이 있는 실존적 삶의 장에서 하나님의 긍휼히 여기시는 은혜를 부어주시는 성령의 능력을 의지하는 가운데 인간의 영적, 심리적, 육체적, 사회, 문화, 환경적 차원의 통전적 회복을 추구하는 종말론적인 재창조 사역이며 이러한 통합적 전인치유접근이 고려되어야 한다고 했다.[18]

따라서 본 연구에서는 수평적 대인관계의 심리학적 이해뿐만 아니라 하나님과의 수직적인 관계를 통해 용서의 개념을 이해하고 용서프로그램을 활용한 기독청소년의 분노조절과 자아존중감 향상을 꾀하고자 한

---

16) Fraser Watts, "Relating the Psychology and Theology of Forgiveness", Forgiveness in Context, (New York: T & T Clak, 2004), 2. 노항규, "용서 변화 현상 모델의 목회상담적 적용" (장로회신학대학교 대학원, 박사학위논문, 2010), 26에서 재인용.
17) 박형렬, 「통전적 치유목회학」(서울: 도서출판 치유, 1994), 48-51.
18) 김성환, "통합적 전인치유모델에 관한 연구: 하나님나라와의 연관성 중심으로," 「복음과 상담」제21권(2013), 57.

다. 본 용서프로그램을 통하여 대인관계에서 피해나 상처를 받은 기독 청소년들이 용서에 대해 바르게 이해할 수 있기를 기대한다. 그리고 사람들과의 관계와 하나님과의 관계 회복을 통해 성숙한 신앙인으로 살아 갈 수 있기를 기대한다.

다. 용서의 개혁주의 상담 신학적 이해

용서에 대한 심리적 이해가 수평적 인간관계에 기초한다면, 용서에 대한 신학적 이해는 수평적 대인관계에 하나님과의 수직적 관계가 더해진 것으로 볼 수 있다. 개혁주의 상담 신학적인 측면에서 볼 때, 용서는 대인적 관계와 대신적 관계가 상호 긴밀하게 관련이 있다. 특히 하나님과의 화해라는 측면을 고려하지 않는다면 진정한 의미에서 용서란 있을 수 없다. 로마서 3장 10절의 '기록된바 의인은 없나니 하나도 없으며'라는 관점에서 볼 때, 전적으로 부패한 인간은 스스로 다른 사람을 온전히 용서할 수가 없다. 하나님의 용서를 덧입지 않고는 어느 한 사람도 진정한 의미의 용서를 할 수 없다. 하나님과의 대신관계에서 먼저 화해와 용서가 이루어져야만 대인관계인 사람과의 용서도 이루어질 수 있다.[19]

기독교 신앙은 용서에 그 뿌리를 두고 있다. 하나님의 뜻을 저버리고 범죄한 인간을 구원하시고자 독생자를 주신 성육신 사건은 하나님과 인간의 불화 관계를 용서를 통해 회복하는 것이다. 하나님은 용서를 통

---

19) 오윤선, "말씀묵상기도를 통한 용서프로그램이 기독교 청소년의 용서경험 및 자아존중감에 미치는 효과" 「복음과 상담」제19권(2012), 218-219.

해 참된 사랑의 관계를 보여주시고 치유하시는 분이다. 하나님의 용서를 통해 인간은 새로운 생명을 덧입게 되고(요14:7, 롬5:1), 기쁨을 얻게 되며(요16:20), 구원을 보장받게 된다(롬8:1).

이 땅에 어린 양으로 오신 예수님도 십자가상에서 화목제물이 되시며 용서의 기도를 하셨다.

"이에 예수께서 이르시되 아버지 저들을 사하여 주옵소서! 자기들이 하는 것을 알지 못함이니이다."(눅23:34)

십자가의 사랑은 용서를 전제로 한 것이다. 용서하지 않고서는 다른 사람을 사랑할 수 없다. 예수께서 제자들에게 가르쳐주신 기도문에서도 "뜻이 하늘에서 이룬 것 같이 땅에서도 이루어지이다 … 우리가 우리에게 죄 지은 자를 사하여 준 것 같이 우리 죄를 사하여 주시옵고"(마6:10-12) 한 것처럼, 하나님과 인간과의 용서는 상호 연관성을 갖고 있음을 볼 수 있다.

이처럼 용서는 상처를 입은 사람의 정서적 치유를 넘어 상처를 받은 사람과 상처를 준 사람과의 관계 회복과 공동체의 회복을 위해 성경은 용서의 중요성을 강조하고 있다.[20] 그래서 Soares-Prabhu는 다른 사람을 용서하는 것은 개인의 성격 특성이나 심리적 기질에서가 아니라 전적으로 하나님에 대한 기독교적 경험에 뿌리를 둔 종교적 태도라고

---

20) The Education Psychology Study Group, "Must a Christian Require Repentance before Forgiving?" Journal of Psychology and Christianity 9(1990): 16-19.

말했다.[21]

김시원은 구속론과 용서의 관계에 대해 다음과 같이 말했다.

첫째, 십자가에서의 하나님의 용서가 예수의 죽음을 통해 이루어질 정도로 용서는 죽음만큼이나 쉽지 않은 일이다.

둘째, 용서는 피해자가 가해자로부터 피해보상을 요구하며 정의를 추구하는 일이 아니라 가해자에게 어떤 보복의 행위를 하지 않겠다는 선언이다.

셋째, 용서는 피해자의 주도적이고 주체적인 결정이다. 그래서 용서는 가해자의 태도에 달려 있는 일이 아니라 피해자의 결단의 문제이다.

넷째, 십자가 사건이 죽음으로 용서했다는 선포라면, 용서는 가해자에게 용서받을만한 죄책이 있었음을 알리는 일이다.

다섯째, 그 용서 선언이 피해자의 죽음이었다는 사실은 가해자에게도 관계의 죽음을 의미한다.

여섯째, 용서는 예수의 무덤처럼 가해자와 피해자에게 공간적, 시간적 공간을 제공한다.

일곱째, 그렇기 때문에 용서에서 화해로 넘어가는 것은 가해자의 결단에 달린 일이다.

여덟째, 가해자가 죄책을 고백하였다 할지라도 옛 관계의 회복이 아니라 새로운 관계의 시작이다. 십자가 사건을 통해서 사람 간의 용서

---

21) George M. Soares-Prabhu, "As We Forgive: Interhuman Forgiveness in the Teaching of Jesus", Concilium 2, no.184(1986): 57-66. 오윤선, 앞의 책, 222에서 재인용.

를 위해 찾을 수 있는 의미는 용서가 감정까지 포함하여 모든 것을 서로 용납하고 받아들이는 화해가 아니라 피해자와 가해자를 다시 새로운 관계를 맺을지 자신의 의지로 결단하는 출발선에 놓는 일이라고 말할 수 있다.

결국 죽음으로 용서함은 하나님에게 속한 일이다. 인간이 할 수 있는 용서가 아니다.[22] 그 용서는 십자가 위에서 이루어진 유일회적인 사건으로 하나님만이 할 수 있는 온전한 용서를 의미하기 때문에 볼프도 말하듯이 새 하늘 새 땅에서 완수될 일이고, 이 땅에서는 그 온전한 용서를 원형 삼아 위에서 찾은 용서의 그림자를 부지런히 실천하는 것이 개인 사이에서와 집단 사이에서의 갈등과 폭력의 악순환을 감소시키는 방법이 될 것이라고 했다.[23]

한편 김성환은 하나님의 사랑에 감격하는 그리스도인에게 용서는 의무이기 이전에 특권이며, 해야 하는 것이기 이전에 '저절로 되어지는 은혜의 선물'이라고 말했다.[24] 왜냐하면 일만 달란트 빚진 자와 같이 아무런 자격이나 가치가 없는 우리를 십자가의 사랑으로 끊임없이 받아주시고 용서해 주시기 때문이라고 했다.

---

22) "To err is human, to forgive divine" [잘못은 인지상사(人之常事)요, 용서는 신의 본성이다.] 영국의 시인 알렉산더 포프(Alexander Pope, 1688-1744)가 1709년에 쓰고, 1711년에 출판한 「An Essay on Criticism」 Part 1에 나오는 말이다. 앞부분은 고대 라틴어의 속담인데, 여기에 포프가 뒷부분을 덧붙임으로써 유명한 경구가 되어 오늘날까지 널리 회자되고 있다.
23) 김시원, "용서의 윤리와 기독교 구속론의 새로운 해석" (이화여자대학교대학원, 박사학위논문, 2012), 174-175.
24) 김성환, 「꿈과 치유의 멘토링」 (대전: 그리심어소시에이츠, 2014), 88.

그리고 목회상담학적 차원에서의 용서의 활용전략을 5가지로 제안했다.

첫째, 용서가 의무와 명령의 형태로 된 특권임을 깨닫게 한다. 마태복음 18:23-25절의 일만 달란트의 비유 말씀에서 그리스도인은 엄청난 하나님의 긍휼과 용서의 자원을 이미 받았기 때문에 이 자원을 이용하여 가해자를 용서해줄 수 있는 자유와 특권이 있다.

둘째, 성령을 의뢰하는 가운데 십자가의 긍휼의 사랑과 용서를 깨닫고 체험하게 한다. 그리스도인에게 있어 성령의 역사와 십자가의 복음을 통한 하나님의 사랑과 용서의 체험은 다른 사람을 용서하는 가장 근원적이고 강력한 자원이 된다.

셋째, 주님의 사랑으로 스스로를 안아주는 힘을 키운다. 자신의 내면의 상처와 아픔과 한의 응어리를 통찰하게 하고 주님의 사랑으로 스스로를 이해하고 공감하며 안아주도록 도와준다.

넷째, 용서의 대상들을 명확히 하도록 도와준다. 자신에게 화와 한의 응어리를 가져다준 표면적 또는 내면적 가해자를 명확하게 인식하고 그들과의 상호작용을 통해 자신에게 축적된 부정적 정서를 표출하고 통찰하도록 도와준다.

다섯째, 가해자들을 주님의 사랑과 긍휼의 마음으로 새롭게 바라보고 안아주게 한다. 십자가의 긍휼의 주님을 통해 용서를 체험하고 스스로 안아주는 힘이 커진 그리스도인에게 가해자의 입장에서 그를 새롭게 바라보고 공감하는 과정을 통해 그를 긍휼히 여기며 안아주는 힘이

커지도록 돕는다.[25]

김성환의 용서의 활용전략은 십자가 긍휼의 사랑과 용서의 자원을 활용한다는 점에서 시사점이 있다. 전적으로 부패한 인간이 스스로의 힘으로 다른 사람을 용서한다는 것은 불가능에 가깝기 때문이다.

오영희는 용서의 중요성을 개인 내적인 측면과 대인적 측면으로 나누었다. 개인적 측면에서 용서는 적극적인 자기 회복과 자기치유 차원에서 중요하며, 대인적인 측면에서 용서는 사회적으로 '악순환을 멈추게 하는 기제'요, 좋은 사회적 상호작용을 시작하는 강력한 '출발기제'로서 중요하며, 다른 사람들에게 자비의 원리를 실천할 의무와 동기를 부여하는 '외상기제'로서 중요다고 했다.[26] 그리고 진정한 용서 실행 전략으로 다섯 가지를 제시했다.

첫째는 상처를 입힌 사람의 성질과 사건에 대해서 인지적으로 재해석하는 것이다.

둘째는 상처를 입힌 사람에 대한 감정이입(Empathy)을 촉진시키는 것이다.

셋째는 상처를 입힌 사람에 대한 동정심(Compassion)을 발달시키는 것이다.

---

25) 김성환, "화병(Hwa-byung)에 관한 목회상담적 소고 : 정신의학적 조망중심으로" (서울: 복음과 상담, 제23권 1호, 2015), 31.
26) 오영희, "용서를 통한 한의 치유: 심리학적 접근"「상담과 심리치료」Vol7. No1. (한국심리학회지, 1995), 78-79.

넷째는 자신과 상처를 준 사람이 비슷한 존재라는 사실을 통찰하는 것이다.

다섯째는 상처를 받은 사람이 자신의 상처를 흡수하는 것이다.[27]

개혁 신학적 관점에서 용서의 절정은 예수 그리스도의 십자가상에서 이루어졌다.

예수께서 십자가상에서 "아버지, 저들을 사하여 주옵소서! 자기들이 하는 것을 알지 못함이니이다."(눅23:34)라고 하신 그 용서의 기도 속에 다 녹아있다. 이 용서의 기도는 독사의 자식이라고 책망하셨던 바리새인들의 죄와 무고한 자신을 십자가에 못 박은 종교지도자들의 죄를 용서하시는 용서이다. 무지하여 자신들이 무슨 짓을 하는지 조차 알지 못하는 군중들 그리고 로마 군병들 그리고 오늘날의 우리들의 죄까지 용서하시는 용서이다. 세상 모든 사람들의 죄를 용서하시고, 세상 모든 죄 짐을 몸소 짊어지시고 죽음으로서 용서를 실천하신 용서다. 예수 그리스도의 십자가상의 용서는 유일하고 단회적인 용서이지만 예수 그리스도의 십자가 용서를 믿는 자들은 그와 유사한 용서를 할 수 있는 힘을 덧입게 된다. 구약의 많은 순교자들, 신약의 스데반 집사나 성 베드로, 사도 바울과 같은 순교자들이 모두 이런 반열에 속한 사람들일 것이다. 본 용서상담 프로그램은 이런 예수 그리스도의 용서에 기초한다.

예수의 사역을 가장 함축적으로 나타내주는 갈씀이 마태복음 9장 35

---

27) 오영희, 앞의 책, 86-88.

절이다.

"예수께서 모든 도시와 마을에 두루 다니사 그들의 회당에서 가르치시며, 천국 복음을 전파하시며, 모든 병과 모든 약한 것을 고치시니라."

가르치심(Teaching), 전파하심(Preaching), 고치심(Healing)은 예수의 목회상담학적 사역을 잘 말해준다.

상담자로서 예수의 사역을 신약의 여러 곳에서 찾아볼 수 있다. 특히 요한복음 3~5장에 잘 나타나 있다. 즉 밤중에 찾아온 니고데모와 대화하신 모습, 수가성 우물가에서 만난 사마리아 여인과 대화하신 모습, 38년 된 병자와 대화하신 모습 등은 상담가로서 예수의 모습을 나타낸다. 예수와의 치료적 만남을 통해 이들은 모두 삶에 변화를 경험하게 된다.[28]

하나님과 불화 관계에 있는 인간들의 죄를 대속하시고, 하나님과 화목하게 하시기 위해 이 땅에 오셔서 용서의 복음을 전하셨다. 그리고 가난한 자에게 평화의 복음을 전하시고, 포로 된 자들에게 자유를 선포하시고, 눈먼 자를 보게 하셨다(눅4:18~19). 하나님과 인간 사이에 장벽을 허무시고, 가려졌던 휘장을 제거하심으로(눅23:45; 히10:20) 용서하시고 화목하게 하셨다.

예수께서 보여주셨던 인간에 대한 전인적인 용서와 관심은 목회상담의 관심이 되어야 한다. 목회상담자는 내담자의 육체적인 면, 관계적인

---

28) 이관직, 「개혁주의 목회상담학」(서울: 도서출판 대서, 2007), 23.

면, 경제적인 면, 감정적인 면, 정신적인 면 그리고 영적인 면에 균형 있게 관심을 기울일 필요가 있다.[29] 하나님의 주권 신앙을 드러내고, 무오(無誤)한 성경 말씀의 권위를 높이며, 일반 은총의 영역에 대해 적극적인 관점을 갖고 있는 개혁주의 상담 신학도 여기에 기초한다.

용서에 대한 개혁주의 상담 신학은 전적으로 부패한 인간이 예수 그리스도의 십자가 사랑으로 잃어버린 하나님의 이미지를 회복하고, 도저히 용서할 수 없는 사람을 용서하는 것이다. 하나님과의 수직적 관계에서 불화 관계에 있던 인간이 화목 제물이신 예수 그리스도를 통해 관계성을 회복하고, 수평적인 인간관계에서 화해를 이루는 것이다. 뿐만 아니라 정확 무오하신 하나님의 말씀과 성령의 새롭게 하심을 따라 하나님의 형상을 닮아가며, 예수 그리스도의 장성한 분량에 이르기까지 육체적, 정신적, 영적 차원과 정서적, 인지적, 의지적 차원 그리고 사회 문화적, 환경적, 일반 은총의 모든 영역까지 아우르는 전인적인 용서와 화해를 이루는 것이다.[30]

2. 기독청소년의 이해

가. 청소년의 이해

청소년기는 부모로부터 정신적 자립을 하는 때로서 올바른 가치관과

---

29) 앞의 책, 24.
30) 김성환,「꿈이 있는 치유」(대전: 그리심어소시에이츠, 2014), 25-34.

자아 정체성을 확립하는 것이 중요하다. 또한 청소년기는 가족 중심의 사회에서 또래 중심의 사회로 나아가는 과정이다. 또래 중심 사회는 더 넓은 일반 사회로 나아가는 출발점으로 원만한 대인관계를 맺어나가는 것이 무엇보다 중요하다.

그러나 오늘날 우리 사회의 청소년들은 대학 입시라는 큰 굴레 속에 얽매여 원만한 대인관계를 익힐 수 있는 충분한 여건이 이루지지 못하고 있다. 학업에 대한 중압감으로 스트레스가 많으며 이를 적절히 해소할 만한 교육적 환경이 부족하다. 요즘 들어 자유학기제나 방과 후 학교 활동을 점차 확대하고 있으나 아직도 학교라는 공간은 지식 위주의 학습이 주를 이루고, 사회적 경험을 쌓을 수 있는 체험활동은 매우 제한적이다. 변화무상한 청소년기에 부딪히게 되는 긴장과 갈등을 해결하기 위해 '위 클래스(Wee Class, 학교 상담실)'를 운영하고 경제적으로 어려운 학생들을 위한 복지 사업을 실시하고 있으나 이 또한 활화산처럼 분출하는 청소년 문제들을 감당하기에는 많이 부족한 것이 현실이다.

여성가족부에서 발표한 '2015년 청소년백서'에 의하면, 학교 밖 청소년 지원에 관한 법률 시행, 청소년을 위한 CYS-Net과 쉼터 등을 확충, 안전한 청소년 활동을 위한 청소년활동안전센터 등 인프라 구축, 자유학기제와 인성교육 강화 등으로 청소년의 문제들이 점차 나아지고는 있지만 아직도 많이 부족한 상태이다. 특히 청소년의 비행과 범죄는 사회적인 문제가 되고 있다.

통계청·여성가족부의 2016 청소년 통계에 따르면, 지난 10년 동안

31~40세와 41~50세 범죄자의 발생비율은 감소한 반면, 소년범죄자 (18세 이하) 발생비율은 54.3% 증가했다. 소년범죄 발생비율이 가장 높은 범죄군은 재산범죄이며, 그 다음은 강력범죄(폭력), 교통범죄, 강력범죄(흉악)의 순이었다. 강력범죄(흉악)는 소년범죄 발생비가 가장 낮았으나, 지난 10년 동안 증가율이 95.1%로 매우 높고, 소년 재산범죄의 발생비율 증가율은 역시 74.0%로 높았다.[31]

2014년 9~24세 청소년의 사망 원인은 고의적 자해인 자살이 가장 많고, 다음은 운수사고, 암으로 나타났다. 10년 전(2004년) 청소년의 사망원인은 운수사고가 가장 많았으나, 2007년부터 고의적 자해(자살)가 가장 많고, 2014년 고의적 자해(자살) 사망률은 7.4명으로 전년 7.8명보다 감소한 반면, 운수사고는 4.9명으로 전년 4.4명보다 증가했다.

인터넷 및 스마트폰 중독률은 중학생이 가장 높다. 2014년 인터넷 중독률은 10대가 12.5%, 20대가 11.6%로 나타났으며, 중독 비율은 지속적으로 증가하는 추세에 있다. 학교 급별로 보면, 중학생이 13.2%로 가장 높고, 그 다음으로 대학생(12.5%), 고등학생(11.7%), 초등학생(9.7%) 순으로 나타났다. 10대 청소년 10명 중 3명, 20대 청소년은 10명 중 2명이 스마트폰 중독이며, 스마트폰 중독률은 인터넷 중독률보다 큰 폭으로 상승하는 추세다.

2015년 중·고등학생의 흡연율은 7.8%로 전년 9.2%보다 1.4%p 감

---

31) 통계청·여성가족부, 「2016 청소년 통계」 보도자료(2016. 5.), 34.

소하였으며, 음주율은 16.7%로 전년과 동일하다. 흡연율은 최근 3년간 10% 미만으로 지속적으로 감소 추세이며, 음주율도 과거에 비해 큰 폭으로 감소했다.[32]

이상의 통계 자료들로 볼 때, 이 시대 많은 청소년들이 가치관의 혼란을 겪고 있으며, 청소년 문제가 심각한 사회 문제로 대두되고 있다는 것을 말해주고 있다. 기독청소년 역시 이런 사회 환경적인 영향을 받으며 많은 문제를 안고 살아가고 있다. 복잡한 대인관계를 맺어나가야 하는 시기적 상황에 놓여 가치관의 혼란과 정체감의 혼란을 겪게 된다. 이런 과도기적 상황에서 불가피하게 야기되는 갈등과 상처를 긍정적인 정서 반응으로 극복하고 발전시켜 나가는데 용서가 중요한 의미를 갖고 있다.[33]

(1) 청소년의 개념

청소년이란 용어가 사용된 것은 그리 오래되지 않았으며, 그 개념에 대한 일률적인 규정도 쉽지 않다. 스탠리 홀(Stanly Hall)이 청년과 소년을 총칭하던 말로 처음으로 체계화하여 사용함으로 일반화 되어졌다.[34] 심리학에서 청소년은 사춘기에서 청년기에 이르는 과도기나 그 기간에 해당하는 사람을 가리킨다. 아동이나 성인과 구별되는 세대 개

---

32) 앞의 책, 16-32.
33) 김광수,「용서상담 프로그램」,(서울: 학지사, 2012), 7.
34) 청소년 대책위원회,「청소년 백서」(서울: 국무총리 행정조정실 청소년 대책위원회, 1983), 3.

념이며, 남녀 구별 없이 사용된다. 신체나 정신 그리고 사회적 행동양식이 아동기에서 벗어났다고는 하나 아직 더 성숙화 될 것이 요구되는 세대다.

청소년 즉 영어의 'adolescence'라는 말은 라틴어의 'acescere'에서 유래하였으며, '성장하다(to grow up)', '성숙하다(to grow to maturity)'라는 의미를 가지고 있다.[35] 이 말은 생리적, 심리적인 면을 내포하고 있으며 생리적 성장이란 성인 같은 신체로의 발달 현상이며, 심리적 성숙이란 지적, 정서적, 사회적 발달 현상이다.

그러나 청소년에 대한 정의는 청소년 프로그램을 위시하여 청소년 지도, 청소년 보호, 청소년의 비행과 범죄, 청소년 문제, 청소년 단체, 청소년 행동 등을 다룰 때, 그 대상을 어떻게 파악하느냐에 따라 그 내용과 성격이 달라질 수 있다.[36] 그러므로 청소년이라는 말은 소년과 청년을 총칭하는 말이며, 그 연령이 약 7-8세부터 24-25세에 이르는 광범위한 인구 집단을 말한다.[37]

우리나라는 현행법상 청소년이란 용어는 없고 '소년', '아동', '미성년자'로 구분하고 있으며, 청소년법에서는 20세미만을 '소년'으로 규정하고 있고, 아동복리법과 생활보호법에서는 18세미만을 '미성년자'로 규정하고 있다.[38] 한편 통계청 자료에 의하면 청소년의 범위를 청소년 보

---

35) 정인석,「청년 심리학」(서울: 재동문화사, 1966), 27.
36) 권이종, 남정걸,「사회 교육 및 청소년 프로그램 편람」(서울: 교육과학사, 1988), 35-36.
37) 하상격, "청소년 교도 사업"「황종건의 사외 교육」(서울: 현대교육업적출판사, 1962), 166.
38) 서울특별시 경찰국,「청소년선도지침」(서울: 신은인쇄사, 1985), 8.

호법은 0세~18세(만19세 미만), 청소년 기본법은 9세~24세 이하, 아동복지법은 18세 미만으로 규정하고 있다.[39]

청소년기에 대한 절대적인 기준이 정해져 있지는 않고, 학자나 문화권과 시대에 따라 조금씩 달리 보고 있다. 청소년기의 가장 큰 특징은 아동이 성인으로 발달하는 과도기라는 것이며, 정신적 신체적 불안정과 불균형의 심한 긴장이 일어나는 시기이기도 하다.

에릭슨은 약 11세부터 21세까지를 청소년기라 명명했고, 이를 특징에 따라 11세부터 21세까지를 초기청소년기라 하고, 그 후를 청소년 후기로 분류하였다. 반면 설리반은 10~14세경까지를 사춘기, 14~17세까지를 청소년기, 그리고 17~21세를 청소년 후기로 보고 있다. 보편적으로 청소년기를 청소년 초기와 청소년 후기로 구분하는데, 9세~14세로 일컬어지는 청소년 전기는 인생 주기 상 아동기에서 소년기로 이행하는 과도기로써 호기심이 많고 때로는 소심한 시기이며 15세에서 19세 정도의 청소년 후기에는 루소가 '질풍노도의 시기'라고 말할 만큼 도전적이고 변화무쌍하며 창조적이고 때로는 자극적인 특징을 보인다.[40]

이렇듯 청소년에 대한 범위를 정확하게 규정지을 수 없으며, 용어도 통일되어 있지 않은 상황에서 기계적으로 구분하여 나누기는 참으로 어렵다.[41] 그러므로 본 연구자는 한국의 일반적인 중고등학교 시절에

---

39) 통계청,「2006년 청소년 통계」(대전: 통계청, 2006. 5)
40) 이은선, "기독 청소년의 정체성과 모성적 돌봄의 상관관계" (서울장신대학교 목회상담대학원 석사학위논문, 2006), 4.
41) 김덕순, "청소년에 대한 이해와 교회교육을 통한 청소년 선교의 연구" (안양대학교 신학대학원, 석사학위논문, 2001), 6-7.

해당하는 13~14세경부터 20세 이전까지를 청소년기로 구분하여 연구하고자 한다.

(2) 청소년의 특성
(가) 신체적 특성

청소년기의 성적 성숙은 사춘기(Puberty)부터 시작되나 키나 몸무게와 같은 성장 급등(growth spurt) 현상은 사춘기 이전부터 이미 나타난다. 일반적으로 성장 급등은 소녀는 10~11세, 소년은 12~13세경에 일어나며, 소녀들의 성장이 소년들의 성장보다 2년 정도 빠르다.[42] 골격의 크기도 커지며 남자의 체형은 각선이 직선적이고 허리가 굵고 어깨의 폭이 넓은 것이 특징이다. 이와는 반대로 여자는 각선이 완곡하고 허리가 가늘며 어깨의 폭이 좁다. 운동신경이 발달되면 활발한 성격을 가지며 모든 일에 자신을 가지고 행동하게 되나 운동능력 발달의 지연은 사회적 부적응이 되기 쉬우며 문제아가 되기 쉽다.

청소년기에 있어 가장 커다란 변화는 2차 성적 특성의 발현이다. 남자의 생식선인 고환은 15세경 사춘기까지 성숙이 완성되며 고환에서 분비되는 남성 호르몬의 작용으로 목소리가 굵어지고 수염이나 털이 나서 남자답게 되는 동시에 정자를 만들어서 생식을 할 수 있는 자격을 갖게 된다. 난소는 12세에 성인의 40%, 16~17세경에 50~30%, 20세까

---
42) 이은선, 앞의 책, 5-8.

지 완전한 기능으로 발달한다. 소녀들의 신체적으로 가장 충격적인 변화는 초경이다. 일반적으로 초경은 공포, 불안, 수치심을 초래하기 쉬우며 성적 예비지식이 없으면 더욱 심하게 나타난다.[43]

성적 기관의 발달로 인해 아이를 낳을 수 있는 능력이 생기게 되는 이러한 변화는 자신뿐 아니라, 주변의 다른 사람에게도 영향을 미친다. 급격한 변화에 청소년은 자신을 자기 스스로 과거와는 다르다고 느끼게 된다. 이것은 이제 자신이 아이가 아니라는 뿌듯함을 갖게 할 뿐만 아니라, 약간의 부끄러움과 수치심 또한 갖게 하는 것이다.[44]

(나) 지적 특성

청소년기의 지적 특성은 신체적 발달, 정서적 발달, 사회적 발달과 상호 역동적 관계를 맺으며 발달해 간다. 지능 지수로 볼 때 청소년기는 아동기와 비슷하거나 완만한 성장 속도를 보인다. 개념적 사고는 개별 사실이나 현상, 상호 논리적 관계나 법칙성을 파악하며 대상의 본질을 이해한다.

대부분의 청소년은 경험적, 실증적 기초가 약해 일반화, 추상화하려는 경향이 있어 자칫 흑백논리로 단순화시키려 하고 극단적인 관점에 빠져 사고의 유연성을 잃기 쉽다. 반면 상상력은 매우 풍부하고 끝이 없고 공상적 이상을 동경한다. 기억력은 청각적 기억에서 시각적 기억

---

43) 강봉규,「인간 발달」(서울: 동문사, 2000)
44) 임영식,「청소년 심리의 이해」(서울: 학문사, 2004), 10.

으로 발전하고, 기계적 기억에서 논리적 기억으로 변화한다.

청소년기에는 자아나 인생관이 점차 확립되어 가고, 정치의식이 발달하지만 자신의 판단이 최고라고 생각하여 타인의 의견을 잘 듣지 않는 경향이 있다. 현실을 부정하고 극단적인 사상에 빠지기도 한다. 때로는 자신의 내적 세계에 대해 무력함을 느끼고 허무적인 생각에 빠지거나 비합리적인 행동으로 자살 충동을 느끼기도 한다.

(다) 정서적 특성

청소년들의 신체적 변화는 자기 이미지와 행동에 영향을 미치고 다시 타인의 행동변화를 유발하게 된다. 이러한 변화는 내분비선의 발달과 함께 호르몬의 급격한 증가는 그들에게 아주 민감하고 감상적이면서도 통제 불능 상태의 성적 감정을 불러일으킨다. 그리고 2차 성징의 출현과 신체적 급성장은 그들의 신체적 자아에 대하여 불안감과 긴장감, 나아가 정서적 불안정을 심화시킨다. 가족관계에 대한 사춘기의 영향에 대한 연구들은 일관적인 결과들을 제시하고 있다. 사춘기가 시작되면 부모 자녀간의 거리가 멀어지는데, 특히 어머니와의 거리가 멀어진다는 것이다. 신체적으로 성숙한 청소년일수록 자기에게 중요한 대상이 성인 보다는 또래인 경우가 많다.[45]

청소년은 또래 집단을 형성하는데 관심이 높으며 주변 환경에 대한

---

45) 박현정, "청소년 교회 이탈 심리에 대한 교회 상담연구" (총빈대학교 기독교 상담대학원, 석사학위청구논문, 2005), 5.

정서적 반응도 급격한 차이를 보이게 된다. 그리고 외모와 신체에 대해 매우 민감한 반응을 보이는데 이는 불만족이 외모와 상관없이 학교생활, 일상 행동, 가정생활 등 전체적인 불만족으로 확대됨을 보인다.[46]

청소년의 정서 변화 중 매우 특징적인 것은 지적인 바탕에 이루어지는 성적 충동이다. 급격한 신체적 성숙으로 인해 성에 대한 의식과 이성에 대한 관심이 높아지지만, 수치심을 강하게 보이고 이성에 반발하며 주위 사람들에게 허세적인 반항을 하는 등의 이중적 정서를 표출한다.

청소년들은 쉽게 강하고 변화가 심한 정서를 경험하게 되는데 낙관이나 비관, 수치심, 자랑스러움, 반항, 사랑과 증오, 죄책감, 우울, 그리고 노여움을 겪게 된다. 이들의 정서는 일관성이 결여되어 있으며 불안정하며, 현실에 만족하지 않고 새롭고 더 좋으며 논리적으로 이상적인 것을 추구하려는 경향이 있다. 가치관에 있어서는 기성세대의 가치관이나 행동규범이 타당성을 상실하여 세대차를 느끼고 많은 가치가 혼재되어 혼란과 갈등을 체험하게 된다.[47]

일반적으로 청소년들은 외로움을 빈번히 느낀다. 자신의 생각은 성인들과 다르다고 생각하는 청소년들은 성인이 자신을 이해하는 것은 불가능하다고 믿는다. 그들이 지니고 있는 개인적 우화는 부모나 주위의 다른 성인들과의 접촉을 회피하게 함으로써 청소년을 외롭게 만든

---

46) 최윤미 외,「현대청소년심리학」(서울: 학문사, 1998).
47) 유수현, "청소년 스트레스에 대한 사회학적 접근"「신학논문총서」실천신학25. 학술정보자료사(2004); 서울신학대학교 기독교신학연구소,「신학과 선교」24권(1999), 13-27.

다. 동시에 친구 집단의 수용을 중요시하는 청소년들은 친구집단으로부터 소외될 때 버림받은 느낌을 경험하게 되는 것이다.[48]

청소년들은 보다 더 다양한 사람, 다양한 생각 그리고 다양한 상황을 경험한다. 그에 따라 청소년들은 아동기까지 부모와 학교를 통해 내면화한 가치관과는 다른 가치관에 노출될 수밖에 없다. 그들은 지금까지 옳지 못하다고 배운 행동을 스스럼없이 수행하는 친구들을 만나기도 하고 거기 가담하기도 한다. 분노는 좌절의 결과이다. 분노는 사람이나 사물에 대한 위협이나 언어적 공격 혹은 신체적 공격으로 표출된다. 성숙해감에 따라 청소년들은 분노에 대한 반응으로써 신체적 공격을 감소시키고 언어적 공격을 더 빈번하게 사용한다. 그들은 정서적 긴장을 해소하기 위해 운동이나 일에 몰두한다. 청소년들이 분노를 일으키는 이유는 타인의 위선이나 무례한 행동, 타인의 부당한 대우와 무시, 가족의 편애 및 자신에 대한 실망 때문이다. 청소년들은 이 시기를 지나면서 반드시 자신의 정서를 인식하고 감정을 이해하며 수용할 수 있어야 한다.[49]

(라) 사회성과 성격의 특성

청소년기에는 자신의 내면 문제에 관심을 갖기 시작한다. 대상이나

---

48) 박현정, "청소년 교회 이탈 심리에 대한 교회 상담연구" (칼빈대학교 기독교 상담대학원, 석사학위청구논문, 2005), 5.
49) 장휘숙,「청년심리학」(서울: 학지사, 1999)

개체로서 자기 존재에 관심을 갖게 되는데, 스프랜저는 이를 '자아의 발견'이라 했다. 자아의식이 높아짐에 따라 독립 욕구가 커지면 부모나 어른의 품속에 벗어나려는 경향이 강하다. 이를 홀링 월스는 심리적 이유 (psychological weaning)라고 했다.[50]

청소년기는 '이상적인 자아'와 '현실의 자아' 사이에 차이가 커지면서 갈등과 고민을 많이 한다. 자아의식이 발달하며 기성세대의 도덕적 관습에 의문을 갖게 되고, 도덕적 가치판단이 견고하지 못해 현실에서 멀어지는 경향이 있다. 그 결과 모순된 행동을 하거나 비도덕적인 행동을 하며, 자신의 생각과 다른 안일한 생활을 하기도 한다.

청소년기는 성역할도 매우 달라진다. 성역할이란 사람이 속해있는 집단이나 사회에서 그 시대의 사회가 기대하는 성에 대한 생물학적인 태도나 행동양식을 말한다. 청소년기 이전에는 주로 부모나 교사에 의해 성역할의 학습이 이루어져 왔으나, 이후에는 주체적 학습에 입각해서 본인 스스로 성 역할 행동을 습득하게 된다. 이때까지 형성되었던 것을 주체적으로 재구성하여 새로운 성역할 정체감을 확립해 나간다.[51]

(마) 종교적 특징

영국의 종교교육 학자이며 교육학자인 골드만은 청소년기에 와서 나타나는 종교적인 사고는 추상적인 경향을 보여주는데, 이것이야말로

---

50) 이은선, 앞의 책, 5-8에서 재인용.
51) 앞의 책.

진정한 의미에서의 종교적 사고를 가능케 해주는 것임을 강조하였다. 그러므로 "청소년은 진정한 종교의 국면을 볼 수 있고 이해할 수 있으며, 그에 따르는 신앙의 성숙함도 기대할 수 있다."는 것이다.[52] 그리고 피아제(J. Piget)가 주창한 인지발달 과정에 나타난 세 단계와 부합된다. 그 세 단계란 전 조작적 사고 단계, 구체적 조작 단계, 형식적 조작 단계를 따라서 사상의 개념을 따르게 된다는 것이다. 형식적 조작 단계의 사고가 시작됨에 따라 청소년은 아동기에 나타나지 않는 다양한 정신적 능력이 개발된다.[53] 청소년의 사고를 보면 사상이 풍부해지고 광범위하며 변형이 가능해진다. 청소년의 종교관은 이와 같은 가속된 인식의 발달을 반영한다는 것이다.

그리고 골드만(Goldman)과 피아제(J. Piget)이 있어서 공통적으로 주창한 바대로는 "청소년은 구체적인 요소의 개입 없이도 가설적이며 연역적으로 사고할 수가 있다."는 것이다.[54] 그리고 청소년기의 종교는 아동기와는 달리 더 이상 단순한 얘기의 주제나 동화의 차원 혹은 객관적 사실로서의 어떤 것이라기보다는 청소년 개인의 삶과 실존적으로 연결되는 주관적 차원으로 들어가게 된다. 아동기에서 벗어나서 주관적으로 사고할 수 있는 능력이 생기고 이에 따라 종교에 대한 이해심이 생겨나게 되는 것이다.

---

52) 예장총회 남선교회편,「교회와 청소년지도」(서울: 대한예수교장로회총회 출판국, 1991), 45.
53) 서봉연 외,「발달심리학」, (서울: 종안적성출판부, 1993), 37.
54) Gabriel, Moran, Religious Education Development: Images of the Future, 사미자 역,「종교교육발달」(서울: 대한예수교장로회 총회출판국, 1998), 103-105

청소년은 자신의 종교를 논리적이고 비판적으로 보기 시작한다. 맹목적인 믿음을 자신의 지식에 비추어 받아들이려는 경향이 있다. 단순하게 믿었던 아동기의 신앙이 혼란과 모순을 경험하고 심각한 종교적 회의에 빠지기도 한다. 그러므로 이러한 때에 종교적 활동과 영적인 경험을 풍부하게 해주는 것이 무엇보다 중요하다. 이렇게 함으로 절대자와 사람과의 관계를 원활하게 맺을 수 있게 하며, 더 나아가 절대자에 대한 갈망과 열정적인 헌신을 갖게 한다.[55]

쥬크와 게츠는 그리스도인 청소년에 대한 연구에서 "복음적인 청소년들의 관심"을 아홉 가지로 제시했다.[56]

첫째, 대부분의 복음적인 청소년들은 종교적 행사에 매우 활동적이다.

둘째, 복음적인 청소년은 기독교로 전향하는데 부모가 가장 큰 영향력을 미쳤지만 영적인 삶과 성장에는 부차원적인 요소로 평가한다.

셋째, 복음적인 청소년들의 관심은 성경 읽기, 기도, 전도 등의 신앙생활과 가족관계, 자기용납, 교회생활, 이성교제 등이다.

넷째, 복음적인 청소년은 학문적 능력, 인격적 적합성, 사회적 관계 등의 자기 용납 문제에 관심이 많다.

다섯째, 교리를 확실히 믿는다.

여섯째, 종교적 경험과 목적에 매우 민감하다.

일곱째, 복음적인 청소년의 가치 체계는 봉사, 행복, 성공에 대한 열

---

55) 예장총회 남선교회편, 앞의 책.
56) Gabriel, Moran, 앞의 책.

망이다.

여덟째, 복음주의 청소년은 혼전성교, 절도, 사기, 거짓말 등을 분명히 배척한다. 이런 연구에 기초하여 볼 때에 청소년들의 깊이 있는 종교심을 고려하여 그들에 맞게 개발시키는 것이 중요하다.

종교는 불완전한 인간의 본질적인 면을 깨닫도록 해주는데, 그 중심에 용서와 이해와 사랑이 자리하고 있다. 따라서 청소년기는 이러한 것들에 대해 바른 인식을 하도록 도와야 한다.[57] 또한 청소년들의 도덕적 특징은 관습적이다. 자신의 행동에 대해 다른 사람들이 어떻게 생각하는가에 민감하다. 이런 때일수록 자아 정체성을 형성하고, 자아 자존감을 높이는 것이 무엇보다 중요하다.[58]

(바) 발달 심리학적 특성

청소년기는 인류의 시작과 함께 존재했으며 어느 시대, 어느 사회에나 있어왔다. 고대사회에서도 청소년에 대한 논의가 이루어졌지만 학문적 논의가 본격적으로 이루어지고, 하나의 사회문화적 집단으로 뚜렷한 모습을 드러내기 시작한 것은 현대사회에 들어와서다. 그 이유는 현대사회에서 청소년들이 차지하는 비중이 매우 높고 청소년들의 역할이 중요해졌기 때문이다.[59] 발달심리학적인 측면에서 일반적으로 청소

---

57) 예장총회 남선교회편, 앞의 책, 46.
58) 앞의 책, 74.
59) Rolf E. Muuss, Theorise of Adolescence (New York Random House, 1982), 11-29. 오윤선, '청소년 분노조절에 대한 기독교 상담학적 접근', 「복음과 상담」제14권 (2010.5.15.), 12에서 재인용.

년기는 12~13세부터 시작하여 23~24세까지를 세 부분으로 나누어 청소년 전기, 청소년 중기, 청소년 후기로 구분한다.[60]

오윤선은 청소년의 발달심리학적 특징을 다음과 같이 정리했다.[61]

첫째, 청소년기는 급격한 신체적 변화로 감정조절에 어려움이 있다.

청소년의 급격한 신체변화는 인종적, 유전적, 계절적, 기후적, 영양상태 등의 영향을 받지만 대부분의 인류에게 보편적으로 일어나는 현상이라고 할 수 있다. 급성장한 이후 최종 성장치는 남아가 여아보다 평균적으로 더 크게 성장한다.

청소년 전기에는 급격한 신체변화를 가져오는데, 이런 현상들로 인해 자신의 정체성을 의심하는 등의 심각한 고민에 직면하거나 외모에 대한 열등감 문제로 극심한 스트레스와 분노 감정을 겪기도 한다. 비만의 경우 자존감을 크게 저하시키고 신체에 대해 부정적인 생각을 갖게 하고, 열등감과 우울증으로 정서나 심리적 발달 면에 부정적인 영향을 미치기도 한다. 역기능적 현상으로 식욕부진증(anorexia nervous)과 신경성 폭식증(bulimia nervous)과 같은 섭식장애(eating disorder)가 나타나기도 하는데, 섭식장애 중 신경성 식욕부진증(anorexia nervous)은 음식과 체중에 대한 강박관념을 보이는 정서 장애로, 95%가 여성에게

---

60) 우리나라 청소년보호 관련 법률에 적용된 청소년 연령기준은 각각 다르다. 청소년보호법(18세 미만), 청소년 기본법(9-24세), 소년법(20세 미만), 국민건강진흥법(19세 미만)으로 적용된다. Katz K. Keniston, 'Youth: a New Stage of Life', American Scholar 39 (1970) : 639-641.
61) 오윤선, 앞의 책, 14-17.

나타나고, 나이는 12~18세 청소년이 절대다수이다.[62]

둘째, 청소년기에는 내분비선(endocrine gonads)이 급격히 성장한다. 오늘날의 청소년들은 신체발달이 30년 전보다 2년 이상 빨라지게 되어 12세를 전후해서 초경을 시작한다.[63] 빨라진 청소년 성 발달은 보다 이른 나이에 성 충동과 정서적 혼란을 겪게 된다. 상당수의 청소년들은 긍정적인 성을 배우기 전에 인터넷을 비롯한 다양한 채널을 통해 역기능적인 성을 먼저 배우게 된다. 한국성폭력 상담원 조사에 따르면 우리나라 청소년들의 성 지식은 60%가 사이버 상에서, 20%는 친구들을 통해서, 10%는 음란 영화나 잡지를 통해서, 10%는 학교단체의 설명회를 통해서 알게 된다고 한다. 청소년들의 성 일탈 행동은 성폭력과 자아존중감 상실, 고립화 등의 문제를 유발시켜 청소년 정신건강을 해치는 결과를 가져오게 한다.[64]

셋째, 청소년은 정서적 측면에서 쉽게 동요하고 분노하는 경향이 있다. 청소년들은 부모, 교사, 동료 등의 저급한 언동에 쉽게 분노하고 얼굴을 붉히며 슬픔에 잠긴다. 부푼 감정과 열등감으로 인해 갈등을 일으키기도 하고, 감정의 기복이 심하게 나타내기도 한다.[65] 동일한 상태에서도 어떤 때는 격한 분노를 나타내다가도 어떤 때는 부푼 감동을 표현

---

62) 한상철, 「청소년문제행동」(서울: 학지사, 2003), 99-105.
63) 허혜경·김혜수, 「청소년발달심리학」(서울: 학지사, 2002), 35-39.
64) 오윤선, 「청소년 이젠 0 해할 수 있다」(서울: 예영 B&P, 2008), 136-140.
65) Ann Vernon, Children & Adolescents (Denver, CO. Love Publishing Company, 2004), 19-21.

하는 등 변동이 심하다. 가장 심각한 문제로 우울증, 분노감정, 폭력, 자살 등이 있다. 최근 우리나라 청소년 정신건강 실태조사 결과를 보면 3명 중 1명이 우울증상을 보이고 있으며, 이 중 20%는 정신적 치료가 필요한 심각한 상태로 나타났다.[66]

넷째, 청소년의 사회성 발달은 동료와의 관계에 더 많은 관심을 갖는다.

청소년기는 타인의식이 강하기 때문에 다른 사람들에게 인정받지 못할 때 자신이 거부된다고 생각할 수 있다. 특히 또래 집단에서 인정을 받지 못하게 되거나 사회적 거부감을 느끼는 청소년들은 매우 공격적이고 충동적이며 비협조적인 행동을 유발한다. 거부된 청소년들의 경우 중퇴나 비행을 저지르고, 정신건강에 문제가 있을 확률이 높다.[67]

다섯째, 청소년기는 자아정체성 확립의 결정적 시기(critical period)다.

자아정체성은 전 일생을 통해 지속적으로 완성되지만 특히 청소년기에는 자아정체성 확립의 결정적 시기이다. 그 이유는 이 시기에 신체적, 심리적, 성적인 면에서 급격한 변화가 일어나기 때문이다. 청소년기에 한층 더 발달한 인지능력은 자아정체성을 확립하는데 결정적인 역할을 한다. 청소년기는 아동기에서 성인으로 넘어가는 과도기적 위치에 속해 있어서 인생의 중요한 결정을 내려야 하는 시기이다. 기존의 가치에 대해 동일시(identification)하기도 하지만 때로는 비판하고 버려

---

66) Michael L. Jaffe, Adolescence (New York: John Wiley & Sons, Inc, 1998), 73-85.
67) 오윤선,「청소년의 이해와 상담」(서울: 예영 B&P, 2006), 160-166.

야 할 것들도 있다.[68] 이러한 때에 과거와 현재의 통합이 제대로 이루어지지 못하면 자아정체성에 큰 혼란을 겪게 된다.

(3) 청소년의 문제

청소년기는 인생의 봄날과 같다. 생명의 기운이 가장 활발하고 파릇파릇 새싹이 돋고 꽃망울을 머금을 때이다. 장래에 대한 부푼 꿈과 희망으로 넘쳐날 때이다. 요엘 선지자가 노래한 것처럼 장래 일을 말하며 이상을 보게 되는 시기이다(욜2:28). 그러나 오늘날 우리의 현실은 그렇지 못하다.

2014년 보건복지부가 발표한 자료에 의하면, 우리나라 어린이와 청소년의 삶에 대한 만족도가 국제개발협력기구(OECD) 회원국 중에서 가장 낮은 것으로 조사됐다. 100점 만점에 우리나라는 60.3점으로 OECD 국가 가운데 최하위였다. 우리나라 다음으로 낮은 국가는 루마니아인데 76.6점으로 우리나라와 격차가 컸다. 아동의 삶 만족도가 가장 높은 국가는 네덜란드로 94.2점을 보였고, 아이슬란드 90.2점, 핀란드 스페인 89.8점 순이었다.[69]

한국 아동의 삶 만족도를 떨어뜨리는 원인은 학업 스트레스가 가장 높았다.

---

68) Donald Capps, Daily Sins and Saving Virtues (Philadelphia: Fortress Press, 1987), 51.
69) 이상일, "우리 아이들 어쩌다가?" 삶의 만족도 OECD 최하위, 자살 충동 3.6% '깜짝', 미디어펜(2014.11.04.) http://www.mediapen.com/news/view/53309

삶 만족도와 상관관계를 분석한 결과 학업 스트레스, 학교폭력, 인터넷 중독, 방임, 사이버 폭력 순으로 연관성이 컸다. 인터넷 스마트폰 등 매체중독 고위험에 포함되는 초등학생은 16.3%에 이르며, 아동 스트레스 및 우울 수준도 2008년보다 증가했다.

삶의 질과 관련 아동 성장에 필요한 물질적 사회적 기본조건의 결여 수준을 나타내는 아동결핍지수도 54.8%로 OECD 국가 중 가장 높았다.

항목별로는 정기적 취미활동(음악, 스포츠, 동아리 활동 등)의 결핍률이 52.8%로 가장 높았고, 가정 내에서 인터넷 활용에 대한 결핍률이 3.5%로 가장 낮았다. 아울러 삶의 질이 낮은 탓인지 9~17세 아동의 3.6%는 최근 1년간 '심각하게 자살을 생각한 적이 있다'고 답했다.[70]

2015년 여성가족부가 발표한 '청소년의 정신건강'에 대한 자료에 의하면, 청소년의 스트레스 인지율은 남학생 29.6%, 여학생 41.7%로 여학생이 남학생보다 높았으며, 학년이 올라갈수록 증가하는 경향을 보였다. 청소년의 우울감 경험률은 남학생 19.7%, 여학생 27.8%로 여학생이 남학생보다 높았으며, 연도별 추이는 남녀 학생 모두 감소 경향이었다.[71]

청소년의 평생 흡연 경험률은 남학생 25.3%, 여학생 8.8%이며, 현

---

70) JTBC, "하버드 나와서 미용사?…아동 행복지수 꼴찌," [앵커브리핑] 2014.11.04. 21:22 http://news.jtbc.joins.com/article/article.aspx?news_id=NB10629447; 뉴시스, "한국아동 삶 만족도 OECD 꼴찌-학업 스트레스 탓," 2014.11.04. 17:16http://news.jtbc.joins.com/article/article.aspx?news_id=NB10629414
71) 여성가족부,「2015청소년백서」(서울: 한국장애인유권자연맹, 2015), 217.

재 흡연율은 남학생 11.9%, 여학생 3.2%로, 평생 흡연 경험률과 현재 흡연율 모두 남학생이 여학생보다 높았으며, 학년이 올라갈수록 증가하는 경향이었다. 연도별 추이는 남녀 학생 모두 감소하는 경향이었다. 2015년 청소년의 처음 흡연 경험 연령은 남학생 12.7세, 여학생 12.8세이며, 매일 흡연 시작 연령은 남학생 13.7세, 여학생 13.5세로 남녀 학생 간 차이는 거의 없었으며, 연도별 추이로는 큰 변화가 없었다. 또한, 간접흡연 노출률은 남학생 28.3%, 여학생 29.7%로, 남녀 학생 모두 전년 대비 감소하였다.

평생 음주 경험률은 남학생 46.3%, 여학생 34.9%로 남학생이 여학생보다 높았으며, 고학년일수록 증가하는 경향을 보였다. 연도별 추이는 남학생은 최근 3년간 유사한 수준이었으나, 여학생은 감소하는 경향이었다. 현재 음주율은 남학생 20.0%, 여학생 13.1%로 남학생이 여학생보다 높았으며, 고학년일수록 증가하는 경향을 보였다. 연도별 추이는 남녀 학생 모두 최근 3년간 유사한 수준이었다. 2015년 청소년의 처음 음주 경험 연령은 남학생 12.9세, 여학생 13.3세로, 남녀 학생 간 차이는 거의 없으며, 연도별 추이는 큰 변화가 없었다. 위험 음주율은 남학생 9.6%로 여학생 7.0%보다 높았으며, 남학생은 전년 대비 유사한 수준이었으나 여학생은 전년대비 증가하였다.

청소년 비행과 범죄 동향에 대해서는 지난 9년간 전체 범죄자 대비 소년범죄자의 구성 비율을 보면 2006년에는 3.6%에서 2008년 5.5%를 차지하여 최고치를 나타내다가 이후 감소하였다. 2012년에 다시 증가하여 5.1%를 기록하였으나 이후 계속 감소하고 있다. 소년범 구성 비율이 2009년부터 감소한 것은 2008년 개정「소년법」시행으로 소년범의 범위에서 19세가 제외되었기 때문인 것으로 풀이된다. 2012년도에 비율이 대폭 증가한 것은 학교폭력이 사회적 문제로 다루어지면서 학교폭력에 대한 강력 대응 등이 수치 증가에 영향을 미친 것으로 보인다.[72]

2014년 청소년범죄 분포상황을 유형별로 보면, 재산범이 46.7%(36,271명)로 가장 높은 비중을 차지하고, 폭력범이 24.9%(19,352명), 교통사범이 11.9%(9,216명), 강력범이 4.1%(3,158명), 저작권법 위반사범이 0.3%(249명) 순이다. 2014년에는 전체 범죄유형 가운데 강력범의 범죄비율이 전년 대비 1.3%p 상승하였다. 이는 2014년에 흉악범의 비율은 줄어들었으나 성폭력범죄 비율이 증가한 것이 영향을 미친 것으로 보인다. 재산범이 2010년에 40,478명(45.1%)이었던 것에 반해, 2014년에 36,271명(46.7%)으로 재산범의 비율이 1.6%p 증가하였고, 특히 재산범 중 절도범의 비율이 지속적으로 약 70~80%정도를 차지하고 있는 것으로 보아 생계형 소년범죄에 대한 대책이 필요하다.

이상의 내용들은 오늘날 우리 청소년들이 얼마나 힘들어 하고 있는가를 반영해주고 있다. 어느 나라나 어느 계층이나 문제는 늘 있지만 특히 우리나라 청소년들의 경우 교육열은 세계 최고이지만 교육 만족

---

72) 여성가족부,「2015청소년백서」(서울: 한국장애인유권자연맹, 2015), 396.

도는 세계 최하위이다. 세계에서 공부를 가장 많이 하는 나라이지만 공부에 대한 만족도는 최하위인 나라다. 우리나라 청소년들의 최대 스트레스 요인은 학업과 관련된 문제들이다.

장휘숙은 "한국의 중고등학교 청소년들은 진로문제, 학업 문제, 용모와 이성 문제, 성격 문제, 부모와의 갈등, 친구와의 갈등 문제로 스트레스를 경험하나 그 중에서도 공부와 진학 문제가 청소년들에게 자장 큰 스트레스를 불러일으키는 요인이다."라고 말했다.[73]

황순길도 청소년들의 최대 고민거리가 학업과 관련된 문제라고 언급하고 있다. 일본 총무성에서 1989년에 세계 11개국 청소년을 대상으로 조사한 '세계 청소년 의식 조사 보거서'에 의하면, 한국의 십대 청소년들이 가지고 있는 학업 문제에 대한 고민이 가장 심각한 것으로 나타났다. 학업 성적으로 인해 심각한 심리적 갈등을 겪고 있는 것으로 나타났다.[74]

전국교직원노동조합 참교육연구소는 '2008학년도 대학입시안의 문제점과 대안' 토론회에서, '입시교육 실태와 입시 제도에 대한 고등학생 의식 조사보고서'를 발표했다. 전국 고교생 3,166명을 대상으로 한 보고서에 의하면, 성적이나 입시로 인한 스트레스에 관한 질문에 응답 학생의 20.1%가 '자살 충동을 느낀 적이 있다'고 답했다. 우리나라 고교생 5명 가운데 1명이 대학 입시 때문에 자살 충동을 느낀 것이다. 절반 가

---

73) 장휘숙, 앞의 책.
74) 황순길, "오늘의 청소년 문제와 대책,"「통일로」33(1991. 5). 96-98.

까운 학생(45.6%)은 '학교를 그만두고 싶은 적이 있다'고 응답했고, '가출 충동을 느낀 적이 있다'는 대답도 22.4%를 차지했다. 32%는 '우울증이나 정신적인 어려움을 겪은 적이 있다'고 했고, 64.9%는 '좌절감을 느끼거나 의욕상실에 빠진 적이 있다'고 답했다. '성적이나 입시 스트레스로 음주를 한 적이 있다'는 학생도 11.3%를 차지했다.[75]

요약하자면 우리나라 청소년들은 학업 스트레스 즉 대학입시라는 굴레에 얽매여 성적에 울고 웃는 매우 고달픈 나날을 보내고 있다. 가장 활기차고 자유분방하여 기억에 오래 남을 시기여야 하는데, 반대로 다시 돌아가기 싫고 가장 기억하기 싫은 때가 되고 있다. 오늘날 청소년들이 위기를 맞고 있다.

오성춘은 청소년의 위기를 다음 네 가지로 언급했다.

① 청소년기는 신체적 성숙뿐만 아니라 자아 인식이 깊어지는 시기다. 그런데 깊어지는 자아 인식이 부정적인 측면에서 발전하기도 한다.

② 비판적 사고 능력이 발달하면서 인습적 규범이나 규칙에 의문을 제기하면서 인습적인 도덕률에 회의를 느끼게 된다.

③ 집단에 소속하고 싶은 강력한 욕구가 일어나는 시기가 청소년기다. 또래로부터 소외되는 것에 심한 두려움을 느끼기도 한다.

④ 내면에 대한 새로운 인식은 신앙적 태도에 새로운 전환을 가져온

---

75) 박주희, "고교생 5명중 1명 입시문제로 자살충동," 「한겨레신문」(2006.9.28. 20:27) http://www.hani.co.kr/arti/society/schooling/160987.html

다.[76]

김현진은 여기에 하나를 더했다.

⑤ 정체성을 견고히 하려는 과정에서 부모와의 분리를 시도하는 것은 부모와 자녀간의 정서적 관계에 위기를 맞이하게 한다는 것이다. 그리고 이러한 위기를 맞는 청소년들에게 꼭 필요한 것은 높은 자아존중감이라고 했다. 자아존중감이란 자기가 자기 자신에 대해서 가지고 있는 가치감으로, 자아존중감은 위기를 극복하는 중요한 변수라고 했다.[77]

김현진은 우리나라 청소년들의 현실 문제와 관련하여 최대 스트레스 요인은 학업과 관련된 문제라고 진단했다. 스트레스란 일상생활에서 개인의 안녕을 위협하고, 개인이 가진 자원 이상을 요구하는 상황과 개인 사이의 특정한 관계에서 발생한다는 것이다. 일본 총무청의 "세계 청소년 의식 조사 보고서"를 인용하여, 한국의 십대 청소년들이 가지고 있는 학업 문제에 대한 고민이 조사 대상이었던 11개국 중에서 가장 심각한 것으로 나타났고, 학업 성적 등으로 인해 심각한 심리적 갈등을 겪고 있는 것으로 지적했다. 이러한 심각한 심리적 갈등이 우울증이나 자살 충동, 자살로 이어지기도 한다.[78]

---

76) 오성춘, "기독 청소년의 정체감 형성과 그 과제" 제4회 기독 가족 상담 세미나 편. 「한국 교회 청소년 지도 그 과제와 전망」(서울: 기독교 윤리실천운동 기독가족상담소, 1995), 15-17.
77) 김현진, 「성경과 목회 상담」(서울: 도서출판 솔로몬, 2007), 278-279.
78) 앞의 책, 285-286.

위기를 맞은 청소년들에게 꼭 필요한 것은 높은 자아존중감이다. 자아존중감은 위기를 극복하는 중요한 변수가 되기 때문이다. 자아존중감과 자아 정체성은 비슷한 말이나 약간의 차이가 있다. 커완(Kirwan)에 의하면 자아존중감은 "자아상처럼 자아 정체성의 기본이 되는 요소"다. 자아 정체성을 설명할 때 가장 핵심이 되는 것이 자아존중감이기에, 그것은 전체와 핵심의 차이로 언급될 수 있다. 따라서 자아 정체성이 더 큰 의미로 받아들여진다.[79] 내면의 반응을 주도할 수 있는 주된 요소는 자아존중감이다. 자아존중감이란 자기가 자기 자신에 대해서 가지고 있는 가치감이다. 자아존중감이 낮은 개인은 위의 위기들을 극복하는데 실패하기가 쉽다. 낮은 자존감 또는 부정적 자존감은 전반적인 건강 부진, 지나친 굴종, 수동성과 동조, 학업의 부진, 열등감과 긴장, 불신과 오해 그리고 자기 학대와 우울함으로 얼룩지게 한다.[80]

나. 기독청소년에 대한 이해

(1) 기독청소년의 개념

기독청소년도 일반 청소년과 마찬가지로 청소년기의 발달 특성에 따른 변화를 겪으며 성장하고 발전하게 된다. 청소년기의 종교성 발달은

---

79) 앞의 책, 278.
80) John McGrath, Alister McGrath, Self-Esteem : The Crooss and Christian Confidence, 윤종석 역, 「자존감」(서울: 한국기독학생회, 2003), 59.

청소년의 삶의 방향과 가치관 그리고 인간관에 따른 인간관계 형성에 영향을 끼치게 되므로, 특별히 기독교인으로 살고자 하는 기독청소년의 정의를 살펴볼 필요가 있다. 기독청소년을 이해하고 그들의 성장을 돕기 위해 몇 명의 연구자들이 제시한 기독청소년의 정의를 살펴보면 다음과 같다.[81]

김경희는 교파나 교단을 초월하여 교회학교의 중고등부에 출석하고 있는 청소년을 기독청소년이라 정의하였고,[82] 최정성은 교회 안에 있는 청소년을 기독청소년이라 하였다.[83] 좀 더 넓은 의미로 정지환은 교회교육과 교화를 통해 무한한 가능성을 지닌 존재들을 기독청소년이라 정의하였고[84], 노재연은 예수 그리스도를 주로 고백하는 청소년들[85] 그리고 김은경은 그리스도인의 정체의식을 가진 청소년을 기독청소년이라 정의하고 있다.[86] 또 김선배는 청소년은 교회회원 가운데 한 부분이며, 세례의식을 통해 교회의 구성원이 된다고 설명하고 있다.[87] 김곤은 기독청소년이란 중학교와 고등학교에 다니는 학생으로서 개신교 신

---

81) 강미경, "기독청소년의 사회성 증진을 위한 집단상담 프로그램 개발" (한남대학교 학제신학대학원 석사학위논문, 2002), 36.
82) 김경희, "기독청소년의 대인관계 향상을 위한 집단상담 프로그램 개발" (한남대학교 학제신학대학원. 미간행 석서학위 논문, 2002),
83) 최정성,「청소년 핸드북」(서울: 엘맨출판사, 1994)
84) 정지환, "청소년 교육목회의 활성화 방안 연구" (호서대학교 연합신학대학원미간행 석사 논문, 1998)
85) 노재연, "청소년의 긍정적 자아개념 형성을 위한 기독교교육 모델 연구" (서울신학대학교 대학원, 석사학위논문, 1995)
86) 김은경, "교회청소년을 위한 성서 학습지도" (장로회 신학대학교 대학원, 석사학위논문, 1990)
87) 김선배, "청소년 목회를 통한 교회성장" (총신대학교 신학대학원, 석사학위논문, 2000)

앙을 가지고 교회에 출석하는 청소년으로 정의하고자 한다.[88] 강미경은 교회학교에 출석하며, 예수그리스도를 영접한 청소년을 기독청소년이라고 정의했다.[89]

이상의 내용을 종합하여 보면, 교파나 교단을 초월하여 교회학교의 중고등부에 출석하고, 예수 그리스도를 영접하여 세례의식을 통해 교회의 구성원이 된 청소년을 기독청소년이라고 할 수 있겠다. 본 연구에서는 교회학교의 중고등부에 출석하여 세례의식을 통해 예수 그리스도를 구주로 영접하고, 교회의 구성원으로서 영적 교제를 나누는 청소년을 기독청소년이라고 정의한다.

(2) 기독청소년의 특성

사람의 전 생애에 비하면 청소년기는 비교적 짧은 기간이다. 하지만 이 기간 동안에 많은 사람들이 예수 그리스도를 영접한 것을 알 수 있다. 대부분의 그리스도인들이 십대 혹은 그 이전에 그리스도를 구세주로 영접했다는 사실이 여러 가지 조사에서 드러나고 있다. 영국의 전도자 톰 리즈(Tom Rees)는 모든 영국 그리스도인 가운데 75%가 14세 이전에 그리스도 구주로 영접했으며, 14세와 21세 사이에는 20%, 21세 이후에 그리스도를 구주로 영접한 사람은 겨우 5%에 불과하다고 했다.

---

88) 김곤, "기독청소년이 지각한 부모-자녀간 의사소통유형과 신앙성숙도와의 관계" (전주대학교 선교신학대학원, 석사학위논문, 2009), 3.
89) 강미경, "기독청소년의 사회성 증진을 위한 집단상담 프로그램 개발" (한남대학교 학제신학대학원 석사학위논문, 2002), 37.

미국 내에서 회심한 사람들의 통계를 보면 ① 4세 미만에 회심한 어린이가 1%, ② 4~15세에 회심한 사람이 85% ③ 15~30세에 회심한 사람이 10% ④ 30세 이후에 회심한 사람이 4% 라고 했다.[90]

조지 트루엣(George W. Truett)은 1,200명의 사람들을 대상으로 회심 시기를 조사하였는데, 21세 이하에 회심한 사람이 1,100명, 30세 이상에 회심한 사람이 30명 내외, 40~45세에 회심한 사람이 13명, 45세 이후에 회심한 사람이 3명으로 대부분 청소년의 때인 21세 이하에 그리스도를 구주로 영접하였다. 이렇게 많은 사람들이 청소년의 때에 회심하는 이유를 청소년기의 특징과 관련하여 생각해 볼 수 있다.

첫째, 청소년기는 종교에 대해 관심이 많다. 특히 십대 초반의 청소년들은 종교적 각성과 영적 문제들에 대한 관심이 고조되는 때이다. 청소년의 때에는 복음에 대하여 민감하게 반응하며, 이러한 종교적 관심은 종교적 집회나 교회의 수양회 그리고 교회의 다른 청소년 집회에 수많은 청소년들이 참여하는 것을 보아서 알 수 있다.[91]

둘째, 청소년기는 지적 정서적 자극과 만족을 추구한다. 청소년기는 정체감의 혼란을 겪으면서 자신의 존재감을 찾기 위해 지적 정서적 욕구가 강하다. 뿐만 아니라 자신의 존재에 대한 종교적 탐구심도 강하다. 이런 청소년들에게 적절한 신앙 교육을 실시하면 바른 가치관을 정

---

90) Zuck, Roy B., The Holy Spirit In Your Teaching (Wheaton: Scripture Press Publications Inc., 1963); 전희일, "청소년의 교회 부적응과 이탈의 원인분석 및 개선방안 연구" (명지대학교대학원 박사학위논문, 2007), 12-14에서 재인용.
91) Koonce, F. R., Understanding Your Teen-agers, (Nashville: Broadman Press, 1991).

립할 수 있게 된다.

셋째, 청소년기는 인생의 방향을 결정하는 때다.[92] 청소년기는 중요한 결정을 많이 하게 된다. 진로에 대한 결정과 친구 관계의 결정, 사회 구성원으로서의 결정 그리고 하나님의 뜻을 어떻게 받아들일 것인가 등에 대하여 매우 중요한 결정을 내리는 때이다. 이러한 청소년기에 안내자 역할을 맡은 교사의 사명은 매우 중요하다. 청소년들에게 바른 신앙 교육을 한다면 이들이 복음 위에 굳게 서게 될 것이다.

신학적인 관점에서 볼 때, 기독청소년은 근본적으로 세상 신분과 영적 신분이라는 이중적인 신분을 가지고 살아가고 있다. 세상 친구들과 같이 학교생활을 하며 학원에도 다니고 세상 문화 속에 살아가면서도, 하나님의 자녀로서 교회에 다니며 신앙생활을 하고 성경에서 가르치는 교훈을 따라 살아야 한다. 이것이 큰 축복이요 특권이지만 믿음이 어린 상태에서는 큰 부담으로 다가오기도 한다.

모태신앙을 가지고 태어난 청소년 중에는 자신의 의사와는 상관없이 태어나기 전부터 하나님의 자녀로 자신의 운명이 결정된 것에 대해 불만을 토로하기도 한다. 믿음을 갖지 않고 태어난 친구들을 부러워하며 그들처럼 성경의 교훈에 얽매이지 않고 자신이 하고 싶은 대로 마음대로 살아갈 것처럼 생각한다.

그러나 이러한 생각은 기독청소년으로서 정체성을 갖지 못한데서 비

---

92) Zuck, 앞의 책.

롯된다. 기독청소년의 특성도 바로 이 정체성의 문제와 관련이 있다. 나는 누구인가라는 물음 속에 기독청소년의 정체성과 특성이 담겨 있다. 기독청소년의 특성을 다음과 같이 정리할 수 있다.

첫째, 기독청소년들은 이중 국적을 소유하고 있다.

기독청소년들은 이 세상 나라 시민으로서의 국적과 하나님 나라 시민으로서의 국적을 가지고 있다. 이 땅에 발을 딛고 살아가기 위해 학교에 다니고 사회생활을 해야 한다. 우리나라의 남성들은 국방의 의무도 감당해야 한다. 납세의 의무와 근로의 의무도 감당해야 한다. 뿐만 아니라 하나님 나라의 시민으로서 하나님의 말씀을 따라 살아야 한다. 하나님을 사랑하고 이웃을 사랑해야 한다. 말씀을 묵상하고 하나님의 뜻에 합당한 삶을 살아야 한다.

바리새인들이 어떻게 하면 예수를 올무에 걸리게 할까 상의하다가 자기 제자들을 헤롯 당원들과 함께 예수께 보내어 질문을 했다.

"가이사에게 세금을 바치는 것이 옳으니이까? 옳지 아니 하니이까?"(마22:17)

이때 예수께서 대답했다.

"가이사의 것은 가이사에게, 하나님의 것은 하나님께 바치라"(마 22:21)

가이사의 것은 세상 나라에 속한 것이고 하나님의 것은 하나님 나라에 속한 것이다. 세상 나라에 대한 의무도 해야 하지만 하나님 나라에 대한 의무도 해야 한다는 말씀이다.

사도 바울도 그런 말을 했다.

"하늘에 속한 형체도 있고, 땅에 속한 형체도 있으나 하늘에 속한 것의 영광이 따로 있고, 땅에 속한 것의 영광이 따로 있으니"(고전15:40)

신학자 칼뱅은 교회를 두 가지로 구분하였다. 눈으로 볼 수 있는 가시적 교회와 눈으로 볼 수 없는 불가시적 교회가 그것이다.[93] 기독청소년은 눈에 보이는 가시적 교회에서 믿음 활동을 할 뿐만 아니라 눈에 보이지 않는 불가시적 교회에서 성령으로 하나님과 교통하는 것이다.

둘째, 기독청소년은 특별한 은총을 덧입었다.

로마서에서는 이를 일반 계시와 특별 계시로 설명하고 있다.

"하나님의 진노가 불의로 진리를 막는 사람들의 모든 경건하지 않음과 불의에 대하여 하늘로부터 나타나나니, 이는 하나님을 알 만한 것이 그들 속에 보임이라. 하나님께서 이를 그들에게 보이셨느니라. 창세로부터 그의 보이지 아니하는 것들 곧 그의 영원하신 능력과 신성이 그가 만드신 만물에 분명히 보여 알려졌나니, 그러므로 그들이 핑계하지 못할지니라."(롬1:18-20)

일반 계시는 믿는 사람이나 믿지 않는 사람이나 모든 사람들에게 보여주신 계시로 내면 계시와 자연 계시가 있다. 사람이 죄를 지으면 부끄러움을 느끼게 되는데, 이는 하나님께서 내면 계시로 선한 양심을 주셨기 때문이다. 해가 뜨고 지고, 꽃이 피고 지는 자연 만물의 신비로움 속

---

93) 윤한, "칼빈의 교회론 연구 : 기독교강요를 中心으로" (한신대학교 신학대학원, 석사학위논문, 1998), 38에서 재인용.

에서 하나님의 존재를 느낄 수 있는데, 이는 하나님께서 주신 자연 계시 때문이다. 특별 계시는 성경 말씀을 통해주시는 계시다. 구약의 선지자들을 통해 장차 오실 메시아를 알려주셨고, 독생자 예수님을 통해 하나님의 계시가 분명하게 드러났다. 약속된 그리스도를 믿는 자들에게는 하나님 나라의 축복을 덧입게 된다. 사망에서 생명으로, 미움과 분노에서 사랑과 기쁨으로 특별한 은혜를 덧입게 된다. 이것이 특별 계시다.

이는 하나님의 자녀로의 특권입니다. 요한복음 1:12-13절은 말한다. "영접하는 자 곧 그 이름을 믿는 자들에게는 하나님의 자녀가 되는 권세를 주셨으니, 이는 혈통으로나 육정으로나 사람의 뜻으로 나지 아니하고 오직 하나님께로부터 난 자들이니라."

베드로전서 2장 9절은 "너희는 택하신 족속이요 왕 같은 제사장들이요 거룩한 나라요 그의 소유가 된 백성이니"라고 말했다. 기독청소년은 하나님의 자녀요, 택하신 족속으로 특별한 은총을 덧입었다.

셋째, 세상에 대한 선고 사명을 받았다.

기독청소년들은 하나님의 자녀로서 구원을 덧입는 것으로 끝나는 것이 아니다. 종신토록 하나님 앞에서 성결과 의로 두려움이 없이 섬기는데 참된 목적이 있다(눅1:75). 기독청소년들은 세상의 빛과 소금으로서 어두운 세상을 밝히고(마5:14), 부패하기 쉬운 세상의 소금 역할을 할 의무와 특권이 있다(마5:13). 뿐만 아니라 기독청소년은 그리스도의 일꾼이요, 하나님의 비밀을 맡은 자로서(고전4:1) 땅 끝까지 이르러 그리스도의 복음을 전할 사명을 부여받았다(행1:8). 기독청소년은 하나님의 동역자요, 하나님의 밭이요, 하나님의 집이며(고전3:9), 사람을 낚는 어부로서(마4:19) 선교 사명을 받은 자들이다. 기독청소년은 구원 받는 자들에게나 망하는 자들에게나 하나님 앞에서 그리스도의 향기요(고후 2:15), 그리스도의 편지로서(고후3:3) 아름다운 덧을 선전하는 임무를 받았다(벧전2:9).

본 논문에서 시도하고자 하는 용서상담 프로그램도 이러한 기독청소년의 특성에 입각하여 이루어질 것이다. 기독청소년들이 왜 분노하는가? 자존감이 왜 하락하는가?

이는 궁극적으로 하나님의 이미지와 관련이 있다. 하나님에 대한 믿음과 연관이 있다. 하나님에 대한 믿음이 희박하고 하나님에 대한 이미지가 분명하지 않을 때, 인간관계에서 부딪히는 문제들로 인해 상처 받고 아픔을 겪게 된다. 기독 청소년으로서 신분을 바로 인식하고, 그 특징을 올바로 깨닫는다면 우리 내면에 일어나는 분노도 조절할 수 있고 다스릴 수 있게 된다.

하나님에 대한 이미지를 분명히 하고, 우리의 궁극적인 본향이 하나님 나라임을 마음 깊이 영접하면, 이 땅에 잠시 사는 동안 복음 전파의 사명을 온전히 감당할 수 있으며, 우리의 자존감은 하나님 나라의 거룩한 백성으로서 회복될 것이다.

(3) 기독청소년의 당면 문제

청소년의 문제란 만 12~20세에 해당하는 청소년들이 자신이 소속된 사회의 규범에 적응하지 못하여 발생하는 사회 병리 현상을 의미한다. 즉 사춘기가 시작되는 간 12세인 초등학교 졸업 이후부터 중 고등학교에 재학하는 연령대로 10대로 지칭하는 젊은이들이 사회에 적응하지 못하여서 생겨나는 탈선행위나 비행을 의미하는 개념이다. 이러한 청소년의 문제는 일반 청소년들이나 기독청소년이나 모두 안고 있는 문제다.

그러나 일반 청소년의 문제와 별개로 기독 청소년들만이 안고 있는 문제들이 있다. 이는 위의 특성에서도 잠깐 언급하였듯이 신앙인으로 살아가는데 따르는 문제들이다. 일반 청소년이 겪는 문제와 비슷한 점도 있겠지만 신앙적인 면에서 본질적으로 차이가 있다. 기독청소년들 앞에 있는 당면 문제를 다음 몇 가지로 정리해볼 수 있다.[94]

♣ 정체성에 관한 문제

청소년기는 신체적인 면에서는 어른의 수준까지 급성장을 하지만 정신적인 면에서는 아직 미성숙한 상태이다. 신체적 성장이 정신적 성장을 따라가지 못해 가치관의 혼란을 겪게 된다. 이러한 청소년기에 가장 중요한 과제 중의 하나는 '나는 누구인가?' 하는 정체성의 문제에 직면하게 된다.[95] 청소년기에는 자신의 내적 충동, 욕구 그리고 외적 압력이

---

94) 주삼제, "기독청소년의 전인적 치유방향에 관한 연구" (광신대학교 신학대학원 석사학위 논문, 2013), 21.
95) 박원호,「신앙의 발달과 기독교 교육」(서울: 장로회신학대학교 출판부, 1996)

나 유혹으로부터 자기만의 독특한 방식으로 이를 조정하고 통합해 나가야 한다. 자기의 통일성을 견지해 나가려는 자각과 노력뿐만 아니라 위기를 극복하고, 안정적인 자기 정체감(self-identity)을 형성해야 하는 당면 과제에 부딪히게 된다.[96] 이런 문제들 앞에 끊임없이 신앙적인 위기를 경험하게 되고, 어떻게 대응하느냐에 따라 부정적인 방향으로 신앙적인 회의와 일탈을 가져올 수도 있고, 성숙한 신앙으로 도약할 수도 있는 중요한 시기다. 그러므로 청소년기는 이러한 문제와 위기를 긍정적으로 극복하여 자기 정체성을 확립해야 하는 중요한 문제에 직면하게 된다.

♣ 신앙적인 문제

청소년들은 자신이 알고 있는 신앙과 자신이 경험하고 있는 신앙 사이에 차이점을 발견하게 되면 회의와 의심을 품게 된다. 이전에는 가정과 교회로부터 받은 신앙적 진리를 아무런 의심 없이 수용해 왔지만 사고의 능력이 향상됨에 따라 점차 '과연 이것이 진리인가?' '이것이 맞는가?' 하며 의심을 갖게 된다. 이러한 현상은 긍정적인 측면에서는 성숙을 가져오지만 부정적인 측면에서는 신앙이 멀어지는 결과를 낳기도 한다. 특히 포스트모더니즘적인 종교다원주의의 영향을 받아 '꼭 기독교에만 구원이 있는가?' '과연 기독교의 교리만이 진리인가?' 라는 절대

---

96) 오세진 외,「심리학 개론」(학지사, 1998), 67.

진리나 가치관에 대해 상대적인 관점을 갖게 됨으로 신앙적인 문제에 직면하게 된다.

♣ 사회 문화적 문제

요즘 우리 사회는 각종 중독 문제로 몸살을 앓고 있다. 처음에는 알코올이나 기타 향정신적 약물 남용에 제한적으로 사용되는 말이 중독의 개념이 폭넓게 사용되고 있다. 쇼핑 중독, 일중독, 절도 중독, 음란물 중독, 도박 중독, 인터넷 중독 스마트폰 중독, 운동 중독 등 생활 전반에 걸쳐 사용되고 있다. 특히 청소년의 경우엔 인터넷 중독, 스마트폰 중독이 큰 사회적 문제로 대두되고 있다.

우리나라는 국민 8명 중 1명이 중독자인 이른바 '중독 공화국'이다. 우리나라에서 구분하고 있는 대표적인 4대 중독은 도박, 알코올, 마약, 인터넷 중독이다. 최근 가톨릭대학교 의정부성모병원 정신건강학과 교수가 조사한 바에 따르면, 이들 4대 중독자가 우리나라 인구 약 5,000만 명 중 618만 명이며, 이로 인한 사회 경제적 비용만도 109조 5,000억 원에 이른다.[97]

한국정보화진흥원이 실시한 2013년 인터넷 중독 실태조사 결과에 의하면, 만 5세에서 54세의 인터넷 사용자 중 7.0%에 해당하는 228만 6,000명이 중독 위험군에 속하는 것으로 나타났다. 전년 대비 인터

---

97) 권장희, "중독과 교회교육: 중독 그 빠지기 쉬운 함정" (장로회신학대학교 기독교교육연구원),「교육교회」421권(2013), 14-20.

넷 중독 위험수준은 0.2% 하락했으나, 조사대상 연령 확대로 인해 중독 위험군 수는 8만 3,000명이 증가한 것으로 나타났다. 연령대별 인터넷 중독 위험군 비율을 살펴보면 유아동(5~9세) 6.4%, 청소년(10대) 11.7%, 성인(20~50대) 5.9%로 전년 대비 중독 위험군 비율이 전반적으로 감소했으나, 청소년(10대)의 인터넷 중독 위험군 비율은 최근 2년 연속 증가했다(2011년 10.4% → 2012년 10.7% → 2013년 11.7%). 청소년의 고위험군(high-risk group) 비율은 전년(2.8%)대비 변화가 없으나 잠재적위험군(potential risk group) 비율이 8.9%로서 전년(7.9%) 대비 증가했고, 전체 연령대 중에서도 여전히 가장 높은 것으로 나타났다.[98]

기독청소년 역시 이러한 사회 문화적 환경에 그대로 노출되어 있다. 이 시대의 문제는 이런 사회문화적인 중독 문화와의 영적 싸움이라고 할 수 있다(엡6:12). 예수께서도 무리들에게 말씀하셨다. "누구든지 나를 따라오려거든 자기를 부인하고 자기 십자가를 지고 나를 따를 것이니라."(마16:24) 사도 바울도 믿음의 아들 디모데에게 말씀하셨다.

"너는 그리스도 예수의 좋은 병사로 나와 함께 고난을 받으라."(딤후2:3)

과거에는 교회가 교육과 의료의 중심 센터요, 영혼 구원의 요람이었다. 백성들의 정보를 제공하는 곳이요 필요를 충족시켜주는 곳이었다. 한국의 선교 초기 개종하는 사람이 늘어나면서 기독교인들이 함께 모여 기도하고 찬송을 부르고 성경을 공부하며 설교를 들었던 동네의 사

---

98) 한국정보화진흥원,「2014 국가정보화백서(요약본)」(서울: 세일포커스, 2014), 34.

랑방이 교회 역할을 하였다. 사랑방 교회에서는 남녀와 신분의 차별이 없이 공동으로 참여하는 토론회가 활성화되었고, 자원적인 조직으로서의 교회가 전국 곳곳에 세워지면서 공공의 공간으로서 수평의 의사소통을 수행하는 시민들의 공간이 되었다.

교회는 지금도 우리 사회의 가장 기초 단위까지 영향을 미칠 수 있는 시민 사회 조직이다. 전국적으로 교회는 6만여 개가 있는 것으로 알려지고 있는데, 이는 전국 동 면사무소를 비롯한 관공서가 4,000여 개이고, 행정·국방·사회 보장 기관 등을 모두 합한 행정 기관 수가 12,000여 개인 것과 비교하면 얼마나 많은 수치인지 알 수 있다. 이렇게 많은 교회가 협력해서 활동한다면, 전국의 지역 사회를 모두 엮을 수 있는 잠재력을 가지고 있다는 것을 의미한다 이렇게 된다면 교회는 정부 차원에서 지원하지 못하는 전국적인 민간 차원의 사회안전망 역할을 감당할 수도 있을 것이다.[99]

그러나 오늘날 기독청소년들이 교회를 바라보는 시각은 그렇게 좋지가 못하다. 시대 문제를 반영하듯 기독청소년들이 교회를 바라보는 시각에 많은 변화를 보이고 있다.

첫째, 기독청소년들은 교회 안에 자신들의 설 자리가 없다고 생각한다. 그 이유는 교회가 청소년기에 있는 자신들을 적극적으로 수용해주지 못하고 있다는 것이다. 즉 장년부 중심으로 교회가 움직이기 때문에

---

[99] 정재영, "시민사회에서 교회의 공적 역할" (한국복음주의윤리학회, 2014), 제14차 정기 논문발표회, http://www.theosnlogos.com/379

자신들의 의견이나 제안이 잘 받아들여지지 않고 있으며, 그들만이 누릴 수 있는 신앙적 공간이 없다는 것이다. 학업에 바쁜 기독청소년들은 학교나 학원에서 보내는 시간이 많고 남는 시간도 게임방, 노래방 등의 거리에서 보내게 된다.

둘째, 기독청소년들은 교회가 자신들에 대해 무관심하다고 생각한다. 단지 어리다는 이유만으로 소외시키거나 아예 자신들의 의견을 받아주지 않거나 자신들의 연령에 적합한 프로그램이 많지 않기 때문이다.

셋째, 기독청소년들은 교회가 자신들의 영적 추구나 경험을 충분히 이해하지 못하고 있다고 생각한다. 최근 들어 청소년들이 선호하는 현대적 음악이 예배나 다른 행사에서 수용되고 있지만 아직도 그들의 영적 성향에 대한 오해가 존재하고 있다.

넷째, 청소년들은 교회가 자신들의 신앙적 갈등과 고민을 이해하지 못한다고 생각한다. 교회는 전적으로 수동적인 신앙인들을 원하고 의심과 질문보다는 무조건적 신앙을 강요한다는 것이다.[100] 기독청소년들이 교회를 보는 이러한 부정적인 시각을 바로 잡고 전인적 신앙 기관의 모델로서 교회가 다시 서기 위한 대책이 필요하다.[101]

기독청소년들이 교회에 적응하지 못하는 변인들로 다음 몇 가지를 들 수 있다. 먼저 교회 내적 측면의 변인들로는, 말씀의 생활화를 이뤄

---

100) 김영래,「기독교 교육과 앎」(서울: 다산글방, 2002), 171-173.
101) 주삼제, '기독청소년의 전인적 치유방향에 관한 연구' (광신대학교 신학대학원 석사학위논문, 2013), 25.

내야 하는 교회 교육의 본질에 허점이 있는 점이다. 즉 교회 내에서 행하는 청소년 교육의 이론과 실제가 서로 다른 모습을 보인다. 지나친 영성 위주의 주입식 교육, 이성적으로 납득이 안 되는 교리, 목회자에 대한 신뢰감 부족, 신앙의 구체적인 체험 결여 등 다양한 변인들을 생각해 볼 수 있다.

21세기교회연구소가 발표한 자료에 의하면, 교회를 떠나려는 이유로, '교육 훈련 부족'(11.5%), 예배의 문제(11.1%), 지나친 전도 강요(10.9%) 등으로 나타났다. 교회를 떠난 뒤 다른 교회에 출석하겠다는 응답자는 61.3%였지만, 교회에 출석하지 않는 '가나안 성도'로 남겠다는 응답자는 22.1%나 됐다. 이 같은 비율은 전체 성도를 기준으로 환산하면 7% 정도로, 개신교인 100명 중 7명이 잠재적 '가나안 성도'인 셈이다.[102]

교회 외적 측면의 변인들로는 교회가 너무 획일적이고, 교단 교파가 많은 점, 교사의 전문성 부족, 학생들의 학원 수강 등의 이유로 주일성수가 힘든 점, 민족 고유의 전통은 무시한 채 성경공부 및 기도와 설교만 주장한 점, 교회 교육에 참여하는 청소년들이 마음에 들어 하는 프로그램의 부족, 교회 재정의 열악성 등을 들 수 있으며, 이 외에도 많은 부적응 요인들이 있을 것이 예상되고 있다.

---

102) 21세기교회연구소, "교인 3명 중 1명, 출석교회 떠나고 싶다", 「국민일보」, (2016. 11. 27.) http://news.kmib.co.kr/article/view.asp?arcid=0923649425&code=23111111&sid1=chr

3. 용서와 청소년 분노의 이해

가. 분노의 이해

(1) 분노의 개념적 이해

분노(anger, 憤怒)의 사전적 의미는 '분개하여 몹시 성을 냄 또는 그렇게 내는 성'이라고 풀이하고 있다.[103] 두산백과에는 '자기 요구의 실현을 부정 및 저지하는 것에 대한 저항 결과 생기는 정서'라고 풀이했다. 분노의 신체적 표출로는 '입술을 깨문다' '눈꼬리를 치뜬다.' 등의 안면 표정, '상대에게 등을 돌린다.' '공격한다.'는 등의 반응을 보인다. 그 생리적 중추(中樞)는 간뇌(間腦)에 있으며, 또한 에피네프린이나 노르에피네프린의 작용이 관계한다고 생각되고 있다.[104]

분노(anger)에 대한 개념은 학자에 따라 매우 다양하게 나타나고 있다. 생리적 증상이나 심리적 경험에 강조를 둔 학자들은 분노를 교감신경계가 높은 수준으로 활성화되어 강한 불쾌감을 나타나는 정서로 보고, 개인의 욕구가 방해를 받을 때 불쾌감을 제거하기 위해 나타난다고 보고 있다. 반면에 표현이나 행동에 강조를 둔 학자들은 분노란 공격의 저변에 깔려있는 주요 요소로, 감정적인 문제에 직면하게 되면 공격

---

103) 국립국어원,「표준국어대사전」(2016), http://stdweb2.korean.go.kr/search/List_dic.jsp
104) 두산백과, http://terms.naver.com/entry.nhn?docId=1104571&cid=40942&categoryId=31531

적인 행동이 나타나게 되는데, 타인이나 어떤 대상에 신체적, 언어적인 공격을 표출함으로써 자신이 화가 났다는 사실을 표현하는 내적 감정이라고 본다.[105]

데이빗 마세(David Mace)는 '외부에서 침입하는 미생물로부터 자신을 보호하는 겉처럼 분노란 자아를 보호하려는 자기주장'으로 정의한다. 분노 그 자체는 좋거나 나쁘거나 한 것이 아니다. 위협이나 공격에 대한 자연적인 반응이며, 자기 보존의 감정이고, 자기 방어를 위해 필요한 정서로서 메시지를 담고 있다.[106]

심리학자 리처드 올터스(Richard Walters)는 인식적이거나 행동적인 요소들(cognitive or behavioral components)의 차이를 근거로 분노를 세 형태로 구분했다.[107] 격분(rage)은 억제되지 않은 폭력적인 분노로 표현했고, 분개(resentment)는 보복을 겨냥한 분노를 억제한 감정으로 구분했으며, 의분(indignation)은 공의와 사랑에 기초한 건설적인 표현으로 나누었다. 격분이나 분개가 분노의 파괴적인 형태로 이기심의 지배를 받고 사람에게 손상을 입히는데 비해, 의분은 사랑에 근거하여 공의를 추구하며 대개는 다른 사람을 보호한다.

분노의 개념에 대해 레스 카터(Les Carter)와 프랭크(Frank)는 다음

---

105) 오윤선, "청소년 분노조절에 대한 기독교 상담학적 접근"「복음과 상담」제14권, 9-34. (2010), 18.
106) 앞의 책, 19-20.
107) Mark P. Cosgrove, Counseling of Anger (Nashville, TN.: W Publishing Group, 1988), 38.

3가지로 설명했다.[108]

첫째는 개인의 가치를 보존하려는 의지이다.

둘째는 본능적인 욕구를 보존하려는 의지이다.

셋째는 기본적인 신념을 보존하려는 의지이다.

이와 같이 분노는 가치, 욕구, 신념이라는 자기 보전의 감정이 만족되지 못하고 무시당하거나 거부당할 때 일어나는 반응으로 정의했다.

세르터 미너스(Certer Minirth)는 분노란 개인적인 성장, 필요한 욕구, 기본적인 확신을 보존하려는 의지라고 정의했다.

스필버거(Spielberger), 럿셀(Russell), 크레인 앤 제이콥스(Crane & Jacobs)는 분노를 가벼운 성가심에서 격분(rage)에 이르기까지 그 강도에 있어 다양한 감정들로 구성된 정서 상태로 보았다. 노바코(Novaco)는 분노를 스트레스에 대한 생리적 반응으로 보았다.[109]

스필버거(Spielberger et al.,)은 분노를 특성 분노와 상태 분노로 구분해서 설명한다. 상태분노가 일시적인 정서 상태라면, 특성분노는 얼마나 자주 분노를 일으키는가 하는 개인의 분노 경향을 의미한다. 즉 특성분노가 높은 사람은 보다 많은 상황을 분노 유발상황으로 지각하여 높은 분노 상태로 반응하는 경향이 있으며, 상태 분노는 일시적인 분노 경험이기 때문에 공격성을 가진 집단의 정서 판단 과정에 영향을

---

108) Les Carter & Frank Minirth, The Choosing to Forgive (New York: Work Book, Thomas Nelson Inc,1997), 35-38.
109) 안정미, "청소년들의 분노조절능력 및 공격성에 미치는 분노경험영역과 분노반응전략의 영향" (한서대학교대학원, 박사학위논문, 2013), 6.

미치는 요인이자, 정서적 경험으로서의 분노는 상태분노로 가정하는 것이 적합해 보인다고 했다.[110]

분노를 바라보는 관점을 다음 네 가지로 요약할 수 있다.[111]

첫째, 인지적 관점(Averill; Schachter)은 분노를 사건이나 상황 자체에 의해 유발되는 것이 아니라 개인이 사건이나 상황을 어떻게 평가하고 해석하는지에 따른 인지 과정의 결과로 본다.

둘째, 정서적 관점(Speilberger & London; 안그석)은 분노는 근육 긴장이나 자율신경계의 각성을 동반하는 미미한 짜증, 격노, 격분과 같은 강한 불쾌감으로 본다.

셋째, 행동적인 관점(Gaylin; Loren; Thornberg)은 분노는 자신의 화남 상황에 대해 신체적, 언어적 행동으로 표현하는 것으로 본다.

넷째, 통합적인 관점(Novaco)은 분노를 적대적 인지를 수반하는 주관적인 정서 상태로 인지적인 명명과정을 통해 자극원에 대한 적대적인 태도로 행동하려는 경향성을 가지게 된다는 것이다.

문은주는 이상의 관점을 통합하여 "분노는 사건이나 상황을 지각하는 비합리적인 인지작용과 그에 따라 일어나는 근육긴장이나 자율신경계의 각성을 동반한 짜증, 격분과 같은 강한 불쾌감 그리고 이러한 불쾌감을 신체적, 언어적 행동으로 표현하는 것"이라고 정의했다. 그리고

---

110) 고은, "공격성과 분노 정서 유발이 얼굴 표정 정서 판단에 미치는 영향"(연세대학교 대학원, 석사학위논문, 2007).
111) 문은주, "고등학생용 분노조절 프로그램 개발"(경북대학교대학원, 박사학위논문, 2010), 12.

정서적 요인, 인지적 요인, 행동적 요인의 3개의 하위 요인으로 이루어진 고등학생용 분노척도를 제시했다.[112]

전인상담의 측면에서 볼 때 분노(忿怒, anger)는 부당한 세력이나 억울한 상황에 대한 '무의식적인 나(Unconscious I)'의 자기표현(self-expression)이다. 우리의 내면에는 '의식적인 나(Conscious I)'와 '무의식적인 나(Unconscious I)'가 있다.

'무의식적인 나'는 우리가 잘 의식하지 못할 뿐 엄연히 존재하는 또 하나의 인격이다. '무의식적 나'는 '의식적 나'가 알지 못하는 사이에도 끊임없이 생명활동을 원활하게 하며, 생존 전략에 따라 나라는 존재를 컨트롤한다.[113] 분노 역시 억압받거나 부당한 대우를 받는 것에 대해 '무의식적인 나'가 생존을 위해 표출한 자기감정 표현이다.

(2) 분노의 심리학적 이해

심리학에서 분노란 인간이 지위, 자존심, 신체적 안정에 위협을 느끼는데서 오는 강한 정서라고 정의하고 있으며, 분노와 비슷한 말로 격분, 격노, 분개, 화, 흥분, 노발대발, 부아, 성남, 짜증, 성가심, 좌절, 역정, 발끈함, 성마름, 약 오름, 열 받음, 신경질, 성질 급함, 욱함, 언짢음, 격양 등이 있다.[114]

---

112) 문은주, 앞의 책, 6.
113) 김성환,「꿈이 있는 치유」(대전: 그리심어소시에이츠, 2014), 57.
114) Chip Ingram, Johnson Becca,「분노 컨트롤」윤종석 역, (서울: 디모데, 2011), 29.

화는 '화기(火氣)'의 준말로 '못마땅하거나 언짢아서 나는 성'이다. 화는 심리적인 요소로 시작하여 신체적인 요소로까지 확장되는데, 화난 것, 속상한 것, 억울하고 분한 것, 미운 것을 직접 지칭하거나 이러한 화를 참고 억누르다 보면 생긴 것까지를 포함한다. 즉 성질나는 것, 울화통 치미는 것, 화가 치미는 것, 뭉친 것, 가슴이 답답하거나 심장이 마구 뛰는 것, 몸에 열이 나는 것 등 신체적 증상까지를 포괄한다.[115]

분노와 연관된 우리민족의 고유한 정서로 한(恨)을 들 수 있다. 고은은 우리 민족의 역사를 통해 어떻게 한이 발생하게 되었는가를 분석하면서 한(恨)을 우리민족의 '영구적인 절망이 낳은 체념·비애의 정서'라고 정의했다. 한완상과 김성기는 한을 정(情)의 원형에 비유하면서 한국 민중의 삶에 가장 널리, 가장 깊이 뿌리내려 있는 민중 감정이 한이라고 주장했다.[116]

이러한 한이 쌓여 정신 장애로 나타나는 것이 화병이다. 분노와 연관된 정신장애로 많은 유형들이 있지만 한국인 특유의 대표적인 정신장애가 화병인데, 화병은 우리나라 민간사회에서 오구한 세월에 걸쳐 분노와 연관되어 불편함을 유발하는 하나의 병명으로 사용되어 왔다.

화병의 전통적 개념은 한국인의 정신구조와 사회문화의 틀 속에 남아 환자들의 정신 병리에 영향을 미쳐온 것으로 간주된다. 화를 참고

---

115) 김성환, "화병(Hwa-byung)에 관한 목회상담적 소고 : 정신의학적 조망중심으로"「복음과 상담」제23권 1호(2015), 16.
116) 오영희, "용서를 통한 한의 치유" 상담과 심리치료 Vol 7, No 1.(1995), 70.

계속 억압을 하면 화병(火病)이 되는데, 김성환은 한국인 특유의 분노와 연관된 대표적 정신질환으로 화병을 제시했다. 화병은 "화를 유발하는 요인들과 연관된 부정적 감정과 그로 인해 축적되고 확산된 신체증상과 부적응 행동들이 미분화 상태로 나타나는 정신신체질환"이라고 정의했다.[117]

화병은 내면에 쌓인 분노가 제대로 조절되지 않아 나타나는 일종의 분노조절장애라고 할 수 있으며, 분노나 한(恨)이 활화산과 같이 신체나 정서적 고통 등으로 표출되는 것이라고 보았다.

분노의 양상은 분노 표출과 분노 억제로 나누어 볼 수 있다. 분노 표출은 분노를 밖으로 표현하는 것으로 대부분 얼굴로 나타난다. 얼굴 표정이 바뀌고 안색이 변한다. 욕을 하거나 말로 표현한다. 심하면 물건을 집어 던진다. 싸움을 하거나 상대를 공격한다. 분노를 밖으로 표출하는 것은 안 좋은 감정을 마음속에 담아두지 않고 쏟아낸다는 점에서 긍정적인 측면이 있지만 분노의 대상이 되는 사람 입장에서는 상처가 될 수 있다. 인간관계에 타격을 줄 수 있다는 점에서 문제를 안고 있다. 분노 억압은 분노를 밖으로 표현하지 않고 마음속에 쌓아두는 것이다. 일시적으로 볼 때 인간관계를 좋게 하는 것처럼 보이지만 분노를 계속 억압하게 되면 화병이 될 수 있다. 더 증폭되면 돌발 행동을 하거나 살인을 저지를 수도 있고, 자신을 해할 수도 있다.

---

117) 김성환, 앞의 책.

분노의 원인은 외적 요인과 내적 요인으로 나누어 볼 수 있다. 외적 요인은 외부적 환경으로부터 오는 영향으로, 자녀들은 부모가 가정에서 분노를 표현하는 모습이나 가족 간에 허용될 만한 화풀이 대상들을 보면서 자신의 분노를 어떻게 표출할 것인가 배우게 된다. 이는 사람이 살아가는 사회문화적 요인이기도 하다. 우리나라는 오랜 기간 동안 유교적 문화권 안에서 가부장적인 제도 아래 여성들의 경우 삼종지덕(三從之德)[118]을 강요 받아왔다.

내적 요인은 사람의 내면으로부터 오는 원인으로 좌절, 완벽주의, 자존감들이 있다. 욕구가 좌절될 때 분노의 감정이 일어난다. 완벽주의는 인간 내면에 뭐든 완벽하게 잘해야 한다는 생각으로 스스로 완벽하지 않다고 판단되면 분노하게 된다. 타인으로부터 무가치한 존재로 취급 당하거나 모욕을 당할 때 자존감에 상처를 입게 되고, 이에 대한 복수로서 분노를 나타낸다.

분노는 사람이 표현하는 일차적 반응이 아니라 내면 깊은 곳에 무언가가 이루어지지 않은 것에 대한 이차적인 반응으로 나타나는 것이다. 분노는 마음 속 깊은 곳에 다른 무언가가 잘 되지 않을 때 왜곡된 방식으로 표현된다. 분노를 마음 속 깊은 곳에서부터 자극하는 것으로 '상처, 죄책감, 수치심, 무력감, 배신감, 불안, 거부당한 기분, 무산된 꿈과 희망, 답답한 심정, 절망감, 속수무책, 채워지지 않은 기대, 원한, 시기,

---

118) 삼종지덕(三從之德) : 유교질서를 강조하던 조선시대에 여성이 따라야 할 세 가지 덕목으로 어려서는 아버지를 따르고, 결혼 후에는 남편을 따르고, 남편이 죽으면 아들을 따른다.

질투, 자존심, 낮은 자존감, 실패, 자신이 못났다는 느낌, 외로움, 우울, 근심, 걱정, 압박감, 스트레스, 실망, 후회, 탈진, 피곤함' 등이 있다. 이런 내면의 깊은 이유로 인해서 분노가 나타난다.[119]

인간의 깊은 내면의 분노를 인정하고 처리하는데 도움을 주는 방법으로 다음과 같이 생각해 볼 수 있다.

① 화난 것을 인정하라(Acknowledge). 부정하거나 억압하지 말고 인정하고 받아들이라.[120]

② 일차 감정을 추적하라(Backtrack). 내가 왜 화가 났는가? 내 진짜 감정은 무엇인가? 분노의 이유는 무엇인가?

③ 원인을 따져보라(Consider). 누구 또는 무엇이 분노를 유발시켰는가? 누구 또는 무엇이 나를 좌절하게 했는가? 누가 내게 상처를 주고 서운하게 했는가? 무슨 계획이 수포로 돌아갔는가? 무슨 일이 있었는가?

④ 최선의 처리법을 결정하라(Determine). 어떻게 반응할 것인가? 언제, 어떻게, 무엇을 할 것인가?[121]

(3) 분노의 정신의학적 이해

Novaco는 분노를 분노 촉발사건에 대한 정서적 스트레스의 반작용

---

119) Yoshinori Shimazu,「화내지 않는 기술」김혜정 역, (서울: forbook, 2011), 91.
120) 이주하, "분노에 대한 성서적 이해와 극복방법" (경성대학교 대학원, 석사학위논문, 2015), 44.
121) 앞의 책, 99-100.

이며, 생리적인 각성과 적대적 인지를 수반하는 주관적인 정서 상태라고 했다. 분노를 스트레스에 대한 인지적, 생리적, 행동적 반응으로 규정한 것이다.[122]

또 분노는 분노의 표적에 관한 사고 또는 신념과 같은 인지적인 측면과 혈압상승, 심장박동수의 증가와 같은 생리적인 변화를 수반하는 것으로, 행동적이나 언어적으로 불쾌한 내적 경험을 의미한다. 신체 건강적인 측면에서 보면 분노는 고혈압, 심혈관계 질환, 유방암 등의 신체 질병의 원인이 된다(Burns, Bruehl & Quartana; 김교헌).[123]

분노의 구성에 대해 학자들마다 여러 관점에서 접근하고 있는데, 크게 보면 생리적인 반응, 인지적인 반응, 행동적인 반응으로 나눌 수 있다.

첫째, 생리적인 반응의 관점에서 보면, 사람들이 분노를 느끼게 되면 몸 안에서 생리적인 감정의 변화가 일어난다. 아드레날린(adrenaline)과 노어아드레날린(noradrenaline)의 생화학적 반응이 분노의 감정과 결합하고, 긴장, 흥분, 분노 그리고 열기를 느끼게 된다. 몸속의 자율신경계는 스트레스를 받을 때 부신(the adrenal glands)에서 에피네프린과 노어에피네프린을 분비시키고, 뇌하수체(pituitary gland) 역시 갑상선자극호르몬(TTH)과 부신피질자극호르몬(ACTH)을 분비하게 된다(Robert, 1986). 이 호르몬들의 분비가 증가하면 사람들은 분노에 압도

---

122) 임미옥, "청소년의 심리적 부적응에 관한 분노양상모형의 연구" (경기대학교대학원, 박사학위논문, 2011), 7-9.
123) 앞의 책.

되어 억제할 수 없다고 생각하게 된다. 분노의 감정을 이런 호르몬만으로는 충분히 설명하기 어렵고, 일반적인 생리적 각성과 심리적 또는 인식적인 요소가 결합되어야 한다.[124]

정신분석학자들은 인간관계와 사회질서에 대한 병리적인 측면을 강조하는데, 병리적인 분노들은 의식에서 분열하거나 억압되어 무의식에서 삶의 기분을 좌우하는 힘까지 포함한다고 말한다. 특히 프로이드는 제1차 세계대전을 겪기 이전의 인간 분노를 성 욕동 충족, 좌절에 수반된 2차적 충동 그리고 정서로 해석했다. 즉 쾌락원칙을 추구하는 리비도(libido)는 구강, 항문, 남근기를 거쳐 사춘기의 통합된 성적 욕망기로 발전해 가는데, 이 변화과정에서 욕구만족이 과도하게 좌절되면, 각 단계마다 고유한 분노가 발생한다는 것이다. 그러므로 분노감정이 충족되지 못하고 통제되기 힘든 상황이 되면, 무의식의 분노와 욕망은 히스테리, 강박증, 공포증 등으로 변형되어 의식으로 분출한다는 것이다.[125]

1994년 미국 정신의학회의 정신장애진단분류체계(DSM-Ⅳ)에 화병이 한국인이 지닌 일종의 민속문화증후군(a culture bound syndrome)으로 채택되었고, 이후 분노와 연관된 정서, 신체, 행동상의 복합적 증상을 유발하는 질환으로서 분노와 연관된 유사 정신질환인 간헐성폭발장애(IED)나 외상후울분장애(PTED)와 증상의 구별을 통해 그 임상적

---

124) 앞의 책.
125) 앞의 책, 10.

정체성을 좀 더 명확히 하고 있다.[126]

김성환은 정신의학적 차원에서 간헐성 폭발장애(IED)나 외상 후 울분 장애(PTED)는 화병과 상대적 유사성이 높다고 보았다.[127] 부당하고 억압적인 상처 경험이나 분노의 표출 양상에서 연관성이 있다는 것이다.

화병에 대해 정신의학적 차원에서 최초의 임상적 연구를 시도한 이시형도 주부들이 충격적인 일을 겪고 갈등과 체념의 기간을 거치면서 화나 분노를 억제하거나 신체적으로 투사한 결과 화병이라는 만성질환이 나타나게 된다고 했다.[128]

이처럼 화병은 우울증, 불안증, 기타 정신신체장애 등 여러 정신질환과 연관성을 지니고 복합적으로 나타난다.

'외상 후 울분 장애'(posttraumatic embitterment disorder, 이후 PTED)는 독일의 정신의학자 Linden에 의해 제안되었다. 1990년 통독 이후 많은 시간이 흘렀지만 구 동독인들은 경제적, 법적, 문화적 환경의 변화로 인해 극심한 혼란을 겪고 있었다. 2002년에 실시한 한 조사에서 구 동독인의 59%가 서독과 동독 사이에 여전히 큰 정신적인 고통을 겪고 있고, 좌절 및 굴욕감 등의 정서를 호소하였다. 이러한 구 동독인들의 분노감, 대인관계 회피, 자기 비난, 무기력감, 신체적 통증을 설

---

126) 김성환, "화병(Hwa-byung)에 관한 목회상담적 소고 : 정신의학적 조망중심으로" 13.
127) 앞의 책, 14.
128) 이시형, "화병(火病)에 관한 연구" (서울:「고려병원잡지」제1권, 1977), 53-69.

명해줄 수 있는 개념으로 PTED를 제안했다.[129]

기존의 '외상 후 스트레스 장애'(posttraumatic stress disorder, 이하 PTSD)가 생명의 위협을 주는 사건을 경험하거나 목격하는 것에 의해 유발되는 것에 비해, PTED는 일상생활에서 비교적 흔하게 겪을 수 있는 부정적 사건에 의해서도 유발된다. PTSD 환자는 외상에 의해 기본적인 가치관이 파괴됨으로 인해 주된 정서적 반응으로 불안과 두려움을 보이며 증상이 내재화(internalizing)되는 것에 비해, PTED 환자는 본인의 기본적 가치관을 유지하면서 주된 정서로 울분과 복수심을 표현하며 증상이 외현화(externalizing)된다는 점에 차이가 있다. PTED 환자는 기본적 믿음은 유기하지만 핵심 믿음과 부정적 사건 사이의 부조화로 인한 감정으로 울분을 호소하고 부정적인 감정이 지속된다. PTED 환자들이 울분과 허탈감, 부당함, 무력감 등을 호소하면서 부당한 사건에 대항하는 것을 원하기도 하지만 적합한 목적의식을 가지지 못한다는 점에서 분노와 유사성이 많다.[130]

PTED 환자들의 치료 방안으로 인지 행동적 접근 방법이 많이 제시되고 있다. PTED 환자들은 신뢰가 적고 본인 및 치료자에 대해 비판적인 태도를 견지하기 때문에 치료 초기 동맹관계를 잘 맺는 것이 중요하

---

129) Linden M., The posttraumatic embitterment disorder. Psychother Psychosom(2003) 72, 195-202; Linden M., Baumann K, Rotter M, Schippan B. The psychopathology of posttraumatic embitterment disorder. Psychother Psychosom(2007), 40: 159-165; 고한석 외, "외상 후 울분장애의 이해" Anxiety and Mood Vol 10, No1(2014), 4에서 재인용.
130) 고한석 외, "외상 후 울분장애의 이해" Anxiety and Mood Vol 10, No1(2014), 6.

다. 그래서 공감(empathy)과 수용(acceptance)의 자세가 중요하다. 그리고 부정적 사건으로 인해 환자가 겪는 고통에 대한 파악이 필요하다.

린덴(Linden)은 이런 기본적인 인지행동 치료법 외에 지혜 치료(wisdom therapy)를 주장했다. 고통스럽고 수치스러운 부정적 경험을 재처리하고 현재의 감정적 상태를 조정하여 미래를 위한 새로운 인생관을 확립하는 치료법이다.[131]

김성환은 화병을 지닌 그리스도인에 대한 근원적 치유로 십자가의 복음과 성령의 역사하심을 명확히 하는 중에 하나님과 사람 사이의 수직적, 수평적 치유와 관계 회복이 조화를 이루는 전체적인 청사진과 원리와 방향을 제시했다.[132]

화병을 지닌 그리스도인은 자신을 인격적으로 무시하거나 억압하고 짓밟음으로 분노나 화를 발생시킨다고 생각한다. 따라서 자신에게 상처를 준 가해자를 용서하고 화해 할뿐만 아니라 그 배후에서 역사하시는 절대주권자 하나님과의 깊은 정서적 화해를 이루어야 한다. 하나님과의 수직적 관계 회복이나 치유가 전제되지 않으면 화병에 대한 근본적인 치유를 기대하기 어렵다고 지적했다.

화와 한의 응어리를 풀기 위한 방법으로 첫째는 100% 성령의 공감하는 능력 의뢰하기, 둘째는 긍휼의 마음을 가지고 공감하고 들어주기, 셋째는 한스러운 기억조각들의 연관성을 파악하고 고유한 패턴에 대해

---

131) 앞의 책, 6-7.
132) 김성환, 앞의 책, 14-15.

전체적으로 이해하고 통찰하기, 넷째는 정신의학적, 한의학적 처방과 함께 창의적인 놀이나 운동 요법도 병행할 것을 제시했다.[133]

이상복은 화병에 대한 목회상담적 치유기법으로 개인 심리 치료적 접근법과 목회적 가족치료적 접근법을 제시했다.[134] 하지만 치유의 궁극적 주체요 자원인 복음과 성령의 역할에 대한 강조가 부족하고, 인간 상호간의 수평적 치유와 회복, 화해의 원리와 방법론에 치우친 아쉬움을 지적했다.

(4) 분노의 성경적 이해

구약 성경에는 하나님의 분노나 인간의 분노와 관련된 기록이 600여 차례나 언급되고[135], '분노'라는 단어만 450회 이상 나온다. 이 가운데 375회가 하나님의 분노에 관해서 사용되고 있다.[136] 신약성경에도 분노를 멀리하라는 가르침이 여러 곳에서 언급되어 있다(약1:19~20, 갈5:20~21, 골3:8, 딛1:7).

분노에 대한 기록은 대부분 부정적으로 표현되었다. 잠언에 기록된 10회의 분노 가운데 9회가 부정적이며, 단 한 번만 단서가 붙어 용납되

---

133) 앞의 책, 27-28.
134) 이상복, "화병에 관한 진단과 치료방법연구", 강남대학교, 「강남대학교 논문집」제41집 (2003):1-14: 이상복, "화병에 관한 목회상담 기법연구", 한국목회상담학회, 「목회와 상담」제18권(2012): 92-97.
135) James M. Boice, God the Redeemer (Downers Grove, IL: Inter-Varsity Press, 1978), 95. 오윤선, "청소년 분노조절에 대한 기독교 상담학적 접근" [복음과 상담] 제14권 (2010.5.15.) 20에서 재인용.
136) 오윤선, 앞의 책.

었다. 잠언의 기록자들이 권면하는 바에 의하면 인간의 분노는 바람직하지 못한 덕목으로 분노 자체는 잔인한 것이며(잠27:4), 분노에서 싸움이 생기고(잠30:33), 분노는 칼을 부르는 죄라고 규정하고 있다(욥 19:29).

그런데 분노에 대해 상반된 견해를 동시에 기록된 본문이 있다. 에베소서 4장 26절에 '분을 내어도 죄를 짓지 말며, 해가 지도록 분을 품지 말라'라고 했다. 성경은 분노 자체가 나쁘다고 정죄하지는 않으나 위험한 감정이라고 경계하고 있다. 사도 바울은 골로새서 3장 8절과 에베소서 4장 31절에서 분노를 금하는 것은 분노 자체가 죄이기 때문이 아니라 풀리지 않은 분노에서 나올 수 있는 죄의 가능성을 경계하고 있다. 즉 성경은 불화의 결과로 생기는 분노나 질투와 증오를 금하는 것이다.

오오현은 용서를 성경적 측면과 신학적 측면에서 접근하였다. 먼저 용서란 다른 이들이 자신에게 진 빚을 탕감해주는 것이며, 자신에게 저지른 해악에 대해 복수하려는 어떠한 시도도 포기하는 것이라고 했다. 신학적 의미는 하나님과 인간 간의 관계에서 관계의 단절을 가져오는 죄를 하나님의 은총(용서)으로 회복하고 자유롭게 하는 과정이라고 했다. 이를 종합하여 기독교적 용서의 의미는 인간의 죄에 대한 하나님의 무조건적 탕감 내지는 면제를 의미하며, 이 같은 하나님의 은총을 모방하여 한 개인이 대인관계에서 표현하는 행위로 정의했다.[137]

---

137) 오오현, "기독교인 용서 상담 프로그램 개발 및 효과검증" (계명대학교대학원, 박사학위논문, 2002), 8-10.

(가) 하나님의 분노

하나님의 분노는 불의로 진리를 막는 사람들의 모든 경건하지 않음과 불의에 대하여 하늘로부터 나타난다(롬1:18). 인간의 부정함과 불경건(不敬虔)에 대한 반응으로 하나님의 거룩하신 성품의 일부로 나타난다. 하나님의 분노는 죄에 대한 그의 의로우신 반응에 의해서 조정되고, 그의 인내와 속성에 의해 제한을 받는다. 하나님의 분노는 하나님의 권능과 위엄의 상징이다. 그의 백성들일지라도 지속적으로 불순종할 때 하나님의 진노가 임하게 된다. 이러한 하나님의 분노는 그의 긍휼하심과 뒤섞여 있다.

출애굽기 32장에 보면 모세의 영적 분노에 대해 기록하고 있다. 모세가 시내산에서 율법을 받아오는 사이에 백성들이 금송아지 우상을 만들어 숭배했다. 이를 본 모세가 크게 노하여 돌판을 던져 깨뜨리고, 레위 자손들로 하여금 이들을 다 죽이라 하니, 이날 죽은 자들이 3,000명 정도 되었다. 이스라엘의 하나님 여호와께서 그렇게 죽이라고 말씀하셨다(출32:26~28).

민수기 16장에는 모세에 대해 반역한 고라와 다단과 아비람의 일당들이 땅이 갈라져 삼키고, 여호와께로부터 불이 나와서 250명을 불살라 벌을 받는다(민16:35). 이는 모두 하나님의 공의를 드러내기 위한 영적 분노였다. 하나님은 거룩하시기 때문에 불의와 함께 하실 수 없고 악에 대해 심판을 하셔야 했다. 하나님의 분노는 바로 공의에 대한 심판이다.

신약성경에서 완악한 바리새인들을 향해 예수께서 화를 선포하신다.

"화 있을진저 외식하는 서기관들과 바리새인들이여, 너희는 천국 문을 사람들 앞에서 닫고 너희도 들어가지 않고 들어가려 하는 자도 들어가지 못하게 하는도다."(마23:13)

성전 안에서 소와 양과 비둘기 파는 사람들과 돈 바꾸는 사람들을 보고 노끈으로 채찍을 만들어 양이나 소를 다 내쫓으시고, 돈 바꾸는 사람들의 돈을 쏟으시며 상을 엎으시며 분노하신다(요2:14~17). 예수가 분노한 주된 원인은 성전 지도자들과 그 곳에서 장사하는 상인들의 물질적 탐욕 때문이었고(마21:12), 그들이 하나님께 예배를 드리는 성소인 거룩한 성전을 장사하는 집으로 전락시켰기 때문이다.[138]

"태초에 말씀이 계시니라. 이 말씀이 하나님과 함께 계셨으니, 이 말씀은 곧 하나님이시니라."(요1:1)

"말씀이 육신이 되어 우리 가운데 거하시매 우리가 그의 영광을 보니 아버지의 독생자의 영광이요 은혜와 진리가 충만하더라."(요1:14)

여기서 '말씀'은 육신을 입고 이 땅에 오신 하나님 곧 예수를 가리킨다. 따라서 정통주의 기독교 교리에서 예수 그리스도는 하나님의 계획에 따라 '인간으로 오신 하나님'(God Incarnated)이다.[139] '예수는 인간의 모습으로 이 세상에 온 하나님이다'라는 뜻이다. 이를 가리켜 성육신(成

---

138) 김태수, "교회개혁을 위한 예수의 의로운 분노와 분노 상담에 대한기독교 상담학적 고찰"「성경과 신학」Vol. 51(2009), 208.
139) 김명수,「역사적 예수의 생애」(서울: 한국신학연구소, 2004), 39.

(肉身, Incarnation)이라 한다.

이처럼 신구약을 막론하고 하나님의 진노는 인간의 죄악에 대한 필연적인 결과다. 모든 사람이 죄를 범하였기에 인간은 다 하나님의 진노 아래 있게 되었다. 하나님의 진노가 불의로 진리를 막는 사람들의 모든 경건하지 않음과 불의에 대하여 하늘로부터 나타난다(롬1:18). 하나님의 진노는 인간을 구원하시고자 하는 계획의 과정이며 하나님 사랑의 일면이다. 하나님의 분노는 인간의 불의를 바르게 하여(욘3:9, 렙3:12) 하나님의 대리자로 회복시키고자 한 것이다. 신약에 나타난 하나님의 진노는 악행(롬12:19, 13:14), 율법 파기(롬2:17, 3:19), 배신(롬5:8, 10) 등에서 나타난다. 하나님의 진노는 하나님과 타인에 대한 인간의 죄로 인해 일어난다는 점에서 의(義)의 표현이다. 그러나 하나님의 진노는 항상 용서와 인내를 갖고 있고, 인간이 불의에서 떠나 하나님의 대리자로서 지위를 회복하도록 하는데 목적이 있다.

(나) 인간의 분노

인간의 분노는 하나님의 분노와 달리 대부분 자신의 이익에 제한을 받기 때문에 부정적인 결과를 초래하기 쉽다. 육체의 욕심을 따라 마음이 원하는 것을 하지 못할 때 분노가 일어난다(엡2:3). 시기심에 불타 분노를 다스리지 못한 가인이 동생 아벨을 죽인다. 이런 그에게 하나님께서 말씀하신다.

"네가 분하여 함은 어찌 됨이며 안색이 변함은 어찌 됨이냐? 네가 선을 행하면 어찌 낯을 들지 못하겠느냐? 선을 행하지 아니하면 죄가 문에 엎드려 있느니라. 죄가 너를 원하나 너는 죄를 다스릴지니라."(창 4:6-7).

인간은 대상에 따라 다양하게 분노를 표출한다.

첫째, 인간의 분노 중에 가장 많은 부분을 차지하는 것은 타인에 대한 분노다. 인간은 다양한 관계 속에서 분노의 감정을 자극받는 상황에 처하게 되면 타인에게 분노를 표출한다.

둘째, 자신을 향한 분노다. 같은 실수를 반복하거나 자신이 추구하는 기준에 도달하지 못할 때 자기 자신에 대해 분노한다. 자신을 향한 분노는 대개 외부로 드러나지 않은 채 억제되는 경향이 있다.

셋째, 사회적 분노다. 사회적 분노는 개인의 억울함보다는 사회 구성원으로서 억울함을 대변하는 분노다. 사회적 분노가 건설적인 방향으로 향하면 그 사회의 공평과 정의를 구현하는데 일익을 담당하지만 집단 이기주의나 민족중심주의로 변질할 수도 있다.

이상에서와 같이 하나님은 정의롭고, 공의로운 하나님이다. 공의라는 단어는 히브리어로 미쉬팟(mishpat)으로 쓰이는데 이는 정의, 규범, 법령, 법적 권리, 법률이라는 뜻을 내포한다.[140] 즉 하나님은 정의롭지 못한 죄에 대해서 분노하는 하나님이라는 것이다. 율법 속에 나타난 하나님의 정의와 사랑도 이스라엘 사람들을 향한 긍휼하심으로 나타난

---

140) 백선수, "하나님 나라와 그의 의(義)를 통해 본 사랑과 정의" 협성대학교 신학대학원, 석사학위논문, 2008), 9.

것이다. 하나님의 형상으로 만든 사람들이 바로 하나님의 속성인 사랑과 정의를 실현하지 않을 때 하나님은 분노한다. 하지만 하나님은 처음부터 단번에 사람들의 죄에 대해 분노하지 않는다.

가인이 아벨을 죽였을 때도 하나님은 바로 가인에게 분노하지 않고, 가인이 자신의 잘못을 회개할 수 있는 시간을 주었다.

"네 동생 아벨은 어디 있냐?"

물으심으로 만회할 수 있는 시간을 주셨다. 하지만 가인은 하나님에 대한 원망의 마음으로 자신이 아벨을 죽인 것에 대해 시인하지 않았고, 회개 하지도 않았다(창4:9). 이런 모습에 하나님은 분노한다.

나. 청소년 분노의 원인

(1) 분노의 원인에 대한 이론

인간은 감정을 가진 존재이기 때문에 부정적인 자극을 받게 되면 분노의 감정을 갖게 된다. 분노는 심리적으로 볼 때 자신을 보호하기 위한 자아방어기제(ego defence mechanism)의 발현이다. 자기방어기제는 개인이 감당하기 어려운 불안한 상황에서 보다 적응적이고 기능적으로 개인을 불안으로부터 보호하는 자아의 무의식적 기능이다. 억압, 투사, 반동형성, 합리화 등 여러 자아방어기제들은 각각 그 자체로 그 기제의 존재 이유와 목적이 있고, 그 목적을 이루려는 정교한 전략과

방안을 가지고 있다.[141]

그러나 자아방어기제는 프로이드나 융이 말하는 심리적 차원의 무의식(Unconsciousness)을 넘어 영, 혼, 육, 지, 정, 의를 지닌 하나의 전인적 인격체인 '비의식적 나'(Unconscious I)의 생존 전략으로 이해해야 한다. 비의식적 나는 인간의 심리적 차원에 국한되는 어떤 에너지의 추동 개념인 무의식과는 다르게 전인으로서의 '나'라는 인간 전존재에서 스스로 인식되지 않는 모든 제반 요소를 총괄하는 전인적 인격개념이다.[142] 즉 자아방어기제는 비의식적 나가 작동주체가 되어 자아를 방어하기 위한 목적만이 아니라 '나'라는 전 존재의 생존과 안녕을 돕기 위해 사용하는 성전 전략으로 이해할 수 있다. 따라서 분노도 이런 자아방어기제의 한 방편으로서 개인이 감당하기 어려운 불안한 상황으로부터 자신을 보호하고 생존과 안녕을 유지하기 위해 발현되는 비의식의 발현이다.

오윤선은 분노의 원인에 대해 다음과 같이 요약했다.

첫째, 프로이드는 인간이 좌절로 인해 공격 욕구가 발생하게 되면 많은 에너지가 활성화 되어 공격할 대상을 찾게 된다고 말했다. 원초적 감정인 분노 에너지를 억압하다보면 분노 에너지의 압력이 가중되고 마침내 터지게 되고 폭력적인 분노로 발전하게 된다는 것이다.[143]

---

141) 김성환, 「꿈이 있는 치유」(대전: 그리심어소시에이츠, 2014), 241.
142) 앞의 책, 239.
143) 오윤선, "청소년 분노조절에 대한 기독교 상담학적 접근" 「복음과 상담」 제14권 (2010. 5), 23.

둘째, 학습 이론가들에 의하면 분노를 사회적인 학습의 결과물로 생겨난 행동으로 본다. 어린 아이들이 부모의 분노를 보고 배우며, TV나 영상물을 통해 분노를 표출하는 장면을 보고 학습함으로 분노가 생겨난다고 보는 입장이다.[144]

셋째, 인식이론을 주장하는 사람들은 자신이 처한 주위 상황을 잘못 판단함으로 상대방의 행동을 잘못 받아들이고, 스스로 잘못된 결론을 내려 화를 내게 된다고 본다.[145] 자기가 처한 상황과 자신에게 일어나는 사건들을 어떻게 인식하느냐에 따라 분노가 일어나기도 하고 줄어들기도 하기 때문에 개인의 책임성을 강조한다.

넷째, 생물학적 입장은 분노의 원인이 유전 인자의 구조(gene structure)와 혈액화학(blood chemistry) 또는 두뇌질환(brain disease)에 있다고 본다. 이렇듯 분노를 일으키는 원인으로 여러 관점이 있을 수 있다.

이상의 여러 원인들을 돌아보고 용서 프로그램을 이용하여 기독청소년들의 분노를 조절하고자 하는 것이 본 연구의 목적이다.

(2) 청소년 분노의 내적 요인

어린 아이들은 자신의 뜻대로 뭐가 되지 않으면 울음부터 터뜨린다. 의사 표현을 잘 할 수 없기 때문에 일단 울음을 터뜨리면 어른인 엄마

---

144) 한국가정상담연구소,「가정과 상담」제103호(2006), 119-121.
145) 심수명,「인격치료」(서울: 학지사, 2004), 186-190.

가 문제의 원인을 찾아 해결해 준다. 배가 고프면 젖을 먹여주고, 배변을 했으면 기저귀를 갈아준다. 어디가 아프면 병원에 데리고 가서 주사를 맞히고 약을 먹여 낫게 해준다. 청소년의 경우는 자신이 원하는 대로 문제가 풀리지 않는다고 무작정 울 수만은 없다. 처음에는 스스로 해결을 해보려고 한다. 그러다 잘 되지 않으면 고민해보고 그래도 안 되면 분노를 표출하거나 억압한다. 짜증을 부리거나 불평을 하고 물건을 집어던지기도 한다. 그래도 안 되면 분노를 꾹꾹 눌러 억압한다. 누르고 누른 분노는 어느 순간에 폭발하기도 한다.

청소년의 분노를 일으키는 요인이 많이 있겠으나 크게 내적 요인과 외적 요인으로 나누어 살펴보고자 한다. 분노의 내적 요인으로는 자존감과 자기 만족감의 필요, 대인관계의 주도권에 대한 욕구, 완전해지고자 하는 욕구, 좌절, 죄책감, 거절, 위협 혹은 상처, 상황을 어떻게 해석하느냐 하는 것들을 들 수 있다.[146]

분노를 일으키는 가장 기본적인 내적 요인으로 욕구에 대한 좌절을 생각해볼 수 있다. 욕구가 충족되지 못할 때 좌절감을 느끼게 되고, 이로 인해 분노의 감정이 일어난다. 기대가 크고 중요하다고 생각되는 것에 대한 좌절일수록 분노의 강도와 범위가 더 커지는 경향이 있다.[147]

미국의 심리학자 매슬로(A. H. Maslow)는 인간의 기본 욕구를 다섯

---

146) 손의석, "화풀이 신앙여정 프로그램을 통한 분노 치유 목회 연구" (장로회신학대학교 목회전문대학원, 박사학위논문, 2011), 23.
147) 이경조, "기독 청소년의 분노 수준에 영향을 미치는 요인들의 관계구조 탐색과 목회상담 전략 개발 연구" (총신대학교 목회신학전문대학원, 박사학위논문, 2014), 19.

단계로 나누어 욕구 5단계설(欲求段階說)을 주장했다.

　1단계 욕구는 생리적 욕구로 먹고, 자고, 종족보존 등 최하위 단계의 욕구다. 2단계 욕구는 안전에 대한 욕구로 추위 질병 위험 등으로부터 자신을 보호하는 욕구다. 장래를 위해 저축하는 것도 안전욕구의 표출이라 할 수 있다. 3단계 욕구는 애정과 소속에 대한 욕구로 가정을 이루거나 친구를 사귀는 등 어떤 단체에 소속되어 애정을 주고받는 욕구다. 4단계 욕구는 자기존중의 욕구로 소속단체의 구성원으로 명예나 권력을 누리려는 욕구다. 5단계 욕구는 자아실현의 욕구로 자신의 재능과 잠재력을 충분히 발휘해서 자기가 이룰 수 있는 모든 것을 성취하려는 최고수준의 욕구다. 자신의 잠재력을 발휘해서 최선을 다하는 것은 바로 자아실현의 욕구가 표출된 것이다.[148]

　내적으로 이런 욕구가 일어날 때 인간은 그 욕구를 충족시키기 위해 목표를 설정하고 에너지를 집중시킨다. 목이 마르면 물을 마시고, 졸리면 잠을 잔다. 위험에 처하게 되면 살기 위해 안전을 추구하고, 공동체 내에서 구성원으로서 소속감을 느끼며 살아가고자 한다. 주변사람들로부터 인정을 받음으로 존재감을 느끼고자 하고, 뜻 있고 가치 있는 일을 수행함으로 자아실현을 꿈꾼다. 그런데 이러한 욕구들이 각 단계 마다 제대로 충족되지 않고 좌절되면, 스트레스를 받고 분노를 느끼게 된다.[149]

---

148) 두산백과, http://terms.naver.com/entry.nhn?docId=1204150&cid=40942&categoryId=31531
149) 이경조, 앞의 책, 19-20.

이런 좌절에 의한 분노는 매우 다양하다. 인간의 욕구가 환경과 여건에 따라 다양하고 복잡한 것처럼 인간의 분노를 쉽게 예측하거나 단정하기 어렵다. 좌절의 정도에 따라 분노의 크기와 강도, 지속되는 시간도 달라진다. 이처럼 분노를 일으키는 내적 요인 중에 욕구의 좌절로 생기는 분노가 가장 높은 빈도를 차지하고 있다.[150]

분노의 원인으로 인식론적인 원인을 들기도 한다. 대개 분노란 어떤 사건이나 어떤 생각이 떠오를 때 일어난다. 어떤 사건이나 생각이 일어나면 그것에 대해 해석을 하게 된다. 이 해석이 어떤 것은 부당하다고 인식하고, 어떤 것은 상처를 입히고 갈등을 느끼게 한다고 인식하기도 한다. '무엇이 사람들을 화나게 하는가?' 하는 질문에 대한 대답은 '아무것도 사람들을 화나게 만들지 않았다'는 것이다. 다만 자기가 자기 자신을 화나게 만든다는 것이다.[151] 주변에서 일어난 일들에 대해 어떻게 생각하고 어떻게 해석하느냐에 따라 인식이 달라진다는 것이다.

그 한 예로 왜곡된 사고를 들 수 있다. 자신이 처한 주위상황을 잘못 판단함으로써 상대방의 행동을 오해하고, 스스로 부당한 결론을 내리고 화를 내는 것이다. 왜곡된 사고는 어떤 사건이든 자신을 무시하고 해치려는 공격으로 해석하여 분노를 표출하고, 이로 인해 자기 존재를 확인하려고 한다.

---

150) 손의석, 앞의 책, 21.
151) Mark P. Cosgrove, Counseling for Anger, 김만풍 역,「분노와 적대감」(서울: 두란노, 1996), 61쪽.

왜곡된 사고의 대표적 유형으로 지나친 일반화를 들 수 있다. 한두 가지의 사건을 보고 나서 그것이 세상의 원리를 설명해 주고 있는 것처럼 해석하여, 삶을 제한시키고 위축시키는 것이 지나친 일반화다. 자신의 내부에서 "결코, 항상, 매번, 전혀, 아무도, 모든 사람" 등과 같은 단어를 사용하고 있다면 지나친 일반화를 하고 있다고 볼 수 있다. 자기 스스로 단정적인 단어들을 사용함으로서 가능성의 문을 완전히 닫아버리면, 스스로 성장하고 변할 수 있는 기회를 가로막는 것이다.

이분법적 사고인 흑백논리도 왜곡된 사고의 하나다. 어떤 일은 절대적으로 옳고, 어떤 일은 절대적으로 그르다고 생각한다. 항상 모든 것을 흑 아니면 백으로 보기에 자신의 생각과 반대되는 상황을 만나게 되면 매우 불편해하고 당황한다. 어쩌다 실수를 해도 자신은 완전한 실패자라고 단정 짓는다.[152]

이 외에도 청소년 분노의 내적 요인은 낮은 자존감, 절망감, 완벽주의(perfectionism), 죄책감, 거절감, 상처 등에서도 찾을 수 있다.[153]

첫째, 자존감이 낮은 청소년들은 정상적인 상황에서도 위협을 느끼고, 두려움과 상처와 질투가 쉽게 겉으로 나타난다. 특히 자신의 약점이라고 생각하는 부분에 대해 비판을 받게 되면 너그럽게 받아들이지 못하고 분노한다.

둘째, 자신이 설정한 목표를 향해 나아가지 못하게 방해하는 장애물,

---

152) 손의석, 앞의 책, 24.
153) 오윤선, 앞의 책, 24.

사건, 물리적 저항이 나타났을 때나 창피를 당하는 식으로 절망할 때 분노하게 된다.

셋째, 완벽주의적인 성격을 지닌 청소년들은 자신이 기대하는 완전에 이르지 못할 때 분노한다. 완벽주의 청소년들 중에는 뛰어난 재능을 가진 청소년들이 많이 있지만 비현실적인 표준들을 세워놓고 좌절하기도 한다.

넷째, 실패에 대한 죄책감이 해결되지 않으면 과민 반응을 보이고, 비난을 받기라도 하면 대개는 분노한다.

다섯째, 타인의 말이나 행동에 의해서 거절당하면 상처를 받고 분노와 적대감을 갖게 되기 쉬우며, 상처에 대한 반응으로 나타난 분노는 큰 위협과 분노로 악순환 되는 경향이 있다.

(3) 청소년 분노의 외적 요인

쏜버그(Thornberg)는 중고등학생들의 가장 일반적인 분노 원인으로 다른 사람으로부터 무시를 당할 때, 부당한 취급을 받았을 때, 형제자매가 자신의 소유물을 빼앗았을 때나 억지로 무엇을 시킬 때, 누군가 자신에게 거짓말을 했을 때, 빈정거리는 말을 했을 때, 옳지 못하다고 생각하는 일을 했을 때라고 했다.[154]

---

154) Thornberg, H. D. Development in adolescence. CA: Books/Cole Publishing Company. Berkeley, CA: University of California Press(1989); 안정미, "청소년들의 분노조절능력 및 공격성에 미치는 분노경험영역과 분노반응전략의 영향" (한서대학교 대학원, 박사학위논문, 2013), 15에서 재인용.

청소년들의 분노정서의 경험은 왕따, 어른들의 권위나 강압, 일상생활에서의 기다림, 인간관계에서의 무시, 약속, 학교 성적 등을 통해 나타난다. 분노정서경험에 영향을 미치는 것으로는 적대적 분노감, 분노 표출, 자아존중감이 주요 요인이다.[155]

또 청소년 분노의 외적 요인으로 가정환경, 학교생활, 입시경쟁, 외모와 건강상태, 알코올 및 약물오남용 등을 들 수 있다.[156]

첫째, 청소년들은 가정에서 분노를 배우게 된다. 성장하는 과정에서 부모들이 다투고 분노를 표출하는 방법을 지켜보면서 자신도 모르게 분노를 학습하게 된다. 부모를 통해 보고 배운 분노 표출 방식에 따라 자신도 분노하게 된다. 분노의 대물림이 일어난다. 그래서 사도 바울은 '자녀를 노엽게 하지 말라'(엡6:4)고 권면한다. 어린 시절 가정에서 배운 분노 학습이 중요하다는 의미다.

둘째, 청소년들은 학교생활에서 많은 분노를 경험한다. 우리나라 청소년들은 하루의 대부분을 학교와 학원에서 보낸다. 같은 또래들과 어울려 생활하다보면 많은 문제에 부딪히게 되고, 교사와의 의사소통 과정에서도 갈등의 요인이 발생하고 상처를 입게 된다. 이런 문제가 발생했을 경우 이를 적절히 해소할 수 있는 여건이 부족하다. 특히 성적 제일주의를 내세우는 우리나라의 교육 현실에서는 인성교육, 예절 교육 등의 전인적 교육이 부족한 상황이다. 자신의 필요를 충족하거나 통제

---

155) 안정미, 앞의 책.
156) 오윤선, 앞의 책, 25.

력을 훈련할 수 있는 길이 없다. 이런 비교육적인 학교생활에 적응하지 못한 청소년은 심한 열등감과 소외감 속에서 자신감을 상실하거나 자신을 비하하며, 비정상적인 방법으로 탈출구를 찾고자 한다.

 셋째, 대학입시는 청소년의 스트레스를 가중시키는 가장 큰 요인 중의 하나다. 청소년들의 인생은 성적에 울고 웃는다. 서열화 된 입시 경쟁체제는 사교육을 불러일으키고 입시 결과에 따라 인생이 좌우될 정도이다. 금수저와 흙수저 논란이 나올 정도로 입시에서도 빈익빈부익부 현상이 심하다. 성적이 떨어지거나 뒤처지게 될 때, 열등감과 불안감으로 인해 아드레날린 호르몬 수치가 올라가기 때문에 감정이 민감하게 된다. 그리하여 작은 외부자극에도 쉽게 분노하고 공격 성향을 보인다. 입시 경정에서 뒤처지게 되면 이를 비관하여 자살까지 함으로 생명 경시 경향까지 보이고 있다.

 넷째, 청소년들의 외고와 건강상태도 분노의 요인이다. 외모에 대한 지나친 관심으로 성형 열풍이 불고 있다. 외모도 능력이라는 사회적 인식과 외모로 인한 자기만족, 우울, 불안, 스트레스 해소 등의 이유로 남성들도 성형에 열을 올리고 있다. 대한 성형외과학회 조사에 따르면, 최근 1년간 미용성형수술을 받은 남성이 30% 증가했다고 한다.[157]

 이런 시대 흐름에 따라 겨울방학을 이용한 성형수술이나 다이어트가 유행처럼 번지고 있다. 이외에도 피곤, 수면부족, 저혈당으로 인한 생화

---

157) 최미혜, "남성의 미용성형수술에 영향을 미치는 심리적 변인에 관한 연구" (성신여자대학교대학원, 박사학위논문, 2010), 27.

학적 변화, 생리 등의 건상 상태도 분노감정을 자극시키는 요인이 된다.

다섯째, 음주와 흡연, 약물오남용이 청소년 분노의 원인이 된다. 분노의 해소 방안으로 음주흡연을 하기도 하지만 이것이 반복되어 또 다른 분노를 낳기도 한다. 약물오남용의 경우 청소년들의 이성을 마비시키고 분노를 포함한 다양한 감정을 자극하기 때문에 무단결석, 성적 저하, 폭행, 절도 등 또 다른 비행이나 범죄를 저지를 가능성이 높다.[158]

분노의 외적 요인으로 문화적 요인과 학습에 의한 요인을 들 수 있다. 먼저 문화적 요인으로, 문화는 특정 계층의 분노 원인이 되기도 한다. 우리나라는 유교문화의 영향으로 가부장적, 권위적, 남성 우월적인 문화로 어린 자녀들은 부모의 말을 무조건 순종하도록 요구 받고 있으며, 여성들의 사회 활동에 많은 제약을 받기도 한다. 이로 인해 청소년들은 어린 시절부터 억울함과 분노를 억압하게 된다.

학습에 의한 요인으로, 자녀들은 어린 시절부터 부모와 가족들로부터 분노를 하는 이유와 표출 방법에 대해 자연스럽게 보고 배우게 된다. 자녀들에게 있어서 가장 가까운 학습 대상은 부모와 형제이기 때문이다. 가정교육을 통해 분노의 감정을 무조건적으로 억압하기도 하고, 적절히 표출하기도 한다. 분노를 무조건적으로 억압하도록 학습된 청소년은 분노가 쌓이게 되면 극단적인 공격성으로 표출되기도 한다.[159]

---

158) 장승희, "청소년 약물 남용에 관한 연구 : 서울시 청소년을 중심으로" (고려대학교대학원, 석사학위논문, 2006), 1.
159) 이경조, 앞의 책, 20.

다. 청소년 분노조절의 개혁주의 상담 신학적 접근

사도 바울은 부모 된 자들에게 권면한다.

"아비들아, 너희 자녀를 노엽게 하지 말고, 오직 주의 교훈과 훈계로 양육하라."(엡6:4)

'자녀를 노엽게 한다.'는 말이 무슨 의미인가? 부모들이 자녀를 훈계하는데, 자신들의 권위와 자신들의 방법, 자신들의 이기적인 욕심에 기초하여 자녀들을 돕는다는 뜻이다. 이로 인해 자녀들이 불순종하게 되고 혈기와 울분이 끓어올라 악담을 하고 폭력을 휘두르게 된다는 것이다. 대부분의 경우 부모는 사랑으로 자녀를 양육한다. 하지만 부지부식 간에 부모의 과도한 욕심으로 인해 자녀들을 분노하게 하는 경우도 있다.

특히 한국의 경우가 그렇다. 한국의 교육열은 세계 최고다. 교육열이란 자녀들에 대한 부모의 교육 열의를 말한다. 부모의 교육 열의는 자녀들이 잘 되기를 바라는 순수한 마음에 기초하지만 때로는 자신들이 이루지 못한 것들에 대한 대리 성취욕이 포함되기도 한다. 그러다보면 과도한 욕심이 생겨 자녀들의 진정한 성장을 방해하고 분노가 쌓이게 된다.

전성수는 '복수 당하는 부모들'에서 한국의 부모들이 자녀들을 어떻게 교육하고 있는가를 신랄하게 비판하고 있다. 2010년 고교생 5,439명의 학업중단, 2009년 자살 사망자 15,413명, 기하급수적으로 늘어나는 어린이와 청소년의 우울증 증세, 한국의 초등학생 25% 정도가 정신장애를 겪고 있으며, 학생들의 4분의 1이 공부와 성적의 스트레스로 인해 주의력 결핍, 자폐증, 공황장애, 강박증 등의 증세를 보이고 있다고 지적했다. 출산율 1.08명으로 세계 최저 수준인 이유는 자녀를 키우기가 가장 어려운 나라임을 방증하고 있다고 말한다.[160]

부모들이 자녀들을 열심히 지도한다고 하지만 되돌아오는 것은 복수요 배신뿐이라고 말한다. 부모들이 잘못 교육하고 있다는 말이다. 부모가 자기들의 권리를 남용하여 자녀를 지도하면 필연적으로 실패할 수밖에 없다. 그래서 사도 바울은 "오직 주의 교훈과 훈계로 양육하라"고 하고 있다. 청소년 분조 조절을 위해 개혁주의 목회상담이 필요한 이유다.

오윤선은 분노조절 요법들을 비롯해서 인지행동요법을 참고하여 통합적인 관점에서 청소년 분노 조절 프로그램을 제시하였다.[161]

① 분노감정 인정 : 인간에게 분노감정은 자연스러운 것이며 인간은 한계가 있는 존재라는 것을 인정하도록 한다. 어떤 죄라도 회개하면 용서하시는 하나님의 성품과 자신은 분노로 자제력을 잃을 수 있는 연약한 존재라는 것을 알도록 한다. 오랫동안 분노를 억압해 온 청소년은 분노를 표출해야 할 상황에서도 자신의 감정을 알지 못하고 혼란한 감정만을 느끼고 다른 문제를 야기하는 경우가 많다. 그러므로 청소년 내담자로 하여금 분노감정으로 인한 수치감이나 죄책감을 숨기는 것이 아니라 그대로 인정하고 수용하도록 돕는다.

---

160) 전성수,「복수당하는 부모들: 뇌 기반 자녀교육」(서울: 베다니출판사, 2011), 75-81.
161) 오윤선, 앞의 책, 26-30.

② 분노의 원인 분별 : 청소년 내담자들로 하여금 자신의 분노 감정의 원인을 정확하게 분별하도록 한다. 분노가 일어나는 원인은 다양하여 잘못된 추측, 정황적 증거, 일반화, 개인의 기대나 선호도, 심지어 단순한 권태와 두뇌의 이상 등 여러 요소가 복합적으로 일어난다. 그러므로 분노를 유발시킨 정확한 요인을 찾는데 초점을 맞추고 '왜 화가 났는지'를 정확히 분별하도록 한다.

③ 합리적이고 성경적인 사고 : 분노는 보통 자기 동정, 낙심, 시기, 그 밖의 부정적인 생각에서 시작되므로 내담자가 지금 무슨 생각을 하고 있는지가 중요하다. 생각에 따라 행동과 감정은 조절될 수 있으니 비합리적인 사고를 합리적인 사고로 전환하고 성경적 사고를 통해서 자신의 분노감정을 조절하도록 한다(잠16:32).

④ 분노의 표현 : "분을 내어도 죄를 짓지 말며 해가 지도록 분을 품지 말고"(엡4:26절)의 말씀은 분노 감정에 대해 적절한 표현을 권면하고 있다. 분노는 적절히 표현 되어야 한다. 표현하지 않고 쌓아두면 병이 되거나 더 큰 분노를 낳게 된다. 분노를 표현하는 과정에서 죄를 지어서는 안 된다. 감정에 사로잡혀 분노를 표출하다 보면 오버액션을 하게 되고 또 다른 실수를 낳게 된다. 분노의 감정은 가능한 빨리 해결해야 한다. 해결되지 않고 마음속에 담아두면 반드시 다른 형태로 표출된다. 에너지 보존의 법칙과 같이 분노에도 보존의 법칙이 있어 해결되지 않은 분노는 미움이나 원망 등의 형태로 남아 있거나 점점 쌓이게 되면 복수의 형태로 자라나

게 된다.

⑤ 고백과 용서 : 분노의 동기가 자기중심적 욕망에서 비롯된 것이면 겸손히 자신을 통찰하여 하나님 앞에서 회개하고 다른 사람의 감정을 상하게 한 점에 대해 정직하게 고백하고 용서를 구하도록 한다. 만약 분노의 원인이 외부로부터 온 갈등에서 비롯되었다면 잘못한 상대를 용서하도록 한다. 그러나 용서는 말처럼 쉽지 않다. 당사자가 아닌 이상 누구라도 용서를 강요할 수 없고 용서를 권유할 때는 신중해야 한다. 강요에 의한 용서는 더 큰 상처를 줄 수 있기 때문이다. 상대를 용서하기 위해서는 겸손한 태도와 성숙함이 필요하다. 내적으로 건전한 자존감과 안전감을 필요로 한다. 뿐만 아니라 분노하게 하는 상대방을 대면하고 동정할 만한 강한 의지와 능력을 필요로 한다. 따라서 상담자는 내담자의 인격과 신앙 성숙을 위해 세심한 도움이 필요하다.

⑥ 예수 그리스도 안에서의 성숙과 평화 : 분노는 하나님께서 각 사람에게 허락하신 다양한 감정 중의 하나로 상황에 따라 표출할 수도 있다. 하지만 성경의 가르침에 따라 노하기를 더디 하는 법을 배움으로 성숙한 기독교인으로 성장할 수 있다. 성숙한 기독교인이 될 때 인간관계에서 발생하는 분노를 적절히 다스리며, 자신의 의사를 필요에 따라 전달할 수 있게 된다. 특히 성령의 인도하심을 따라 예수 그리스도 안에서 구속의 은혜를 덧입게 되면 옛사람의 모습을 벗고 하나님과 화평을 누리게 되며 인간관계에서

도 평화를 유지할 수 있게 된다. 구원과 성화는 인간 스스로의 힘으로 얻어지는 것이 아니라 하나님의 선물로 주신 것이며, 성령의 인도하심을 따라 이루어진다. 그러므로 이를 알고 성령에 의지하여 열매를 맺어갈 때 분노의 덫에 걸려 넘어지지 않게 된다.

성경에서는 분노 해결의 방법으로 용서를 권면하고 있다(렘31:34, 마18:21~22). 용서는 예수 그리스도께서 십자가상에서 모든 것을 다 내어주시고 죽음으로서 실천해 보이신 하나님의 사랑으로서 기독교 신앙의 핵심이다. 하나님 나라의 근본 원리요, 우리의 자존감을 회복할 수 있는 유일한 방법이다. 용서는 기독교의 핵심 진리로 어떤 사람도 용서 없이 감정적으로나 영적으로 성숙할 수 없다.

청소년기를 가리켜 '질풍노도의 시기'라고 말한 것처럼 전 생애를 통해서 가장 감정의 기복이 심하고 분노의 정도가 급변하는 때가 청소년기이다. 발달과정상 청소년기는 분노와 밀접한 연관을 가지고 있다. 마음에 분노가 일어나면 심리적으로 안정을 유지하지 못하고 사리분별을 할 수가 없다. 충동적으로 행동하게 되고 심리적 위축, 우울과 불안, 집중력 부족 그리고 공격성과 비행의 양상을 보이게 된다.

이러한 청소년의 분노를 조절하기 위해 하나님에 대한 바른 이미지를 갖는 것이 필요하다. 대부분의 기독 청소년들은 하나님에 대해 문제가 없다고 말한다. 상대방으로부터 피해를 당하고 마음의 상처를 받았다고 할지라도 하나님과는 무관하다고 생각한다. 그러나 자세히 들여다보면 내면 깊숙한 곳에 하나님에 대한 원망이 있다. 자신이 이렇게 피해를 당하고 상처를 받도록 내버려두신 하나님에 대한 원망이다. 하나님께서 살아계시고 나의 삶에 역사를 하신다면 어떻게 나에게 이런 일이 있도록 내버려두실 수 있는가? 피해자에 대해 왜 당장 벌을 내리지 않으시는가? 왜 이 세상은 악의 세력이 존재하는 것인가?

하나님에 대한 불만과 원망이 있다. 겉으로는 내색을 하지 않고 인지적으로 잘 인식하지 못한다고 할지라도 비의식(the unconscious, 非意識) 측면에서는 끝없이 원망하고 탄원을 하고 있다. 그러기 때문에 용서의 문제가 온전히 해결되기 위해서는 하나님과의 바른 관계성 회복이 선행되어야 한다.

다윗은 사울 왕으로부터 엄청난 피해와 죽음의 위협까지 겪었다. 사울 왕의 부당한 살해 동기에 대해 누구보다도 큰 상처를 받고 복수를 할 수도 있었을 것이다. 실제로 복수할 수 있는 기회가 여러 차례 있었다(삼상24:4).

그러나 다윗은 복수하지 않았다. 그 이유는 사울 왕의 모함을 사람과의 문제로 보지 않고 하나님과의 문제로 보았기 때문이다. 하나님께서 세우신 종을 결코 해하지 않고자 했으며 사울의 옷자락을 살짝 벤 것만으로도 심히 괴로워했다. 그리고 사울 왕이 죽었을 때 진심에서 우러나오는 슬픔으로 애도의 시를 썼습니다(삼하1:18~27).

요셉도 자신을 죽이려하고 애굽에 팔아넘긴 형들에게 극심한 상처를 받았다. 형들을 보는 순간 복수를 하고 싶었을 것이다. 그러나 요셉은

이 문제를 형들과의 문제로 보지 않고 하나님께서 하신 일이라고 했다.

"당신들은 나를 해하려 하였으나 하나님은 그것을 선으로 바꾸시어 오늘과 같이 많은 백성의 생명을 구원하게 하시려 하셨나니"(창50:20)

형들과의 상처 문제를 자신에 대한 하나님의 섭리문제로 바라 본 것이다.

다윗과 요셉은 사울 왕이나 형들로 인해 고통을 당할 때 그 사람들 자체를 본 것이 아니라 그들 배후에서 역사하시고 계신 하나님의 손길을 보았다. 그러했기 때문에 문제 해결을 위해 그들과 싸우지 않았다. 자신과 하나님의 문제가 풀리면 자연히 그들과의 문제도 해결될 것을 믿었다.[162]

기독 청소년들의 분노를 다루는데 이런 목회상담학적 관점이 필요하다. 환경적, 발달 심리적, 사회문화적 상황을 고려하고 분노조절 요법이나 인지행동요법, 대상관계 등 여러 측면을 고려해야겠지만 가장 근본적으로 하나님과의 관계를 놓치면 안 된다. 하나님과의 관계가 회복되지 않고는 사람과의 근본적으로 관계 개선은 이루어지지 않는다. 하나님은 우리의 모든 일을 아시고 지켜보시고 그의 선하신 뜻대로 역사하신다(렘12:3, 요16:30, 롬8:28). 이런 하나님께서 우리의 피해나 상처를 모르실 리가 없고, 하나님의 계획과 섭리가 없이는 참새 한 마리라도 땅에 떨어지지 않는다(마10:29). 나의 상처 이면에 역사하신 하나님

---

162) 김성환, 「꿈과 치유의 멘토링」, 65.

을 인식하고 하나님의 선하신 주권과 섭리를 받아들일 때 온전한 용서와 치유 역사가 일어난다.

이관직은 '개혁주의 목회상담학'에서 상담(相談)을 서로 담화를 나누는 '커뮤니케이션(communication)'으로 보았다. 목회상담의 성경적 근거로 삼위 하나님의 커뮤니케이션(창1:26), 하나님과 아담의 대화(창1:28), 인간과 인간의 관계성(창2:18), 훌륭한 상담자(Wonderful Counselor)이신 예수 그리스도(사9:6), 하나님과 인간의 관계 회복(히 10:19~20) 등을 들고 있다.[163]

수직적 관계로서 하나님과 화목, 수평적 관계로서 타인과의 화해, 자신과의 화해로 볼 수 있다. 하나님과 화목하기 위해 다루어야 할 상담 영역은 죄, 우상숭배, 물질만능주의, 불신앙, 불순종, 삶의 우선순위 전도, 죄책감, 두려움, 여러 형태의 중독들이다. 목회 상담자는 상담 과정에서 내담자가 죄를 고백하고 용서를 경험하며, 새로운 결단과 변화로 나아갈 수 있도록 도와야 한다.

수평적 관계로 먼저 타인과의 화해를 위해서는 단절된 의사 전달, 오해, 실수, 거짓말, 상처, 분노, 보복심, 경쟁심, 자기중심적인 삶, 아부, 무시, 마음의 벽, 감정적인 거리감, 중독, 폭력, 살인 등의 여러 모습들로부터 용서를 구하고 용서를 하는 과정에서 화해가 이루어진다. 그 다음 자신과의 화해는 분노, 수치감, 열등감, 불안, 깨어진 부분들, 아픈 상

---

163) 이관직, 「개혁주의 목회상담학」(서울: 도서출판 대서, 2007), 18-19.

처 등을 발견하고 인정하며, 새롭게 변화되어가는 과정을 거쳐야 한다.

개혁주의 상담 신학적 관점에서 볼 때, 청소년의 분노조절은 먼저 수직적 관계로서 하나님과 화목이 이루어져야 하고, 그 다음엔 타인과의 화해와 자신과의 화해가 이루어져야 한다. 수직적 수평적 관계 회복을 통해 본래의 하나님 형상을 회복하고 자존감을 회복하게 된다. 성령의 인도하심을 따라 내면의 분노를 말씀으로 치유함을 받아 가해자를 용서할 수 있게 된다. 더 나아가 그리스도의 장성한 분량에 이르기까지 성장하며, 땅 끝까지 이르러 증인의 삶을 살 수 있게 되는 것이다.

개혁주의 목회상담은 성령 안에서 하나님과의 관계 회복과 말씀을 통한 예수 그리스도의 성품으로의 변화 그리고 땅 끝까지 이르러 용서의 사랑을 전하는 재상산으로까지 나아가는 것이다. 왜곡된 하나님의 이미지를 성경적으로 변화시켜 수직적 관계를 회복하는 용서프로그램을 운영함으로, 기독청소년의 분노를 조절하고 자존감을 향상시키려는 본 연구의 근본 취지도 여기에 있다.

라. 용서와 청소년 분노의 연관성

청소년들의 분노는 낮은 자존감이나 완벽주의, 따돌림, 상처, 불공평, 두려움, 죄책감, 거절감, 학습에 대한 부담, 경쟁, 약물 오남용 등 내외적 원인에서 비롯되며, 분노의 결과로 외톨이가 되거나 내적으로 억압하여 내성화되기, 외적으로 대상을 향해 공격하기 등으로 나타난다.

오윤선은 이러한 분노를 조절하기 위한 상담학적 방법으로 분노를 인정하고 분노의 원인을 분별할 것, 합리적이고 성경적인 사고로 분노를 적절히 표현할 것, 고백과 용서 그리고 예수 그리스도 안에서의 성숙과 평화를 제시했다.[164]

심리치료 전문가들은 분노 해결 방안으로 분노표현을 제시한다. 분노 표현이 때로 필요할 수도 있다. 그러나 단순한 몇 마디 외침이나 행동표현만으로 오랫동안 억압되어 왔거나 부정되어온 분노의 피해와 내적 고통을 다 치유하기는 어렵다. 분노는 용서를 통해 관리될 때 인간 삶의 긍정적 힘과 창조적인 활력을 제공할 수 있다.[165]

핏즈기번스(Fitzgibbons), 스메즈(Smedes), 헌터(Hunter) 등은 분노가 용서에 의해 효과적으로 치유되면, 다른 사람에게 대치되어 나타나는 분노의 부정적 전이가 단절되며, 관계의 회복을 가져올 뿐만 아니라 분노로 인해 생겨나는 우울증, 죄의식, 기타 여러 신체적 질병에서 벗어날 수 있다고 주장했다.[166]

한국인의 분노가 내면화된 독특한 정서로 한(恨)을 들 수 있다. 고은은 한은 우리민족의 영구적인 절망이 낳은 체념과 비애의 정서라고 했고[167], 한완상과 김성기는 한은 한국 민중의 삶에 가장 널리, 가장 깊이 뿌리내려 있는 민중감정이라고 했다.[168]

---

164) 오윤선, 앞의 책, 27-30.
165) 김광수, "용서교육 프로그램 개발" (서울대학교대학원, 박사학위논문, 1999), 42-43.
166) 앞의 책, 43.
167) 고은, "한의 극복을 위하여", 서광선편,「한의 이야기」(서울: 보리, 1988)
168) 한완상과 김성기, "한에 대한 민중사회론적 시론-종교 및 예술체험을 중심으로" 서관서편,「한의 이야기」(서울: 보리, 1988)

김성환은 화병(火病)이란 내면에 쌓인 분노가 제대로 조절되지 않아 나타나는 일종의 분노조절 장애라고 했다.[169]

오영희는 심리학적 관점에서 용서를 통한 한(恨)의 치유를 연구하며, 한을 해결하는 방법이 예술이나 종교나 어떤 방법을 취하든 그 바탕에는 용서라는 심리적 기저가 작용해야 한다고 했다. 용서는 한을 품으면 나타나는 분노, 자기 비하, 무력감과 같은 심리적 장애를 제거하여 개인의 정신적 건강을 회복시켜 줄 수 있다고 했다.[170]

이처럼 한이나 분노를 해결하기 위한 방법으로 용서가 제기되고 있다. 분노와 용서는 밀접한 관련이 있다. 분노는 용서하지 못함에서 발생한다. 용서함으로 분노의 감정을 조절할 수 있다.

4. 용서와 청소년 자존감의 이해

가. 자존감의 이해

(1) 자존감의 개념

19세기 자아 연구의 실험심리학적 접근을 최초로 시도한 미국의 심리학자 윌리엄 제임스(William James)는 자아 개념이란 '아는 자아가 알려

---

169) 김성환, "화병에 관한 목회상담적 소고" 「복음과 상담」 제23권 1호(2015), 12.
170) 오영희, "용서를 통한 한의 치유: 심리학적 접근" 「상담과 심리치료」 (한국심리학회지, 1995) Vol 7, 71.

지는 자아를 보는 관점'이라고 보았다. 자존감의 세 가지 중요한 사항을 제시했는데, 첫째, 자존감은 자아에 대한 가치 판단에 의존한다. 둘째, 자아개념과 그에 대한 가치 판단은 둘 다 다른 사람들의 관점과 밀접하게 연관된다. 셋째, 인정이든 비난이든 가치 판단에는 감정적 반응이 수반된다고 했다.[171] 나다니엘 브랜드(Nathaniel Brenden)는 자존감을 "인간인 자신과 자기 존중의 총합(The sum of self-confidence and self-Respect)"이라고 주장하며, 자신을 긍정(self-Affirming)하는 의식이라고 했다. 덧붙여 가장 이상적 자존감은 자신의 내면뿐만 아니라 타인과 관계에 있어서도 갈등과 마찰을 갖지 않는 상태라고 했다.[172]

알리스터 맥그래스(Alister McGrath)는 자존감이란 "인격적 용인 가능성과 사랑 받을 가치에 대한 포괄적 평가 또는 판단으로 구성되며, 거기에는 유쾌하거나 불쾌한 감정이 수반된다. 자존감은 삶 속에서 중요한 타인들에 의해 지각된 본인에 대한 시각과 깊은 관계가 있다."라고 했다.

정신분석학의 창시자 지그문트 프로이드(Sigmund Freud)는 자존감이 낮게 평가된다는 것은 본능(id)과 초자아(superego) 사이에서 생기는 간격의 차이라고 했다.

심리학자 칼 융(C. Jung)은 자아는 인간의 행동을 유발하는 성격의

---

171) Alister McGrath, 윤종석 옮김,「자존감」(서울: 두란노, 1995), 304.
172) Nathaniel Brenden, 심상권, "목회자와 열등감, 그 쓴 뿌리의 심리적 이해",「목회와 신학」(1996년 2월호), 55에서 재인용.

중심원자로 자아의 주변에 모든 체계가 무리지어 있고, 이들 체계들을 함께 장악하여 성격의 통합과 안정성을 제공한다고 했으며, 결국 자아는 외부와의 관계에서 탄생되어지며 자아개념 형성에 밀접한 관련을 맺는다고 했다.[173]

인본주의 심리학자 로저스(Cal Rogers)는 성격 이론의 중심인 자아개념에서 자존감에 대한 근거를 발견했다. 모든 인간은 태어날 때부터 한 가지 동기를 가지게 되는데, 이를 '자아실현 경향성'이라고 했다.[174]

에릭슨(Erik H. Erikson)은 '자아 정체감은 타인에 대해 자신이 갖춘 동일성 및 연속성과 부합되는 내적 통일성과 연속성을 유지하는 자신의 능력에 대한 자신감이다. 그것은 모든 동일시의 점진적인 통합을 통해 자기 존재의 동일성과 독특성을 지속하고 고양시켜 나가는 자아의 자질(ego-quality)인 것이다.'라고 설명했다.[175] 다시 말해서 자아 정체감은 자신에 관해서 통합된 관념을 가지고 있느냐에 대한 개념이다. 자아 정체감이 형성되었다는 것은 자기의 성격, 취향, 가치관, 능력, 관심, 인간관, 세계관, 미래관 등에 대해 비교적 명료한 이해를 안고 있으며 그런 이해가 지속성과 통합성을 가지고 있는 상태를 말한다. 이것은 개인의 이상과 행동 및 사회적 역할을 통합하는 자아의 기능에 의해서 이루어진 결과이다.

---

173) 송인섭, 인간심리와 자아개념 (서울: 양서원, 1989), 18-20.
174) 정정숙,「기독교 상담학」(서울: 도서출판 베다니, 1994), 229-231.
175) 이은선, '기독 청소년의 정체성과 모성적 돌봄의 상관관계' (서울장신대학교 목회상담대학원 석사학위논문, 2006) 9.

기독교 심리학자 데이빗 씨맨즈(David A. Seamands)는 자아존중감이란 하나님의 형상으로 지어진 자신이 하나님에 의해 받아들여지고, 소중하게 여겨지면, 사랑 받고 있다는 사실을 인식함으로 얻을 수 있는 가치평가라 했고, 복음주의 심리학가 게리 콜린즈(Gary R. Collins)는 "자존감은 각 개인의 가치, 능력, 중요성에 대한 스스로의 평가"라고 설명하고,[176] 하나님의 형상대로 지음 받은 자로서 자신을 바르게 인식하는 것에 대한 끊임없는 물음의 과정으로 보았다.

실천신학자이며 상담가인 닐 앤더슨(Neil T. Anderson)은 자아존중감은 타고난 능력이나 재능 또는 지식이나 외모에 의해 생길 수 있는 것이 아니라 자신에 대한 가치평가로 자신이 하나님의 자녀라는 사실을 알 때 정당한 자아존중감이 생긴다고 하였다.[177]

(2) 자존감의 심리학적 이해

자존감에 대한 심리학의 접근 유형을 정신역동적 접근방법, 실존주의적-인본주의적 접근방법, 행동주의적 접근방법으로 나누어 볼 수 있다.[178]

먼저 정신역동적 접근으로 프로이드(Sigmund Freud)의 정신분석요법, 융(Carl G. Jung)의 분석적 정신요법, 아들러(Alfred Adler)의 자아심리학, 에릭 프롬(Erich Fromm)의 사회심리학, 설리번(H.S. Sullivan)

---

176) Garry. R. Collins, 피현희 역,「크리스찬 카운슬링」(서울: 두란노, 2000), 314.
177) Neil T. Anderson, Victory Over the Darkness, 유화자 역,「내가 누구인지 이제 알았다」(서울: 조이선교회, 1999), 38.
178) 오성춘,「목회상담학」(서울: 한국장로교출판사, 1993) 153-174.

의 심리학, 에릭슨(Erik Erikson)의 발달심리학적 접근이 이에 속한다.

이들은 자존감의 문제를 과거 아동기와 성장과정에서 억압시켜 놓았던 무의식에 초점을 맞춘다. 문제의 발단이 어린 시절 애착관계와 자신을 양육해 주던 중요한 타인(significant others)의 양육태도에 있다고 본다. 양육과정에서 아이가 받는 부정적인 감정은 무의식 속에 묻혀 열등감을 형성한다. 이 무의식 속에 열등감은 다른 사람에 의해 무시당하는 것 같으면 자아(Ego)의 허락도 없이 무의식에서 나와 '너는 무능해, 너는 보잘 것 없어'라는 부정적인 메시지를 다시 반복함으로 낮은 자존감을 형성한다고 본다. 그래서 정신역동적 접근은 이 무의식을 깨닫게 하는 것을 상담의 목표로 삼는다. 즉 통찰력을 가지고 무의식 속에 어떠한 감정들이 억압되어 있는지 발견하기만 하면 문제는 저절로 치유되어진다고 생각한다. 이 접근방법에서 상담자는 내담자에게 권위와 전문지식에 근거하여 지시하고 해석하여 들려주고 치유하는 방법을 취한다.

다음으로 실존적 인본주의 접근방법으로 로저스(Carl R. Rogers)의 내담자 중심요법, 메이(Rollo May)의 실존주의 요법, 프랭클(Victor Frankl)의 의미요법, 퍼얼즈(Fritz Pearls)의 형태 상담이 여기에 속한다.

실존적 인본주의적 접근방법은 낮은 자존감을 과거의 무의식이 아닌 자신의 의지적인 결단과 현재에 대한 인식의 문제로 본다. 따라서 이 방법은 사람의 자기인식(self-awareness)을 확장시켜주고, 자신의 제한성과 가능성을 충분히 깨달아 알게 함으로, 스스로 결단하도록 하고 자기 인생의 주인이 될 수 도와준다. 이러한 인식의 확장과 의미의 발견은 인간관계를 통해 발견되므로 상담자의 무조건적이고 긍정적인 공감과 이해 그리고 진실한 인간관계를 강조한다. 이 방법은 인간의 가능성을 최대한으로 인정하며, 인간 스스로 자신의 운명을 결정할 수 있는 능력이 있다고 믿는다. 상담자는 낮은 자존감을 가진 사람이 스스로 결정하고 바르게 인식하도록 격려하고 보조하는 역할을 한다.

마지막 행동주의 접근방법은 스키너(B.F. Skinner)의 행동요법, 글래서(William Glasser)의 현실요법, 엘리스(Albert Ellis)의 합리적 정서요법, 버언(Eric Berne)의 대인관계 분석 등이다.

이 요법은 어려서부터 습성화된 자기 패배적인 행위로 인해 낮은 자존감을 갖게 된다고 본다. 즉 자존감이 낮은 사람은 환경에 의해 행동이 조절되고, 행동에 의해 습관이 만들어지며, 습관화된 행동이 습관화된 의식을 만들어 낸다는 것이다. 그래서 행동주의적 요법은 비합리적인 생각을 버리고 합리적이고 긍정적인 생각을 가지도록 하여 문제를 해결하도록 돕는다. 자기 패배적인 정체성을 버리고 성공적인 정체성을 갖도록 돕는 것이 필요하다. 상담자는 내담자에게 권면하고 지시하고 권위를 가지고 가르치는 역할을 한다.

위의 세 가지 접근 방법은 모두 인간이 스스로 설 수 있는 자율적인 인격형성에 초점을 맞추고 있다는 점에 대해 한계점이 있다.[179] 즉 건전한 인간에 목표를 두고 건전한 인격을 갖지 못하게 하는 장애물들을 어

---

179) 임철현, "낮은 자존감이 신앙에 미치는 영향과 치유방안" (목원대학교 대학원, 석사논문, 2000), 41-44.

떻게 제거하며, 어떻게 새로운 출발을 하게 도울 수 있을까 하는 데에만 관심을 갖는다. 이 세 가지 접근은 인간의 가치문제와 삶의 방향과 삶의 목표, 그리고 하나님과의 관계 등 영적인 가치를 전혀 고려하지 않고 있다. 즉 인간의 영적인 가치와 하나님의 능력이 자율적인 인격형성에 어떤 영향을 줄 수 있는지를 전혀 고려하고 있지 않다는 것이다.

특히 오든(Thomas C. Oden)은 오늘날 가장 큰 영향을 주었던 로저스 상담의 한계성을 지적하고 있는데 첫째, 그의 상담이론을 한계가 있는 인본주의라고 말한다. 즉 인간의 가장 깊은 차원, 결국에는 하나님 아래 있는 피조물이란 한계를 보지 못하고 인간에게는 궁극적으로 자기성취를 할 수 있는 능력이 있다고 믿는 것이다. 또한 무조건적 수용에 대해 '유한한 인간에 의한 제한적인 수용'이라고 그 한계를 밝히고 있다. 오든(Thomas C. Oden)은 타락한 인간을 새롭게 하기 위해 활동하시는 하나님의 자기 계시와 구속사건의 중요성을 강조한다. 동시에 매우 개인주의적인 로저스(Carl Rogers)의 상담이론을 지적하면서 소외상태에 있는 인간에게 진정한 치유가 가능하려면, 그는 상당히 양육적이며 훈련적이고 지지적인 공동체 안에 있어야 한다고 말하고 있다. 결국 오든이 지적하고 있는 바는 하나님의 은혜가 없이는 참으로 자유 할 수 없는 인간 본성의 한계와 상담을 받아주는 상담자의 유한성을 지적하고 있는 것이다.[180]

---

180) 토마스 C. 오든,『케리그마와 상담』이기춘, 김성민 역.(서울: 전망사, 1983) 125-130.

로저스(Carl Rogers)의 인간중심 상담에서 제시하고 있는 변화의 방법 중 공감과 순수함과 무조건적 긍정적 배려의 치료적 3요소는 현대 심리학과 목회상담운동에 엄청난 영향을 미친 것은 사실이다. 그렇지만 이 치료적 3요소에 대한 이해를 기독교적 사랑과 동일시하는 것은 심각한 오류가 아닐 수 없다.[181]

기독교적 사랑은 죄인을 따뜻하게 포용하고, 은혜로우며 무조건적으로 수용한다. 그러나 엄격하고 정의로우며 자신과 타인에게 책임을 묻는 사랑이다. 긍정과 수용을 필요로 하나, 동시에 성장하기 위해서는 엄격한 훈계가 필요한 것이다. 로저스(Rogers)의 상담에 빠져있는 것은 훈계와 도덕적 책임과 심판과 회개이다. 그러므로 수용과 공감과 순수함의 치료적 조건 등은 강력한 치료제가 되는 것은 사실이나 인간 상황의 다양한 도전에 대응하기에는 치료의 3요소가 충분조건이 되지 못한다. 사랑은 훈계에 의해서, 은혜는 율법에 의해서 보완될 필요가 있기 때문이다.[182]

우리 그리스도인에게 있어서 분명한 것은 우리를 거듭나게 하는 분은 하나님이시지 상담자나 생각과 감정이 일치하는 내담자도 아니다. 이는 우리 인간이 인격적인 존재이며 사고하는 이성적인 존재이지만, 그 반면에 의지적이며 감정적인, 하나님께 전적으로 의존하는 유한한

---

181) 정동섭, "칼 로저스의 인간중심상담이론에 대한 기독교적 평가"「복음과 실천」 16(1993.9), 347.
182) 반민철, "Carl R. Rogers의 인간중심 상담과 성경적 상담의 비교 연구" (호남신학대학교대학원, 석사학위논문, 2011), 40-41.

존재이기 때문이다. 그렇지만 인간중심 상담이 이런 연약하고 유한한 인간을 의존할 데가 없이 만들어 놓았던 것이다.[183]

하나님께서 창조하신 인간의 죄악 된 모습을 크시고 한탄하시며 말씀하셨다. "여호와께서 사람의 죄악이 세상에 가득함과 그의 마음으로 생각하는 모든 계획이 항상 악할 뿐임을 보시고, 땅 위에 사람 지으셨음을 한탄하사 마음에 근심하시고, 이르시되 내가 창조한 사람을 내가 지면에서 쓸어버리되 사람으로부터 가축과 기는 것과 공중의 새까지 그리하리니 이는 내가 그것들을 지었음을 한탄함이니라 하시니라."(창 6:5~7)

예레미야 선지자는 인간의 마음에 대하여 말하기를 "만물보다 거짓되고 심히 부패한 것은 마음이라."(렘17:17) 했고, 신약 성경에서도 인간에 대해 말하기를 "본질상 진노의 자녀"(엡2:3)라고 표현하고 있다. 그러므로 사람은 로저스(Rogers)가 말한 대로 그렇게 긍정적이고 대단한 존재가 아니다. 그래서 자신의 연약함과 죄악 된 모습을 날마다 바라볼 수밖에 없는 존재이다.

따라서 기독청소년의 낮은 자존감을 회복하기 위해서는 다음과 같은 점을 고려해야 한다.[184]

먼저 일반심리학을 통해 알게 된 인간에 대한 이해와 통찰력을 주의

---

183) 류승현, "Carl R. Rogers의 人間中心 相談技法과 그 牧會相談의 適用 可能性에 관한 考察" (호남신학대학교대학원, 석사학위논문, 2001), 77.
184) 임철현, 앞의 책, 44.

깊게 고려해야 한다. 낮은 자존감이란 문제가 되는 과거의 기억과 그 뿌리, 현재를 직시하고 결단하는 부분, 미래의 행동을 바로잡는 부분까지 일반심리학의 여러 경험들을 활용할 필요가 있다.

다음은 낮은 자존감을 치유할 수 있는 근원과 가능성을 하나님의 은혜와 성령의 도우심으로 고찰하는 것이다. 우리는 십자가의 은혜로 인간의 운명을 바꿔 놓으신 하나님의 은혜를 힘입어, 자신을 하나님의 관점으로 바라볼 때 온전한 자존감의 회복을 이룰 수 있다. 기독교 상담의 역할은 충분한 인간 이해와 상담의 방법을 활용하여 자신을 하나님의 은혜와 성령의 인도하심을 따라 바라보도록 돕는 것이다.

(3) 자존감의 개혁 신학적 이해

성경에서 제시하는 자존감 또는 자아개념은 창세기에서 찾아볼 수 있다. 창세기 1장 26절 이하에 하나님께서 인간을 창조하실 때 '우리의 형상' 곧 '하나님의 형상'으로 창조하셨다. 하나님의 형상이란 하나님의 성품, 하나님의 신적 속성을 말한다. 거룩하시고, 선하시고, 정의로우시고, 공평하시고, 전능하시고, 사랑이 충만하신 그런 성품이다. 칼뱅은 인간 속에 있는 하나님의 형상은 원래 참된 지식, 의로움, 거룩성을 포함하고 있다고 했다. 인간은 태초에 초자연적인 은사인 믿음, 하나님의 사랑, 이웃을 향한 자선, 성결과 의로움을 향한 열정을 갖고 있었다고 말한다.[185] 이것들이 인간의 최초 모습이며 자아 개념이다. 하나님께서 이런 인간을 지으시고 심히 좋았다고 하셨다(창1:31). 인간의 최초 자아 존재감은 하나님의 형상을 닮은 존재로서 심히 좋은 존재였다.

그런데 인류 조상 아담의 범죄로 죄가 들어왔고(고전15:22), 그의 후손들은 죄 가운데 태어나게 되었다(시51:5). 본질상 진노의 자식이 되었고(엡2:3), 칼뱅의 주장에 의하면 전적으로 부패했다. 이런 중에도 하나님의 형상은 남아 있는데 선악을 구별할 수 있는 이성, 인간 속에 심겨진 종교적인 원리, 인간 상호 간의 교제, 죄책에 의한 수치심, 법에 대한 순종심 등이라고 했다. 이것들은 온전하지 못하고 인간을 구원에 이르게 하지 못하지만 인간이 하나님의 형상대로 지음 받은 존재가 되기 위해 지녀야 할 최소한의 것들이라고 했다.[186]

고광필은 성경과 칼뱅의 주장을 근거로 하나님의 형상으로서 자아 개념을 다음과 같이 정리했다.

첫째, 인간은 처음부터 아무 결함이 없는 인간으로 지음 받은 존재다. 둘째, 타락 후에 하나님의 형상은 그 자체가 부패된 존재이다.

셋째, 하나님의 형상은 전적으로 부패했지만 아직도 최소한 인간으로 가져야 할 것은 지니고 있다.

넷째, 하나님 형상의 회복은 전적으로 하나님의 역사 즉 성령의 역사

---

185) 고광필,「신앙생활과 자아확립」(광주: 복음문화사, 1995), 96.
186) John Calvin, Commentary on Psalm 8:5. 고광필,「신앙생활과 자아확립」(광주: 복음문화사, 1995), 97.

이지만 인간의 반응이 필요하다.

다섯째, 하나님 형상의 회복은 역동적이며 점진적이다. 중생(重生)을 통해 거듭나고 성화의 과정을 통해 회복되어 간다.

여섯째, 인간은 하나님의 형상을 반영하는 거울과 같다. 일곱째, 인간은 하나님의 형상으로 창조되었기 때문에 인간일 수 있다.[187]

이런 인간이 예수 그리스도 안에서 새 사람이 되었다. 새로운 피조물이 되었고(고후5:17), 자존감을 회복한 것이다. 하나님의 형상을 회복한 것이다. 그리스도 예수 안에 있는 생명의 성령의 법이 죄와 사망의 법에서 너를 해방되었다(롬8:2). 물론 완전한 회복은 예수 그리스도의 재림으로 완성된다. 썩지 않고 쇠하지 아니한 신령한 몸을 덧입게 된다(벧전1:4, 고전15:53).

이상에서와 같이 성경에서 말하고 있는 자아존중감이란 하나님 앞에서 자아존재감과 정체성을 확인해 가는 것이라고 할 수 있으며, 자아존중감 회복을 위해서는 죄 용서와 하나님과 사람에게 받아들여지는 용납됨과 진정한 자기사랑이 필요하다.[188] 즉 자아존중감이란 하나님의 형상대로 지음 받은 자로서 자신을 바르게 인식하여 자신의 가치, 능력, 중요성을 인정하는 것이라고 말할 수 있다.[189]

---

187) 고광필, 앞의 책, 98.
188) Neil T. Anderson, Victory Over the Darkness, 유화자 역,「내가 누구인지 이제 알았다」 (서울: 조이선교회, 1999), 35-36.
189) 오윤선, "말씀묵상기도를 통한 용서프로그램이 기독교청소년의 용서경험 및 자아존중감에 미치는 효과", 224.

청소년들의 자아존중감은 자신의 역할을 얼마나 성공적으로 수행하는가에 대한 자기 평가의 결과와 타인들의 동의여부에 따라 많이 좌우된다. 자신에 대한 긍정적인 평가를 내리거나 긍정적인 평가적 태도를 가지는 것이 건강한 인격으로 성숙하는데 필수적이며, 이러한 자아존중감의 형성과 변화발달은 인생의 전 과정에 걸쳐 진행되지만 특히 청소년기는 자아존중감 형성의 중요한 시기다.[190] 그러므로 청소년기에 하나님의 형상대로 지음 받은 자로서 자신을 바르게 인식하고 자신의 가치, 능력, 중요성을 인정하는 삶의 태도를 가지는 것이 무엇보다 중요하다.

기독교 상담가는 이런 성경적 자아 개념에 입각하여 기독청소년들의 자존감을 회복하도록 도와야 한다. 인간은 누구나 하나님의 형상으로 지음을 받았기 때문에 하나님 없이는 살 수 없다. 말과 행실과 사랑과 믿음과 정절에 대해 모범이 되는 성도로 양육하는 것이 성경이 가르쳐준 하나님의 형상과 자존감 회복의 신학적인 관점이다.

나. 청소년 자존감의 개혁 상담 신학적 접근

사람의 현재 성격이나 행동 특성 그리고 낮은 자존감으로 인해 발생하는 모든 정서적인 문제는 그 뿌리가 있다. 이 문제들은 시간이 걸리기는 하지만 상담을 통해 얼마든지 조정이 될 수 있다. 우리를 의롭게

---

190) 백승숙, "교사-학생관계와 자아존중감, 정신건강, 학업성취도와의 연관성에 관한연구" (경희대학교대학원 석사학위논문, 2003), 13-19.

해주시고 각 사람을 선한 청지기로 살게 하신 하나님의 은혜 안에서 자존감 회복의 가능성을 살펴보고자 한다. 자존감 회복을 위한 기독교 상담학적 접근 방법으로 다음 5개 단계를 제시할 수 있다.[191]

첫째, 자신의 문제를 직면하라. (자기 이해하기)

사람들은 보통 자신의 자존감이 낮다는 것을 인식하거나 지적을 받게 되면, 그런 상황이나 현실을 부인하거나 다른 대상에 투사한다. 이러한 행동은 자신과 타인들에 대해 왜곡된 지각을 갖게 하고, 사람들과의 관계에서 위축하게 하고 때로는 과도한 행동으로 악영향을 주게 된다. 따라서 낮은 자존감을 가진 사람은 자신의 문제를 인식하고 이를 직시하는 것이 중요하다. 이런 내담자들에 대해 상담자는 공감적인 이해와 존중, 비밀보장과 진지함, 관심과 따스함으로 대해야 한다. 궁극적으로는 성령의 도우심을 구해야 한다. 우리를 근본적으로 치유하시는 분은 성령 하나님이시기 때문이다.

둘째, 자신의 현실을 받아들여라. (자기 수용하기)

문제를 직면하는 단계에서 한 걸음 더 나아가 현실을 받아들이도록 한다. 여기서 중요한 것은 자신의 장점과 단점, 능력과 한계를 파악하는 일이다. 자신의 모습을 있는 그대로 받아들이는 것이다. 자신을 객관적으로 인식하게 되면 자신의 행동과 태도 중에 고칠 것과 받아들일 것을 구별하게 된다. 고칠 수 없다고 생각되는 것은 받아들이는 자

---

191) 임철현, 앞의 책, 44-52.

기 수용(self acceptance)이 필요하다. 자신을 이해하고 받아들이는 것이 자기 사랑의 시작이다. 자신을 인정한다는 것은 다른 사람보다 의도적으로 뛰어날 필요가 없다는 것을 의미한다. 비교의 대상은 나 자신이지 타인이 아니다. 타인과 경쟁하지 않고 자신과 경쟁하는 것이다. 죄의 속성을 가진 인간임을 인식하고 자신에게 완벽하려고 하지 않은 때 자신에 대해 더 좋은 느낌을 가질 수 있다.

셋째, 자존감을 상향 조정하라. (하나님의 관점에서 바라보기)

스탠포드(Stanford) 대학의 심리학자 밴 두라(Albert Ban dura)는 사람은 자기가 선정한 기대에 스스로 자신의 행동을 맞추어 간다는 '자기 이행적 예언'(self-fulfilling prophecy)을 주장했다.[192] 사람의 심리구조는 자기가 자신을 어떻게 생각하고 있는가에 맞추어, 스스로 그 예상에 맞도록 행동하는 성향이다. 낮은 자존감을 가진 사람은 자신을 실패자 혹은 변변치 못한 사람과 같은 사람으로 생각함으로 자기도 모르는 사이에 스스로 거기에 맞추어 행동하게 되므로, 패배적인 삶을 살게 된다. 이제 하나님의 보시기에 심히 좋은 자로서 자신의 자존감을 상향 조정할 필요가 있다. 높은 자존감을 소유하기 위해서는 이제껏 자신의 내면에 흐르던 부정적인 자기묘사를 과감하게 버리고, 하나님의 관점으로 자신을 바라보는 일이 필요하다는 것이다.

넷째, 현실적인 요구를 하라. (완벽주의 탈피하기)

---

192) 김중술, 「(新)사랑의 의미」 (서울: 서울대학교출판부, 1998), 136.

자존감은 우리가 인식하는 자신과 이상적인 자신을 비교하는데서 온다.[193] 따라서 자신의 능력과 한계를 인식하고 현실에 맞는 요구를 할 때 자존감이 높아진다. 완전주의는 남보다 우월해야 한다는 생각으로 자신에게 많은 것을 요구한다. 이러한 요구는 자존감의 상실을 유발하는데, 그 이유는 실제로는 자신이 그렇게 하지 못하기 때문이다. 그러므로 현실적인 자기 이해를 바탕으로 실제적이고 합당한 요구를 할 필요가 있다. 때로 잘못을 저지를 수도 있고, 그릇될 수도 있다는 것을 인정해야 한다. 완벽주의 성향을 탈피하고 자신의 손해나 실패를 통해 나가는 법도 배워야 한다.

다섯째, 지원 그룹을 활용하라. (자기 개방하기)

소그룹 활동을 통해 자신을 개방하는 것이다. 자신의 문제를 하나님 앞에서 드러내 놓고 고백할 때 합당한 치유를 경험할 수 있다. 자신이 느끼는 낮은 자존감에 대해 개방할 때 자신과 타인에게 문제를 해결할 수 있는 통찰력을 제공한다. 이처럼 자신의 과거 경험이나 부정적인 감정을 하나님의 은혜 안에서 드러내놓고 개방하게 되면 소그룹 내에서 서로 도움을 주고받아 자존감을 향상시킬 수 있다.

다. 용서와 청소년 자존감과의 연관성

한 개인이 대인관계에서 부당한 상처를 경험할 때, 제일 먼저 손상을

---

193) 찰스 셀,「아직도 아물지 않은 마음의 상처」(서울: 두란노, 1992) 11.

받게 되는 것이 바로 자존감(self-regard, dignity)이다. 자존감이란 '자기의 품위를 스스로 지키려는 감정'이다. 자존감은 자기에 대한 긍정적이거나 부정적인 태도로 나타난다. 높은 자존감을 가진 사람은 자신을 가치 있는 존재로 여기며, 자신의 한계를 인정하고 자기의 성장과 변화를 기대한다. 반면에 낮은 자존감을 가진 사람은 자신을 존중하지 못하며 자기 거부, 자기 불만, 자기 수치감, 자기 부적절감 등의 태도를 보인다.[194]

대인관계에서 상처를 받은 사람은 손상된 자존감을 회복하려는 노력을 한다. 이러한 노력은 용서를 통해서 나타나기도 하는데, 용서를 통해 나타난 정서적 결과물이 자존감 회복이다. Droll은 용서는 신적인 속성에 해당하는 것으로, 대부분의 사람들은 용서를 높은 차원의 선한 행위로 간주하고 있으며, 따라서 용서하는 것은 자존감을 높이는 효과가 있다고 말했다.[195]

모제(Mauger, 1992)는 자기를 용서하는 것(Forgiveness of self)이나 다른 사람을 용서하는 것(Forgiveness of other)이 개인의 자존감에 영향을 미친다고 보고하고 있다.[196] 즉 MMPI 검사결과 용서 능력이 부족한 사람은 부정적인 자존감, 우울, 불안 등의 정신 병리가 심화되는데

---

194) 김광수, "용서교육 프로그램 개발", 36.
195) Droll, D. M. (1984), Forgiveness: Theory of research. Unpublished doctoral dissertation. University of Nevada-Reno. 김광수, "용서교육 프로그램 개발" (서울대학교대학원, 교육학박사학위논문, 1999), 37에서 재인용.
196) Mauger, P. A. et al. (1992). The Measurement of forgiveness: Preliminary research. Journal of Psychology & Christianity, 11(2), 170-180.

반해 자신이나 상대를 용서하는 사람은 자존감이 향상된다는 것이다.

피크(Peek, 1990)는 청소년들의 자살행동에 영향을 끼치는 요인으로 불만족, 분노, 자책, 자기연민, 반항심 등과 함께 낮은 자존감을 들고 있다. 자살행동은 용서에 대한 요청을 내포하고 있는 행동으로 자존감과도 관계가 있는 것으로 분석하고 있다.[197] 즉 용서를 받고 용서를 하는 것이 개인의 자존감을 회복시켜주고 삶의 기능을 회복시켜 준다고 보았다.

벤베누토(Benvenuto)는 마약 중독자가 마약에 의존하듯이 우울 반응을 보이는 사람은 그 대상이 되는 사람의 사랑에 의존하게 되는데, 이런 사랑은 그들에게 자존감을 회복시켜주고 삶의 기능을 회복시켜 준다고 보았다.[198]

용서와 자존감의 관계를 밝히려는 경험적 연구로는 헤블(Hebl), 알마북 엔 엔라이트(Al-Mabuk & Enright), 프리드만(Freedman), 헬렌(Helene) 등의 연구가 있다. 알마북 엔 엔라이트(Al-Mabuk & Enright)는 부모의 애정결핍을 보고한 대학생들을 대상으로 한 연구에서 용서가 증가함에 따라 자존감도 향상된다고 보고하고 있다.[199]

---

197) Peek, D. L. Teenage suicide expression: Echoes from the fast. International Quarterly of Community Health Education, 10(1). 53-64. 김광수, 「용서의 심리와 교육프로그램」 (파주: 한국학술정보, 2007), 52에서 재인용.
198) Benvenuto, S. The strategy of forgiveness: The theory melancholia of S. Rado and O. Fenichel. Giornale storico di Psicologia Dinamica, 8(15). 138-158. 김광수, 「용서의 심리와 교육프로그램」 (파주: 한국학술정보, 2007), 52에서 재인용.
199) 김광수, 「용서의 심리와 교육프로그램」, 52.

낮은 자존감을 지닌 기독청소년은 하나님에 대한 부정적 이미지를 갖게 되고 참된 신앙의 방해를 가져온다.[200]

낮은 자존감은 창조주 하나님을 왜곡하게 만들고 인간 삶의 순수한 동기를 파괴하여 각 사람이 가지고 있는 긍정적인 동기를 마비시키는 역할을 한다. 더 나아가 꿈을 파괴시키고 영적 육적 질병을 유발하기도 한다. 낮은 자존감은 자신의 가치를 낮게 책정하여 왜곡된 성격을 형성하고 대인관계에서 부정적으로 작용하게 한다. 하나님을 믿는 것이나 타인과의 관계를 잘 맺지 못하게 한다. 결과적으로 다른 사람의 잘못을 잘 용납하지 못하고 용서해야 할 부분에서도 어려움을 겪게 된다.

하나님에 대한 오해는 부모의 양육 태도와 관련이 많다. 그 이유는 부모가 하나님의 역할을 하기 때문이다. 아이들은 부모를 통해 하나님의 이미지를 갖게 된다. 부모가 약속을 어겼거나 엄격하거나 작은 일에도 체벌을 가하는 경우 하나님에 대해 성난 폭군의 이미지를 갖게 된다.

팀 슬레지(T. Sledge)는 하나님 대한 자신의 이미지가 아버지와 매우 밀접한 관련이 있다고 말한다. 나쁜 아버지가 아닐지라도 삶 속에서 해결되지 않은 정서적인 문제로 인해 자신에게 나쁜 영향을 주었으며, 가치에 대한 혼란을 주었다고 말한다.[201] 자신은 하나님을 절대로 기쁘게 해드릴 수 없는 분이라고 생각했으며, 신학교에 가서야 하나님은 사랑

---

200) 양영주, "심방을 통한 상담·설교로 자존감을 향상시키는 방안" (장로회신학대학대학원, 박사학위논문, 2009), 66-68.
201) T. Sledge, 노용찬 편,「성인아이 치유를 위한 12단계」(인천: 도서출판 글샘, 1996), 15-21.

이시며, 용납하시고 용서하시는 분이심을 알게 되었다고 말한다. 부모가 자녀에 대해 일관성이 없는 태도와 훈육을 한다면 자녀들은 불안과 거절에 대한 두려움을 갖게 되어 하나님에 대한 잘못 된 이미지를 심게 되고, 원만한 대인관계를 맺는데 어려움을 겪게 된다. 이에 따라 다른 사람을 이해하고 용납하고 용서하는데 어려움을 겪게 된다.

제이 애덤스(Jay E. Adams)는 그리스도인의 진정한 자기 발견은 하나님의 자녀라는 사실에서부터 시작된다고 했다. 그런데 자존감이 낮은 사람은 자신에 대해 부정적이며, 타인에 대해서도 부정적인 경향이 있어 자신을 숨기거나 방어적인 속성 있다고 했다.[202] 이런 사람은 다른 사람을 이해하거나 공감하기 어렵고 용서하는데 방해요소가 많다.

칼슨(David E. Carlson)은 자존감 회복을 위한 방안으로 자존감 치유 12단계를 제시했다.[203]

1단계 : 낮은 자존감에서 비롯된 문제점을 인정한다. 의미 있는 사람들로부터 받은 잘못 된 메시지를 직시한다.

2단계 : 나는 나를 사랑해야 한다. 자기 사랑은 자신을 하나님의 형상에 따라 지음 받은 존재임을 믿는 것이다.

3단계 : 하나님이 나에게 협력을 구한다. 하나님은 우리를 구속 사역의 일꾼으로 택하시고 부르셨다.

4단계 : 그리스도의 몸 중에서 나는 어느 부분인가? 자신을 그리스

---

202) Jay, E. Adams,「상담학 개론」정정숙 역, (서울: 도서출판 베다니, 1992,), 240.
203) David E. Carlson,「자존감」기독교 상담 시리즈 6, 이관직 역, (서울: 두란노, 2002) 24.

도의 지체로 인식을 한다.

5단계 : 나는 정말 '괜찮은' 사람이다. 이제껏 살아온 자신의 삶을 긍정적으로 인정하는 것이다.

6단계 : 나에게 현실적인 요구를 한다. 거짓이나 겉치장, 두려움이나 수치심 없이 있는 그대로 자신에 대해 현실적인 요구를 한다.

7단계 : 맑은 거울에 자신의 모습을 비춰본다. 자신에 대한 진실을 받아들이는데 용기가 있어야 한다.

8단계 : 하나님은 나를 무조건 사랑하신다. 능력의 근원이 하나님과의 관계에 있으며, 하나님의 사랑 안에서 자신을 사랑하고 다른 사람도 용서할 수 있다.

9단계 : 나를 스스로 양육한다. 나 스스로 지지하고 돌보고 사랑하는 법을 배워야 한다.

10단계 : 자신을 다른 사람에게 내어주라. 자존감이란 다른 사람들을 섬기는 삶을 통해 세워진다.

11단계 : 하나님 앞에 나는 누구인가? 하나님께서 나를 어떻게 보시는가를 깨닫고 자기 정체성을 규정할 때 긍정적인 자존감을 발달시킬 수 있다.

12단계 : 평생에 걸친 작업 인내하기. 인격적인 성숙은 평생에 걸친 과정이므로 인내로 감당해야 한다.

이처럼 칼슨은 자존감을 개발하기 위해 하나님 앞에서 나는 누구인지에 대한 물음과 자신의 내면을 들여다보기 위한 학습과 훈련을 중요하게 생각했다.

　이상에서 보는 바와 같이 자존감과 용서는 밀접한 관계가 있다. 용서는 용기 있는 자가 할 수 있다는 말이 있다. 용기란 개방성이고 포용성이다. 마음을 활짝 열어서 다른 사람을 포용하는 것이다. 그러기 위해서는 자신감이 있어야 하고 자신에 대한 자존감이 있어야 한다. 낮은 자존감을 가진 기독청소년에게 하나님에 대한 바른 믿음을 갖도록 하고, 잘못 된 하나님에 대한 이미지를 바로 잡아 준다면 보다 쉽게 용서를 할 수 있을 것이다.

5. 용서와 하나님 이미지의 이해

가. 하나님 이미지의 이해

　Louw는 목회상담에서의 내담자의 진단에 대해 다음과 같이 말했다. "목회상담적 진단은 신자들의 하나님에 대한 이미지가 적절한지 부적절한지 그리고 크리스천 신앙의 적용이 의미의 추구를 다루는 삶의 이슈들 가운데 어떻게 적용되는지 살펴보는 것이다. 크리스천의 영성은 인간의 근본적인 죽음의 공포 영역에서 죽음에 대한 불안, 고독과 소외 그리고 낙담과 절망의 경험 속에서 끊임없이 지속되는 죄와 수치의 경험 속에서 어떤 의미를 찾는지와 연관되어 있다. 그러므로 목회상담적 진단은 하나님 이미지와 궁극적 삶의 의미를 찾는 영역 속에서 신앙을 평가하는데 초점을 맞추고 있다.[204]"

하나님 이미지는 그 사람의 삶의 이야기 속에 녹아있다. 삶의 이야기 속에 나타난 하나님 이미지를 이해하면, 그 사람의 삶의 갈등 속에 나타난 행동을 해석하는데 도움이 되고 삶의 의미가 무엇인지 알 수 있다.

(1) 하나님 이미지의 개념

이미지(image)란 '어떤 사람이나 사물로부터 받는 느낌'으로, 문학에서는 '감각에 의하여 획득한 현상이 마음속에서 재생된 것'으로 사용된다.

심리학에서는 '이전에 경험한 것이 마음속에서 시각적으로 나타나는 상'을 의미한다. 비슷한 의미로 심상(心象)이나 형상(形象)이 있는데, 심상(心象)은 감각에 의하여 획득한 현상이 마음속에서 재생된 것이고, 형상(形象)은 사물의 생긴 모양이나 상태, 마음과 감각에 의하여 떠오르는 대상의 모습이나 형태를 가리킨다.[205]

하나님 이미지(God-image)는 '하나님에 대해 가지고 있는 느낌이나 심상'이다. 하나님에 대한 이미지는 하나님에 대한 개념(God-concept)과는 구별되는 좀 더 포괄적인 개념이다. 단순히 하나님에 대한 신학적

---

204) D. Louw, A Mature Father: Spiritual Direction and Anthropology in a Theology of Pastoral Care and Counseling (Leuven: Peeters, 1999), 236; 김영희, "크리스천의 우울증에 대한 이해와 치유: God-images를 중심으로 한 목회상담적 접근"「복음과 상담」제9권(2007), 49에서 재인용.
205) 네이버 국어사전, http://krdic.naver.com/detail.nhn?docid=30457300

성경적 지식만을 의미하는 것이 아니다. 피상담자와 하나님과의 정서적, 인지적, 의지적 거리감 그리고 영적 거리감을 들여다 볼 수 있는 보다 폭넓은 개념이다.[206] 피상담자가 지닌 하나님에 대한 이미지에는 피상담자 자신의 문학적 영향, 교단적 배경이 영향을 미친다. 그리고 가정적 배경과 성장과정에서의 여러 환경과 다양한 경험들도 영향을 미친다. 하나님에 대해 배우고 느끼고 경험한 것과 하나님에 대한 개인적 지식과 정서, 기본적 마음 자세와 태도를 모두 포함하는 포괄적 개념이다.[207]

하나님을 알 수 있는 진정한 조건은 의식적이거나 무의식적인 특정 종류의 인간 경험이나 심리학적인 요소들 간의 상호관계와 상관없이, 오직 하나님 한 분에게만 토대를 두고 있다.[208] 하나님은 인간의 유한한 자아의식을 벗어나 있으며, 의식 작용과 무관하게 다가오는 객관적이고 초월적인 측면을 지닌 존재이다. 그렇다고 하나님이 인간의 무의식 속에만 작용하는 심리적 존재는 아니다. 하나님은 초월성과 내재성이 통합된 존재로 인간에게 체험되는 객관적인 존재이다.[209] 이와 같이 하나님은 초월적 존재이며, 내재적인 존재이다. 하나님의 초월성과 내재성은 반대되는 것처럼 보인다. 하나님의 초월성은 인간에게 거리감을

---

206) 김성환, "전통종교의 하나님 이미지에 대한 상담학적 고찰," 「성경과 상담」제10권 (2010, 12), 105.
207) 김성환, 앞의 책, 105-106.
208) D. V. D. Hunsinger, 「신학과 목회상담」이재훈 역, (서울: 한국심리치료연구소, 2000), 192.
209) 김성민, 「분석심리학과 기독교」(서울: 학지사, 2000), 67.

의미하고, 내재성은 인간에게 가까운 하나님을 떠올리게 한다. 그러나 이는 하나님이라는 같은 실재의 두 측면이다.

본 논문에서 추구하고자 하는 하나님의 이미지는 인간이 하나님에 대해 가지고 있는 이미지다. 이는 계시된 본래의 하나님이 아니라 인간이 체험하고 심리적 실재로 느끼는 하나님 이미지다. 따라서 인간이 느끼는 하나님의 이미지는 왜곡된 모습일 가능성이 많다.

초대 교부들은 하나님의 형상에 대한 이해를 창세기 1장 26절에서 '형상대로', '모양을 따라'처럼 형상과 모양을 구별했다. 형상과 모양은 다른 언어이지만 원문에서 보면 동격이고, 동의어로 쓰이고 있다. 신학의 아버지로 불리는 이레니우스는 형상(Image)과 모양(likeness)을 구별하여 형상은 자연적인 은사(natural endowments)로, 모양은 초자연적인 은사(supernatural endowments)로 이해했다. 아담은 타락으로 인해 모양인 초자연적인 은사를 잃어버렸으나 자연적인 은사는 그대로 남아 있다. 잃어버린 초자연적인 은사는 예수 그리스도의 성육신 사건을 통해서 인간에게 계시되었고, 성령의 역사를 통해서 점진적으로 회복되어 간다.[210]

어거스틴(St. Augustine)은 하나님의 형상을 삼위일체로 이해했다. 그는 이것을 정신 안에 있는 심리현상을 통해 설명했다. 정신이나 마음속에 기억, 이해, 의지와 같은 기능을 가지고 있다. 이것이 인간 안

---

210) 고광필,「칼빈 신학의 논리」(서울: UBF 출판부, 2004), 53-56.

에 있는 삼위일체의 흔적이라는 것이다. 이같이 인간은 하나님의 형상으로 지음을 받아서 하나님과 관계성을 가질 수 있다는 것이다. 그러나 가능성과 사실은 다르다. 인간의 자기 지식, 자기 기억, 자기 사랑이 삼위일체의 하나님을 이해하는 흔적이 될 수는 있어도, 하나님 안에서의 삼위일체와 인간 안에서 삼위일체는 질적으로 다르기 때문이다.[211]

어거스틴(Augustine)에 의하면, 하나님께서 우리를 성령 안에서 의와 지식과 거룩함으로 성화하게 하시고, 하나님의 사랑을 우리에게 부어주심으로 점진적으로 새롭게 하신다(롬5:5). 그리하여 주님께서 다시 오실 때, 썩지 않을 영광스러운 몸을 입게 되는데, 이때 하나님의 형상이 완성된다.

칼뱅(Calvin, Jean)은 어거스틴이 주장한 인간 안에 있는 삼위일체의 흔적을 통한 하나님 형상론을 비판했다. 이런 시도는 사변적이고 철학적이라는 것이다. 그래서 칼뱅은 하나님의 형상을 성경적으로 접근했다. 즉 예수 그리스도를 통한 회복에서 인간 원래의 모습을 찾고자 했다. 우리 인간은 아담의 타락으로 인해 하나님의 형상을 잃어버렸지만 예수 그리스도를 통해서 본래적인 형상을 회복해 간다. 예수 그리스도를 통해 하나님 형상의 본질을 이해했다는 점에서 칼뱅은 위대한 공헌을 했다.

칼뱅은 하나님의 형상 이해는 타락 전과 타락 후로 나누어 이해할 수

---

211) 앞의 책.

있다. 먼저 타락 전의 인간의 모습은 ① 하나님의 의, 선, 지혜의 표본으로서 하나님의 형상 ② 거울로써 하나님의 형상 ③ 깨달음과 이성을 부여받는 존재로서 하나님의 형상 ④ 하나님 형상의 좌소로 구분했다. 다음으로 타락 후 하나님의 형상은 ① 하나님의 형상 자체로서 예수 그리스도 ② 자연적인 은사와 초자연적인 은사로써 하나님의 형상 ③ 도덕성과 거룩성으로서 하나님의 형상 ④ 자신을 보는 거울로써 형상 ⑤ 타인을 보는 거울로써 형상으로 구분했다.

예수 그리스도를 통한 하나님의 형상과 인간성의 회복으로 ① 자기부인과 자기 십자가를 지는 생활 ② 새로움의 의미 ③ 모델 혹은 모범으로서 그리스도 예수 ④ 그리스도 예수의 인간성의 회복 ⑤ 그리스도 안에서 자아발견과 자아 확립을 제시했다.[212]

정리하자면 칼뱅은 하나님의 형상을 예수 그리스도를 통해서 이해하고자 했다. 예수 그리스도는 하나님의 형상을 반영하는 거울이며, 하나님의 형상을 따라 지음을 받은 인간은 하나님의 성품을 반영하는 거울이다. 하지만 인간은 타락으로 인해 하나님의 초자연적인 은사는 잃어버리고 자연적인 은사는 부패했다. 그러기 때문에 구속주이신 예수 그리스도를 통해 하나님의 형상을 회복해야 한다. 하나님의 형상이 인간에게 반영되지 않은 것이 없고, 하나님의 형상이 머무는 곳은 영혼이요, 본질은 거룩함과 의에 있다(엡4:24). 거룩함은 하나님과의 관계성

---

212) 고광필,「칼빈 신학의 논리」(서울: UBF 출판부, 2004), 53-56.

을 뜻하며, 의는 도덕성을 의미한다. 다시 말해 거룩성은 예배를 통해 나타나고, 의는 상호간의 사랑을 통해 실현된다. 따라서 그리스도인은 하나님을 거룩하게 예배하며, 성도 상호간에는 서로 사랑하며 살아가야 한다. 이런 생활은 하루 이틀 만에 이루어지는 것이 아니라 점진적으로 이루어지며 성화되어 가는 삶을 의미한다.

자아 상실은 하나님의 형상을 상실한 것이며 인간성의 황폐를 가져온다. 따라서 인간성의 회복은 예수 그리스도를 통해서만 가능하다. 하나님의 형상은 인간을 보는 안경과 같아서 인간성의 회복은 하나님 형상의 회복을 의미한다. 이런 관점에서 모든 인간은 하나님의 형상으로 지음 받은 존재요, 인간에게 결함이 있다면 예수 그리스도를 통해서 회복되어야 한다. 이와 같은 칼뱅의 하나님의 형상에 대한 이해와 회복은 인간 본연의 모습을 되찾고, 하나님의 성품을 닮고, 하나님의 형상을 반영하는 진정한 신자로 자라가는 것임을 배우게 된다. 따라서 우리에게 절대적으로 필요한 분은 예수 그리스도이시다.[213]

(2) 하나님 이미지의 중요성

목회상담에 있어서 성도들이 지닌 하나님의 이미지를 진단하는 것은 매우 중요하다. 왜냐하면 성도들이 하나님에 대해 어떤 이미지를 지니고 있는가를 보면 그 성도와 하나님과의 영적, 심리적 거리를 추정

---

213) 고광필, 앞의 책, 74.

할 수 있기 때문이다. 피상담자가 지닌 하나님에 대한 이미지에는 피상담자 자신의 문화적 영향, 교단적 배경이 영향을 미친다. 그리고 가정적 배경과 성장과정에서의 여러 환경과 다양한 경험들도 영향을 미친다.[214]

창세기 1장 26절에 언급된 'in our image'(NIV)는 바로 'Imago Dei'이며, 이것은 인간이 하나님의 이미지를 따라 창조되었음을 이해하는데 중요한 단서가 된다.[215] 이는 곧 하나님 이미지 안에서 인간이 창조되었음을 의미한다. 인간이 하나님의 이미지 안에서 창조되었다는 것은 인간의 본래 모습이 하나님의 형상을 닮았다는 것을 의미하며, 하나님에 대한 올바른 이미지가 인간 안에 있다는 뜻이다. 하나님에 대한 이미지가 왜곡되었다는 것은 인간에 대한 이미지가 왜곡되었다는 것과 연관이 있다. 따라서 하나님에 대해 바른 이미지를 갖는 것은 인간관계에서도 중요한 역할을 하는 것이다.

기독청소년들의 경우 대인관계에 문제가 있는 사람들은 대부분 하나님과의 관계에도 문제가 있음을 알 수 있다. 겉으로 볼 때는 교회활동도 열심히 하고, 하나님과 아무런 문제가 없다고 말을 할지라도 무의식의 깊은 곳에서는 하나님과 불화 관계에 있거나 왜곡된 하나님의 이미

---

214) 김성환, "전통종교의 하나님 이미지에 대한 상담학적 고찰,"「성경과 상담」제10권 (2010, 12), 105.
215) Stephen A. Seamands, Ministry in the Image of God: the Trinitarian shape of christian Service(Downers Grove: IVP, 2005), 35. 배은즈, '기독교 가정의 부성부재와 하나님 이미지의 관계' 성결대학교 신학전문대학원, 박사학위논문, 2010), 75.에서 재인용.

지를 갖고 있는 경우가 많다.

하나님 이미지는 청소년의 신앙발달을 대신하는 예시가 될 수 있다. 전요셉, 배은주의 연구에 따르면, 구원의 확신을 표명한 청소년집단이 그렇지 않은 청소년집단보다 하나님 이미지를 긍정적으로 인식하는 것으로 나타났다. 이는 구원에 대한 확신이 강할수록 하나님의 현존, 긍휼, 섭리 등 하나님의 존재와 하나님과 인간관계를 수용하는데, 적극적인 경향을 의미한다.[216] 이처럼 하나님 이미지는 개인의 영적 상태와 신앙 발달을 가시적으로 표명하는 요소가 된다. 그러므로 하나님 이미지의 긍정적 형성은 개인의 성장 배경과 신앙발달과정에 중요한 의미를 제공한다. 왜냐하면 인간관계 경험으로 형성된 하나님 이미지는 궁극적으로 개인의 전인격적 발달에 영향을 미치기 때문이다.[217]

(3) 하나님 이미지의 유형

프로이드(Freud)는 유아와 아버지의 관계를 하나님과 인간의 관계로 연결하였다. 유아기에 경험한 아버지와의 관계가 하나님 이미지를 형성하는데 중요한 영향을 끼친다고 주장하였다. 하나님 이미지는 오이디푸스콤플렉스(Oedipus complex) 단계에서 아버지와의 경험이 하나님의 이미지로 투사되어 고착된 것으로 보았다. 또한 정신분석학에서 하나님의 확장된 아버지이고, 아버지의 변형, 초상, 대리자 및 복제물 등

---

216) 전요셉, 배은주, "청소년의 부모 인식과 하나님 이미지와의 관계" 한국복음주의 기독교상담학회,「복음과 상담」제5권(2005), 321-346.
217) 배은주, 앞의 책, 77.

으로 인식하였다.[218]

반면에 칼 융(Carl G. Jung)은 아버지는 개인의 내면에 존재해 있는 하나님 원형의 구현으로, 인간은 자신이 소유한 아버지 이미지를 통해 내재되어 있는 하나님 이미지를 인식하게 된다고 보았다. 이는 아버지를 하나님 이미지의 원형, 즉 부친원형으로 해석하고, 자녀의 성격형성에 지대한 영향력을 행사한다고 보는 견해다. 그러므로 왜곡된 아버지 이미지를 형성한 개인은 왜곡된 하나님 이미지를 형성할 가능성이 높다.[219]

애너 마리아 리주토(Ana-Maria Rizzuto)는 개인이 형성한 하나님 이미지가 기독교의 하나님 이미지와 통합될 때, 건강한 하나님 이미지를 형성한다고 보았다. 또한 개인이 긍정적으로 인식한 하나님 이미지는 대상관계에 긍정적 영향을 미치는 것이고, 심리 건강의 진단 기준으로 작용하는 한 측면이 된다. 리주토(Rizzuto)가 지적한 하나님 이미지는 인간 내면에 심리적으로 작용하는 것으로 단지 물리적 의미가 아니라 경험에 의해 내면화되어 의식체계로 표출되는 것이다. 또 하나님 이미지는 고착되는 것이 아니라 발달과정에서 내면세계의 경험에 따라 수정되고 변화된다.[220] 이러한 견해는 하나님 이미지가 은혜의 과정에 따

---

218) Sigmund Freud, Neue Folge der Vorlesungen zur Einfuhrung in die Psychoanalyse, 임홍빈, 홍혜경 공역,「새로운 정신분석 강의」(서울: 열린책들, 1997), 232-233.
219) Carl G. Jung, Psychology and Religion (Princeton, NJ: Princeton University, 1989), 61.
220) Ana-Maria Rizzuto, The Birth of the Living God (Chicago: University of Chicago, 1979), 177-180.

라 변형될 수 있다고 주장한 헌싱어(Hunsinger)의 이론과 부분적으로 일치한다.

리주토(Rizzuto)는 하나님 이미지를 수염 없는 하나님(God without Whiskers), 불가사의한 하나님(God, the enigma), 거울 속의 하나님(God in the mirror), 적대자 하나님(God, my enemy)의 네 가지로 유형화했다.[221]

수염 없는 하나님은 아버지와 하나님을 일치시키는 유형이다. 거울 속의 하나님은 어머니와의 관계에서 주로 드러난다. 불가사의한 하나님은 지적으로는 알지만 인격적으로 경험하지 못한 상황에서 나타난다. 적대자로서의 하나님은 자신의 존재 가치를 부정하는 형태로 나타난다.

리주토(Rizzuto)는 자신의 내담자들의 임상 사례를 현상학적으로 분석하여 정립하였다. 그러나 이런 분류는 비정상인만을 대상으로 한 것으로 정상인에게 그대로 적용하는데 문제가 있다. 특히 성경적으로나 신학적 관점에서 수용하고 해석하는데 한계점을 지닌다.

리처드 로렌스(Richard T. Lawrence)는 하나님의 이미지 유형을 소속감(belonging), 승인감(goodness), 통제감(control)으로 분류했다. 소속감은 현존과 도전, 승인감은 용납과 긍휼, 통제감은 영향력과 섭리 등 여섯 가지 하위요인으로 구분했다.[222]

---

221) 배은주, 앞의 책, 18-19.
222) 앞의 책.

크리스티나 램버트(Christina Lambert)와 샤론 커피어스(Sharon E. Kurpius)는 282명의 대학생을 대상으로 "하나님 이미지와 성 역할 정체감 및 태도의 관계"에 대해 연구하였다.[223] 그들의 연구에 의하면, 하나님은 아버지의 이미지와 연관이 되어 연구 대상자의 성 역할 태도에 아버지와의 관계 경험이 예언 변인으로 작용한다고 보았다.

그 결과로 첫째, 하나님의 남성적 이미지와 하나님의 여성적 이미지는 여성의 남성적 및 여성적 성 역할 정체성과 성 태도에 유의미한 영향력을 미치는 것으로 나타났다.

둘째, 연구 대상자의 성역할 정체성과 성별 간의 긍정적 상관관계는 그들이 인지한 하나님의 속성과 연관이 있는 것으로 나타났다.

이 연구는 하나님 이미지와 성 역할 혹은 성 태도 간의 관계를 양적으로 분석한 점에서는 가치가 인정되지만 하나님 이미지를 남성적 이미지와 여성적 이미지로 분류한 점에는 한계점이 있다. 연구의 핵심이 성 역할을 관찰하기 위한 것이지만 하나님 이미지에 대한 보다 다양한 견해를 고찰한 후 연구자의 관점을 피력할 필요성이 제기된다.[224]

어거스틴 마이어(Augustine Meier)와 모이사 마이어(Moisa Meier)는 캐나다 오타와(Ottawa)에 있는 고등학교 남녀학생 80명을 대상으로 하

---

223) Christina Lambert & Sharon E. Kurpius, "Relationship of Gender Role Identity and Attiudes with Image of God" American Journal of Pastoral Counseling, Vol. 7. No.2(2004) 55-77.
224) 배은주, 앞의 책.

나님 이미지 형성에 대해 나이와 성별에 따른 차이점을 분석했다.[225]

그 결과 성별에 따른 하나님 이미지에는 유의미한 차이가 나타나지 않았다. 그러나 나이에 따른 하나님 이미지에 대해 인식의 차이가 나타났다. 즉 '하나님의 현존 이미지'에서 12~13세의 청소년이 16~17세의 청소년보다 하나님의 현존을 더 인식하는 것으로 나타났다. 이와 같은 연구 결과를 통해 나이가 어릴수록 하나님이 계시다는 것을 인정하지만 성장할수록 하나님의 존재 여부에 관해 무관심해지거나 하나님의 존재를 거부할 가능성이 커진다는 것을 알 수 있다. 이 연구는 단순하게 연령과 성별에 따라 하나님 이미지의 차이를 제시하여 문제점에 대한 방안이나 상담적 적용에 대한 구체적 언급이 다소 미흡하다.

로라 팰릭(Laura E. Palik)은 인간발달과정과 대상관계이론에서 견지한 하나님 이미지를 고찰하였다.[226] 그는 대상관계이론과 하나님 이미지와 관련된 방대한 자료를 정리하여 이와 연관된 내용을 성경적 근거를 바탕으로 신학적이며, 심리학적으로 해석하였다. 그는 이를 통해 인간이 하나님으로부터 단절되었고, 그 결과 형성된 부정적이며, 왜곡된 하나님 이미지를 회복해야 한다고 주장했다. 이 견해는 하나님 이미지와 관련된 다양한 이론을 수집하고 정돈하였지만 문제제기, 문제해

---

225) Augustine Meier & Moisa Meier, "The Formation of Adolescents' Images of God", American Journal of Pastoral Counseling, Vol. 7. No.2(2004): 91-111.
226) Laura E. Palik, "Image of God and Object Relations Theory of Human Development: Their Integration and Mutual Contribution to Development of God-Images, God-Concepts and Relationship with God" (Phd. diss.: George Fox University, 2001), 259-270.

결 또는 사회적 기여 등에 대한 명확한 제시가 불분명하다.

쉬어 티일(Shere H. Thiele)은 하나님 이미지의 형성과 발달과정에서 청소년과 부모와의 관계를 연구하였다.[227]

그는 하나님 이미지의 형성과 발달과정에 대한 이론적 접근을 사회와 이론, 자아존중감 이론 및 부모 투사 이론으로 분류했다. 또한 연구 가설을 검증하기 위해 하나님 이미지, 부모-자녀 결속력 및 부모 행동 척도, 부모의 수용적-가부장적 양육태도 등을 사용했다. 그 결과 부모의 돌봄이 부정적일수록 하나님 이미지도 부정적으로 나타났다. 이는 하나님 이미지에 대해 구체적이거나 세분화된 유형분류를 감안할 수 없는 한계점이 있다.

베일러대학교 종교연구소(Baylor Institute for Studies of Religion, Baylor University)는 미국인의 하나님 이미지를 4가지로 분류하였다. ① 권위적(authoritarian) 하나님, ② 자비로운(benevolent) 하나님, ③ 무관심한(distant) 하나님, ④ 비판적(critical) 하나님이 그것이다.[228]

로렌스 크랩(Lawrence J. Crabb)은 하나님 이미지를 왕, 친구, 시계공, 자동판매기, 근엄한 아버지, 자상한 할아버지, 잔인한 폭군, 비인

---

227) Shera H. Thiele, "Developing a Healing God Imge: Young Adults' Reflections on Paternal Relational Patterns as Predictors of God Image Development During Adolescence" (Ph.D. diss.: New Orleans Baptist Theological Seminary, 2007), 53-63.
228) Baylor Institute for Studies of Religion, American Piety in the 21st Century: New Insights to the Depth and Complexity of Religion in the US (Waco, TX.: Baylor University, 2006), 26-27.

격적 힘, 윤리 실천 운동가 및 연인 등 10가지로 분류했다. 미로슬라브 볼프(Miroslav Volf)는 하나님 이미지를 산타클로스, 흥정꾼, 창조주 및 구원자 등으로 묘사했다.[229]

김성환은 왜곡된 하나님 이미지와 성경적 하나님 이미지를 예로 들었다.[230]

먼저 왜곡된 하나님 이미지는 다음과 같다.

① 압도적인 독재자로서의 하나님 : 전능하신 하나님이 그리스로마의 신화에 나오는 강력하고 폭력적인 신이나 독재자 하나님으로 나타난 경우

② 옥황상제 · 염라대왕으로서의 하나님 : 한국 전통 종교의 영향으로 인해 형성된 인과응보적인 하나님의 이미지, 심판자, 감시자로 여기고 하나님과의 정서적 거리감이 클 가능성이 높다.

③ 사디스트(sadist)로서의 하나님 : 인간들에게 벌을 주고 고통을 주는 것을 즐기는 가학적인 하나님을 나타낸다. 성장과정에서 부당한 억압이나 인격적 짓밟힘을 경험의 상처가 많은 사람들이 지니기 쉬운 이미지다. 이런 하나님의 이미지를 지닌 사람은 고난 중에 하나님을 정서적으로 가까이 느끼거나 그 분을 의지하거나 다가가기 어렵다.

④ 만능자판기로서의 하나님 : 하나님과 그에 대한 믿음을 재난이나

---

229) 배은주, 앞의 책. 73.
230) 김성환,「꿈과 치유의 멘토링」218-219.

재앙과 대비하고 성공이나 진보를 위한 일종의 보험과 자산으로 본다. 이런 하나님 이미지로만 가득한 사람은 하나님을 도구적으로 활용하기 쉽고 물질적 재난이나 건강이 나빠지는 등의 어려움이 닥치면 낙심하거나 의심이나 절망감에 휩싸인다.

⑤ 기술자·엔지니어로서의 하나님 : 하나님이 결정론적이고 기계론적인 인과율에 따라 통치한다고 생각한다. 세상은 미리 정해진 하나님의 법칙과 인과율에 의해 운행되고 하나님의 섭리는 인류의 역사와 모든 인간의 행동을 설명하는 미리 정해진 매뉴얼(manual)과 논리적 청사진으로 이해된다. 하나님을 이해할 수 없는 궁극적 고통의 원인 제공자로 간주되고, 이런 이미지를 가진 사람들은 불신의 늪에 쉽게 빠져든다.

다음으로 '성경적 하나님 이미지'는[231] 다음과 같다.

① 아버지로서의 하나님 : 성경이 제시하는 아버지는 은유적 이미지는 계약적 언약에서 신실하신 하나님을 나타낸다. 그러나 성장과정에서의 상처로 인해 아버지에 대한 부정적 이미지가 강한 사람의 경우 이러한 이미지가 오히려 부정적 영향을 나타내기도 한다.

② 영혼의 친구로서의 하나님 : 이 이미지는 하나님의 친밀한 임재와 하나님이 항상 함께 해주시는 삶의 동반자임을 나타낸다. 이 이미

---

231) 앞의 책, 220-221.

지는 하나님을 전지전능한 분으로 믿지만 너무 초월적이고 거리감 있는 존재로만 여기는 사람들에게 보다 적극적으로 강조될 필요가 있다.

③ 구원자로서의 하나님 : 하나님은 그리스도를 통해 나의 죄를 대속하시고 구원하시면 하나님과 인간 사이의 화해를 이루시고 온전한 자유와 구속을 누리게 하시는 구원자로 여겨진다.

④ 위로자로서의 하나님 : 우리와 고난을 함께하시고 우리의 아픔과 상처를 나누시며 자신을 우리와 동일시하시는 긍휼과 이해와 공감의 하나님으로 여긴다. 이러한 이미지가 강한 성도는 고난 중에도 오히려 다른 사람을 위로하고 치유하는 통로로 사용함을 받는다.

⑤ 심판자로서의 하나님 : 심판자로서의 하나님 이미지는 인간을 하나님의 규준과 성경적 가치에 의해 판단하는 도덕적 존재로 이해된다. 성경에서 말하는 심판자로서의 하나님에 대한 두려움은 무서움이나 공포가 아니다. 오히려 심판자이신 공의의 하나님을 경외하고 그 앞에서 옳고 그름을 분별하고 순종하는 청지기로서의 책무를 받아들이게 한다. 그러나 심판자로서의 이미지가 비성경적으로 잘못 형성되면 하나님을 항상 나의 죄만 살피고 감시하고 벌을 주는 무섭고 거리감 있는 존재로 여기되 된다.

⑥ 훈련자로서의 하나님 : 하나님은 우리를 성결하게 하시고 성숙한 신앙의 연단을 위해 여러 가지 고난과 환난을 통해 인도하신다. 그러나 이런 이미지가 비성경적으로 잘못 형성되면 한계치를 넘

는 고난이나 어려움이 닥쳐올 때 정서적으로 하나님을 가까이 의지하기 어려울 수도 있다.

⑦ 전능자로서의 하나님 : 자신의 힘이나 능력이 아니라 하나님의 전지전능하신 능력을 의지하는 가운데 믿음으로 기도하고 의지하게 한다. 그러나 이런 이미지가 비성경적으로 형성되면 하나님을 마치 마술램프와 같은 존재로 여기거나 믿음을 모든 문제를 푸는 '피상적 만능 공식'으로 이해할 위험이 있다. 값싸고 피상적인 낙관주의적 믿음에 휩싸인 사람은 고난이 닥쳐 올 때 절망에 빠지기 쉽다.

나. 대상관계 이론과 하나님 이미지

사람은 사람과의 관계 속에서 살아간다. 복중에서는 엄마와 관계를 맺고 태어나서는 가족과 관계를 맺는다. 그리고 성장해 가면서 주변 사람들과 관계를 맺으며 살아간다. 이런 외적인 관계뿐만 아니라 자신의 내적 세계와도 관계를 맺으며 살아간다. 이처럼 한 개인이 실제로 사람들과 맺는 관계뿐만 아니라 그가 맺는 내적 대상과의 관계 그리고 그 내적 대상들이 가지는 심리적 기능을 밝히고자 하는 이론이 대상관계이론(Object Relation Theories)이다. 대상관계이론은 발달적이고 관계적인 '모델'로서 우리가 가지고 있는 하나님 이미지, 종교 경험, 인격적 통합 그리고 영적 성숙에 관하여 보다 더 깊이 이해하도록 도울 수 있

는 생각들과 통찰들로 이루어져 있음을 인식시켜 주는 이론이다.[232]

이 이론의 중심된 관심은 인간이 일생을 통해 맺고 있는 인간관계의 경험들에서 어떻게 자신과 다른 사람들에 대한 이미지를 형성하며, 이런 내면화된 이미지들이 자신과 대상에 대한 지각과 경험, 관계양식에 어떤 영향력과 역동적인 관계를 형성하는가에 관한 이해에 대하여 이론적 틀을 제공한다.[233]

대상관계 이론(Object Relation Theories)의 시작은 역사적으로 볼 때 Freud로부터 그 근본적인 뿌리를 찾아 볼 수 있으며, 프로이트 이후 정신분석학 테두리 안에서 발전한 영국 정신분석 연구소(the British psychoanalysis Institute, Tailstock)를 중심으로 대상관계 이론은 발전하였다.[234]

대상관계 이론에서는 한 개인이 대상과의 관계에 영향을 받으며 자기를 형성해간다고 본다. 엄마 뱃속에 있는 아기의 경우 자기 자신(self)과 자신 바깥에 존재하는 외적 대상(object)인 엄마가 연결된 상태에 있다. 그러나 아기가 태어나 탯줄을 끊어지면 자기와 대상 간의 연결은 끊어지고 대상관계(object relation)가 본격적으로 시작된다.

위니컷(Donald W. Winnicott)은 아기가 자기의 일부로 알았던 엄마

---

232) Clair Michael St.,「인간의 관계 경험과 하나님 경험」이재훈 옮김 (서울: 한국심리치료연구소, 1998), 10.
233) 제이 그린버그 & 스테판 밋첼,「정신분석학적 대상관계 이론」이재훈 역, (서울: 한국심리치료연구소, 1999), 31.
234) 정미현, "대상관계 이론에서 본 유아를 위한 기독교교육 연구" (계명대학교 대학원, 석사학위논문, 2002), 12.

가 '나 아닌 다른 존재'라는 사실을 깨닫게 되면서 존재의 불안을 느끼게 된다고 보았다. 이때 아기는 불안을 달래줄 손가락이나 곰 인형 등 그 무엇인가를 찾게 되는데 이것을 '중간대상'이라고 불렀다.[235]

대상관계이론과 연관하여 사람들이 지닌 하나님 이미지를 연구하는 많은 학자들은 아기들이 자신을 돌보는 부모 등의 최초의 주요 양육자와의 관계에서 오는 심리적 내적 경험이 그들의 하나님 이미지 형성에 영향을 준다고 본다. 즉 어린 시절 성장과정에서 외상적 경험에 의해 형성된 아버지나 어머니에 대한 부정적 이미지가 성인이 된 후 하나님 이미지 형성에 영향을 미치는 경우가 많다는 것이다.[236]

위니컷(Winnicott)은 생애 초기에 양육자로부터 충분히 좋은 양육을 받지 못한 아동은 인격적인 하나님 이미지를 형성하지 못한다고 주장했다.

그에 따르면, 부모들은 대체로 자녀들을 변함없는 방식으로 돌보는데, 이런 돌봄은 자녀의 마음에 신뢰성에 대한 믿음으로 자리 잡는다. 이것 위에 어머니나 아버지 혹은 할머니 등 양육자에 대한 지각이 첨가된다. 이런 식으로 삶을 시작하는 아동에게는 선(goodness)에 대한 개념과 믿을 수 있는 인격적인 부모 이미지를 형성하고, 이를 기반으로 하나님의 이미지가 자연스럽게 형성될 수 있다.

이는 인간의 종교 경험이 자리 잡고 있는 심리적 장소에 대한 해석이

---

[235] Winnicott, D.W. Playing and reality (London & New York: Routledge, 1997), 12-18.
[236] 김성환,「꿈과 치유의 멘토링」, 210-211.

다. 이와 같은 맥락에서 Erikson은 부모에 대한 신뢰와 종교적 문제는 서로 깊이 연관된 주제로 보고, 유아기에 경험하는 부모와의 관계에서 형성된 신뢰는 종교적 태도를 갖게 되는 시금석을 마련한다는 주장했다.[237]

이 이론은 우리가 성장과정에서 부모를 비롯한 주요 타자들과의 관계 속에서 우리 자신과 다른 사람들에 대한 표상을 형성하며, 이런 내면화된 표상들이 자신과 주변 사람들에 대한 지각과 경험, 관계 양식과 문제에 어떤 영향을 주는가를 이해하는데 유용한 틀을 제공한다. 또한 대상관계 이론은 사람들의 초기 관계가 풍부하든지 아니면 문제가 많았든지, 사람들이 자신을 경험하고 자신의 삶에서 중요한 인물들과 관계를 맺는 방식을 결정하는데 어떤 영향을 끼치는지를 주목한다.

다시 말하면 대상관계 이론은 개인의 인간적인 상황이 어떠하든지 즉 부모가 개인을 사랑으로 돌보아 주는 상황이든지, 아니면 무정하고 무심하게 대하는 상황이든지간에 바로 그 인간 상황 안에서 자기 이미지와 하나님 이미지(Image)들이 형성된다는 사실을 밝히는데 공헌했다.[238]

대상관계 이론은 발달이론으로 인간이 어떻게 각 발달 단계마다 매

---

237) Erikson, E.H. Identityand the Life Cycle (New York: International University Press, 1959), 289. 김사훈, "내면화(internalization)과정과 하나님 이미지형성간의 관계연구 : 한국 기독교인을 중심으로" (계명대학교대학원, 박사학위논문, 2005), 63.
238) Clair Michael St.,「인간의 관계 경험과 하나님 경험」이재훈 옮김 (서울: 한국심리치료연구소, 1998), 18.

우 다른 방식으로 사람들과 관계하는가를 묘사하고 있다. 발달 과정에서 경험하게 되는 관계들과 사건들이 개인의 종교 경험과 하나님과의 관계에 어떻게 극적으로 영향을 끼치는가에 초점을 두었다.[239]

요약하면 대상관계이론은 발달적이고 관계적인 모델이다. 우리가 가지고 있는 하나님 이미지, 인격적 통합, 종교 경험, 영적 성숙에 대해 보다 깊이 이해하도록 도와준다.[240]

대상관계이론을 종교의 영역에 적용한 대표적인 학자들로 리주토(Rizzuto, Ana-Maria), 마이쓰너(Meissner)를 들 수 있다.

대상관계이론이 적용되는 주된 종교영역들 중의 하나는 하나님의 이미지 형성 과정에 대한 연구이다.[241]

리주토(Rizzuto)는 초기 아동기에 자기의 이미지뿐만 아니라 하나님의 이미지도 발달한다는 사실을 제시했다. 아이들은 부모와의 관계 경험으로부터 자기와 다른 사람들의 이미지를 생성시키는 관계들에 대해 경험하기 시작하며, 따라서 아이가 제도적인 종교에 접하기 전부터 이미 신의 내적 이미지의 창조가 이루어진다. 하나님의 이미지와 그 이미지의 기초가 되는 부모사이의 연속성은 직접적일 수도 있으며, 정반대일 수도 있다.

예를 들어 부모를 인색하고, 비열하며, 사랑이 없다고 인식되는 반면

---

239) 염용철, 앞의 책, 18-20.
240) Clair Michael St., 10.
241) 정선미, "정신분석학적 대상관계이론에서 본 인간의 하나님 이미지 형성" (나사렛대학교 신학대학원, 석사학위논문, 2009), 20.

에 하나님은 보호해주는 매우 좋은 분으로 인식될 수도 있다. 물론 반대도 또한 사실일 수 있는데, 이럴 경우 부모는 이상화되고 하나님은 가치 절하된다. 비록 가족 관계가 복잡한 것이기는 하지만, 그 가족 관계는 하나님 이미지의 기초를 형성한다는 본질적인 특징이 있다. 아이가 청년으로 그리고 성인으로 성숙해 가면서 하나님의 이미지가 생성되고, 일반적으로 그것이 부모의 이미지들로부터 분리되며, 보다 더 보편적인 성격을 띠게 된다.[242]

리주토(Rizzuto)는 어린 시절에 형성된 하나님에 대한 이미지가 살아가는 동안 어떻게 사용되고 수정되는지에 관심의 초점을 맞추었다. 그녀는 하나님의 이미지 형성 과정을 '살아있는 신의 탄생'이라고 불렀다. 살아있는 신의 탄생 과정을 통해 태어난 하나님 이미지는 그 상의 토대였던 부모보다도 더욱 자상하게 달래주고 위로해주며, 더욱 많은 용기를 주며 영감을 불러일으키는 근원적 이미지라고 했다.[243]

프로이드(Freud)는 아버지 개념과 하나님 관계에 대한 다양한 사고 체계를 유산으로 남겨주었다. 그는 전 생애를 통해 종교의 문제인 신의 심리적인 근원에 집중했다. 개인의 신 개념 형성을 아버지와 관계된 오이디푸스 콤플렉스의 해소에 직접적인 영향을 받는다고 보았고, 아버지의 중요성에 대한 발견과 모순 되게 종교를 문화적 신경증이라 일컫

---

242) Clair Michael St, 앞의 책, 23.
243) 앞의 책, 39.

었다.[244]

프로이드와 리주토에 의하면, 신의 이미지를 갖지 않는 사람은 없다. 신의 이미지가 의식적 믿음이 될 수 있는가 하는 문제는 심리적 균형 과정에 달려있다고 보았다. 이는 성숙의 문제가 아니라 믿음에 대한 구체적 사실을 다룰 때, 신 개념과 신 이미지 사이의 개념적 정서적 차이를 명확히 하는 것이 중요하다. 다중적 형태로 결합되어 있는 신 이미지는 특정한 때 특정한 개인에게 지배적인 신 이미지를 만들어 낸다.[245]

신(God)과 종교가 개인의 아버지 원형(imago)이라는 Freud 이론을 기반으로 하여, Rizzuto는 부모대상 이미지와 자기 이미지와의 경험을 통하여, 동시적으로 하나님 이미지를 갖게 된다그 하였다. 하나님 이미지는 하나의 원상으로간 형성되는 것이 아니다.[246] 실제 부모뿐만 아니라 상상속의 소망하는 두려운 부모 역시 신의 이미지를 형성하는데 중요한 역할을 하는 것으로 나타난다. 대상 이미지는 마음속에 살고 있는 어떤 실체들이 아니며, 기억을 포함하는 창조적 과정을 통해서 생겨나고, 정신적인 삶의 전체성에 대한 표현이다. 하나님 이미지는 어떤 발달 단계에서든지 이미지를 형성하는 순간에 대상과 가졌던 지배적인 정서적 경험을 이미지화하는 과정을 통하여 이루어진다. 여기서 하나

---

244) Rizzuto, A. Maria.「살아있는 신의 탄생」이재훈 역, (서울: 한국심리치료연구소, 2000), 19.
245) 앞의 책, 94.
246) 정선미, "정신분석학적 대상관계이론에서 본 인간의 하나님 이미지 형성" (나사렛대학교 신학대학원, 석사학위논문, 2009), 28.

님 이미지의 차이를 가져오는 것은 이미지에 집중되는 에너지가 아니라 정신적 창조의 유형이다.[247]

하나님 이미지는 정신적으로 실제 존재하고 살아있으며, 인간 상호 간에 작용하는 하나님에 대한 느낌을 제공한다.[248] 아이가 유아기에 어머니에게서 경험한 기본적인 신뢰는 사랑이 많은 하나님을 믿는 신앙의 기초로 사용된다. 아이가 어머니의 긍정적인 이미지들을 많이 가지고 있을수록 긍정적인 종교경험을 하고, 건강한 하나님 이미지를 가질 가능성이 많아진다.[249] 따라서 하나님 이미지는 대상관계로서 인간관계의 발달을 반영되며, 인간관계의 발달과 함께 하나님 이미지도 발달한다.

대상관계의 관점에서 볼 때, 청소년들의 분노와 낮은 자존감은 부모와 더 나아가 하나님과의 관계 문제로 볼 수 있다. 성장 과정에서 어렸을 때 부모와 애착관계가 잘 형성되지 못했거나 자아 정체감이 제대로 형성되지 못할 때, 분노가 쌓이고 자존감은 떨어지게 되는 것이다. 하나님과의 관계도 멀어질 수밖에 없고 부정적인 하나님의 이미지가 형성되게 된다.

그래서 '의식적 나'는 겉으로 은혜와 사랑의 하나님을 고백하지만 내

---

247) Rizzuto, 앞의 책, 87-92.
248) Clair Michael St., 42.
249) Clair Michael St., 앞의 책, 59.

면에서는 '비의식적 나'가 느끼는 공포의 아버지로 인해 부정적인 하나님 이미지가 형성된다. 하나님에 대한 정서적 거리감을 동반하는 이러한 부정적 하나님 이미지는 고난이 다가올 때 하나님을 의지하고 믿음으로 그 어려움을 극복하는 성숙한 제자의 삶을 살아가는데 결정적 장애요소로 작용할 수 있다.[250]

따라서 상담자는 내담자의 '의식적 나'가 지닌 신앙고백이나 신학적이고 교리적 이해의 대상으로서 하나님에 대한 이해에도 관심을 가질 뿐만 아니라 '비의식적 나'가 지닌 왜곡된 하나님의 이미지가 무엇인지 진단하고, 이를 성경에 나타난 '참 하나님의 이미지'로 바로 잡을 수 있도록 도와주는 것이 중요하다.[251]

다. 용서와 하나님 이미지의 연관성

하나님의 이미지와 용서와는 긴밀한 연관성이 있다. 하나님에 대해 어떤 이미지를 가지고 있느냐에 따라 상대를 보다 쉽게 용서를 할 수도 있고 그렇지 않을 수도 있다. 참된 상담의 목적과 목회적 치유는 일차적으로 성도들로 하여금 자신이 그리스도 안에서 새로운 존재로 회복되었음을 깨닫게 하는 것이다. 그리고 고난 중에서도 긍휼과 사랑의 하나님을 의지하며, 하나님의 약속에 대한 소임을 온전히 감당하도록 돕는 것이다. 이런 목적을 이루기 위해 내담자가 지닌 하나님에 대한 왜

---

250) 김성환,「꿈과 치유의 멘토링」, 212.
251) 앞의 책.

곡된 이미지를 통찰하고, 이를 성경적으로 재조정하는 과정이 매우 중요하다.[252]

기독교 상담자는 내담자가 가진 인지적 측면의 하나님에 대한 신앙적 고백이나 신학적 교리에 대해 관심을 가져야 한다. 뿐만 아니라 내담자가 지닌 '왜곡된 하나님의 이미지'가 무엇인지 살펴서 이를 성경에서 말하는 '참 하나님의 이미지'로 바로 잡도록 돕는 것이 매우 중요하다. 로우(Daniel J. Louw)도 기독교 상담에 있어서의 피상담자에 대한 진단과 분석은 삶의 궁극적 의미와 하나님에 대한 이미지와 연관된 믿음을 살펴보는 것이어야 한다고 주장했다.[253]

이처럼 피상담자의 하나님에 대한 이미지는 단순히 하나님께 대한 신학적이고 성경적인 지식만을 의미하는 것이 아니다. 피상담자 자신과 하나님과의 인지적, 정서적, 의지적 거리감을 포함하는 폭넓은 개념이다. 다시 말해 피상담자가 자신의 문화적, 교단적, 가정적 그리고 성장과정 속에서 하나님에 대해 배우고 느끼고 경험한 하나님에 대한 개인적 지식과 정서 그리고 기본적 마음자세와 태도 등을 모두 포함하는 포괄적 개념이다.[254] 이런 차원에서 볼 때, 로우(Louw)는 성도의 하나님

---

252) 김성환, "한국교회 하나님 이미지에 대한 상담학적 연구"「성경과 상담」제11권 (2011, 10), 1.
253) Daniel J. Louw, 1999. A Pastoral Hermeneutics of Care and Encounter: A Theological Design for Basic Theory, Anthropology. pp.82~87. 김성환, "한국교회 하나님 이미지에 대한 상담학적 연구"「성경과 상담」제11권(서울: 한국성경적상담학회, 2011), 2에서 재인용.
254) 김성환, 앞의 책, 7.

의 이미지를 진단하는 것을 통해 성도들의 믿음과 하나님과의 관계를 실존적이고 해석학적인 차원에서 보다 깊이 있게 가늠해 볼 수 있다고 믿었다.[255]

전통 종교의 하나님 이미지는 한국교회 성도들로 하여금 고난 중에 그 아픔을 나누어 주시고 위로를 주시는 긍휼의 하나님과의 깊은 만남을 방해하는 요소로 작용할 수 있다. 뿐만 아니라 한국은 봉건사회에서 탈피하여 다원화 된 현대사회에 이르기까지 짧은 기간 동안 엄청난 정치적, 사회문화적 변동을 겪었다. 이러한 급진적 변동은 어떤 형태로든 한국 교회의 하나님의 이미지 형성에 영향을 주게 되었다. 구한말 천주교와 개신교의 전파, 일제 강점, 공산주의 정권 출현과 남북분단, 군사독재정권, 근대화와 물질주의, 계층적 가부장적 사회구조, 종교 다원주의와 포스터모더니즘 등 수 많은 변수들도 전통 종교와 더불어 한국 교회의 여러 병리적 현상들, 예를 들면 하나님을 이기적이고 현세적 복을 누리기 위해 도구화하는 경향성, 고난에 대한 인과응보적 이해, 하나님을 간절히 찾는 듯하나 고난 중에 쉽게 표출되는 하나님과의 정서적 거리감이나 미성숙한 신앙 형태 형성 등에 근원적 요인을 제공하고 있다.[256]

하나님의 이미지와 용서는 어떤 관계가 있는가? 하나님 이미지는 삶의 목표를 잃어버리고 방황하는 사람에게 목표에 대한 동기를 제공하

---

255) Daniel J. Louw, 1999, A Pastoral Hermeneutics of Care and Encounter: A Theological Design for Basic Theory, Anthropology. 82-86.
256) 김성환, 앞의 책, 6.

고, 위기에 처한 인간을 위로하고, 인생의 의미를 찾아준다.[257] 어렵고 힘든 순간을 극복하게 하고, 인생의 의미와 위안을 제공할 뿐만 아니라 목표를 향해 나아가는 강한 동기를 부여하고, 자신을 긍정할 수 있는 내적 힘을 제공해준다.[258] 개인이 가지고 있는 건강한 하나님 이미지는 한 개인의 대상관계와 자기표상에 긍정적인 영향을 미칠 뿐만 아니라, 정신건강에 대한 하나의 진단기준으로 사용될 수 있다.[259]

버나드 그롬(Bernard Grom)은 하나님 이미지 형성에 있어서 중요한 요인으로 사람 또는 단체와의 관계, 부모와의 관계, 하나님에 대한 가르침, 자존감, 종교예식 등을 들고 그중 가장 중요한 요소를 부모와의 관계라고 지적하였다.[260] 따라서 하나님에 대한 이미지는 개인 경험의 차이에 따라 하나님의 모습이 왜곡될 가능성이 많으며 잘못된 표상으로 형성된 하나님 이미지로 인해 정서적인 어려움과 혼란을 경험할 수 있다.[261] 즉 사랑과 인정, 보호 등과 같은 긍정적인 부모 이미지를 가진 자녀는 하나님과 친밀한 관계 형성을 나타냈으며 무시, 비난, 공격 등의 부정적 이미지를 형성한 자녀들은 하나님을 어둡고 부정적 이미지

---

257) 반신환, "신 형상에 대한 Rizzuto의 대상관계론적 이해와 그 비판"「종교연구」 13(1997), 213-228.
258) 박강희, "하나님 표상과 하나님 경험에 대한 연구: 대상관계 이론을 중심으로" (이화여자대학교대학원, 석사학위논문, 2000)
259) 김경혜, "자녀가 지각한 부모의 양육태도와 하나님 표상과의 관계" (침례신학대학교대학원, 석사학위논문, 2003)
260) 유영권, "대상관계 심리학과 목회 상담(1)"「기독교사상」40(9)(1996), 85-98.
261) 황혜리, 김지윤, "기독교 상담에서 하나님 이미지의 중요성 연구: 기독 대학생의 하나님 이미지와 영적 안녕, 심리적 안녕과의 관계를 중심으로"「한국기독교상담학회지」23(1)(2012), 263-286.

로 지각하기 쉽고 신앙에 의심을 나타내는 경향을 나타낼 수 있다는 것이다.[262]

하나님 이미지와 용서의 관계에서 남자보다 여자가 하나님과 더 친근하고, 연령과 용납과의 관계에서는 연령이 높을수록 용납하시는 하나님에 대한 신뢰도가 높은 것으로 나타났다. 설령 잘못이 있다할지라도 너그럽게 용납하시고 두려움의 존재가 아님을 믿고 있는 것으로 나타났다.[263]

이와 같이 하나님에 대한 바른 이미지를 가지고 있는 사람은 용서의 마음을 갖기가 쉽다. 우리 인간은 하나님의 계명을 어기고 불순종한 결과 낙원을 상실하게 되었고, 사는 날 동안 이마에 땀을 흘리며 고생을 해야 한다. 마침내 죄의 결과로 심판을 받아 멸망하게 되어있다. 그러나 이런 우리를 불쌍히 여기시고 사랑하사 독생자 예수님을 이 땅에 보내셔서 우리 대신 죄 값을 치르게 하심으로 대속하여 주시고 생명이 이르는 길을 열어주셨다. 이는 하나님의 용서의 사랑에 근거한다. 이 복음을 믿고 영접한 사람에게는 구원이 임하게 된다. 용서함을 받고 영생에 이르게 된다. 일만 달란트 빚 진 자가 용서를 받은 것처럼 이루 헤아릴 수 없는 놀라운 은혜를 덧입은 것이다. 이런 용서의 하나님 이미지가 형성된 사람은 나에게 해를 입히고 상처를 준 피해자에 대해 용서의

---

262) 김사훈, "내면화 과정과 하나님 이미지 형성간의 관계 연구" (계명대학교대학원, 박사학위논문, 2005), 118.
263) 이의순, "하나님 이미지가 대인관계 용서에 미치는 영향(크리스천 성인 중심으로)" (총신대학교선교대학원, 석사학위논문, 2010), 60.

마음을 가질 수 있다. 자신이 죄인임을 인정하고, 죄인인 자신을 용서해주신 구원의 은혜를 깊이 경험함으로 다른 사람을 용서할 수 있는 자원을 갖게 되는 것이다.

그러나 용서의 하나님에 대한 이미지가 형성되지 못한 사람은 가해자를 용서하는 것이 쉽지 않다. 누군가로부터 용서를 받아 본 경험이 없기 때문에 다른 사람을 용서한다는 것이 쉽지가 않다. 이처럼 하나님의 이미지와 용서는 밀접한 상관관계를 맺고 있다.

6. 선행 연구

본 연구에서는 용서프로그램이 기독청소년의 분노조절과 자존감 향상에 미치는 영향 관계를 수직적 하나님과의 관계와 하나님 이미지의 성경적 변화를 중심으로 살펴보고자 한다. 이와 관련된 선행 연구를 정리하면 다음과 같다. 먼저 용서와 관련한 연구를 살펴보면, 1970년대까지 만해도 용서는 종교적인 영역으로 간주되어 과학적인 연구가 이루어지지 않았다. 1980년대에 들어와 과학적 심리학적 연구가 시작되었는데, 1984년 루이스 스미디스(Lewis Smedes)는 신학자로서 용서에 관한 연구를 시작했다.[264]

---

264) Everett L. Worthington Jr., "Inital Question About the Art and Science of Forgiveness", Handbook of Forgiveness, (New York : Routledge, 2005), 1; 노항규, "용서 변화 현상 모델의 목회상담적 적용" (장로회신학대학교대학원, 박사논문, 2009), 41에서 재인용.

노쓰(North)는 진정한 용서의 세 가지 요소로 상처 받은 사람이 실제 상처를 재인식(recognition)할 수 있다는 점과 정당한 보복을 하기 보다는 자발적으로 자비(mercy)를 선택한다는 점 그리고 이전 보다 더 긍정적인 상호작용으로 나아가게 하는 도덕적인 행위로 보았다.[265]

엔라이트(Enright)는 이들의 견해를 더 발전시켜 용서의 세 요소로 '타인 용서하기', '타인으로부터 용서 받기', '자신을 용서하기'를 제시했다. 엔라이트와 휴먼 디벨럽먼트 스터디 그룹(Human Development Study Group)은 심리학적 문헌 중에서 가장 포괄적이고 명확하게 형성된 정의로 여겨지고 있다. 또한 이들은 용서의 정의를 조작화한 후 정서적, 인지적, 행동적 영역에서 용서의 수준을 양적으로 측정할 수 있는 엔라이트(Enright) 용서 척도를 제작하여 용서에 대한 실증적 연구를 할 수 있는 토대를 마련했다.[266]

워싱턴(Worthington)은 용서 연구과제로 용서란 무엇인가? 용서를 어떻게 측정할 수 있는가? 대인관계에서 용서는 종교와 얼마나 관련되는가? 용서과정에 참여한 사람에게 용서는 얼마나 영향을 주는가? 용서의 유익은 무엇인가? 용서를 위한 비용, 용서의 한계, 용서치료의 영향은 무엇인가? 가족과 사회 조직 간의 용서를 촉진하기 위해 효과적인

---

265) Noth, J., Wrongding and forgiveness Philosophy, 62(1987). 336-352.
266) Wilson, Forgiveness and survivors of sexual abuse(1994): Relationship among forgiveness of the perpetuator, sprit well-being, depression and anxiety. Unpublished doctoral dissertation, Boston University. 김광수,「용서의 심리와 교육프로그램」(파주: 한국학술정보, 2007), 32에서 재인용.

치료방법이 있는가? 용서 연구의 미래는 무엇인가? 등을 제시했다.[267]

국내 연구로 오영희는 '용서의 발달'이라는 소논문에서 용서를 세 수준으로 나누어 외적용서, 내적용서, 복수로서의 용서로 구분함으로 용서 연구의 선구적 역할을 했다.[268] 김광수는 역사학적 관점, 문화인류학적 관점, 종교적 관점, 철학적 관점, 법학적 관점, 사회학적 관점 등에서 용서를 조명하고, 용서가 인간의 삶속에서 개인과 사회와 국가의 과거 문제를 해결하고 미래의 성장과 번영을 위해 매우 중요한 기능을 하는 것으로 보았다. 엔라이트의 용서 과정 모형에 기초하여 용서교육 프로그램을 개발함으로 용서 연구의 지평을 더욱 넓혔다.[269] 오오현은 엔라이트의 이론을 적용하여 용서 과정 모형을 기독교적 용서 개념에 접목시켜 8단계 과정을 제시했다.[270]

이외에도 노항규는 남편의 외도로 고통당하는 아내의 용서 변화 현상을 목회상담학적 관점에서 다루었고,[271] 오윤선은 심리적, 성경적인 관점에서 용서는 피해자가 가해자에 대한 잘못이나 죄를 꾸짖거나 처벌하지 않고 가해자에 대한 원한을 풀거나 보복을 포기하는 것이라 했

---

267) 노항규, 앞의 책. 42.
268) 오영희, "용서의 발달 : 친구 사이의 용서를 중심으로",「교육심리학회지」4권 2호 (1990), 248.
269) 김광수, '용서교육 프로그램 개발' (서울대학교대학원 교육학과 박사학위논문, 1999), 11-12.
270) 오오현, '기독교인 용서상담 프로그램 개발 및 효과검증' (계명대학교대학원 박사학위논문, 2002), 40.
271) 노항규, 앞의 책, 7-8.

다.[272]

　김성환은 용서는 나에게 상처를 준 사람 앞에서 온전한 평안과 자유를 누리는 것으로, 세상에서 가장 어려운 것이 용서이지만 그리스도인들에게 있어 용서는 그 어떤 것보다 쉬운 것이고 반드시 누려야 할 특권이라고 했다.[273]

　이상의 연구들이 나름대로 의의가 있지만 대부분 성인들을 대상으로 하는 것들로 청소년들을 대상으로 한 연구가 미흡했다. 이에 본 연구자는 기존의 용서프로그램을 수정 보완하여 기독청소년을 대상으로 용서에 관한 연구를 하고자 한다.

　다음은 청소년의 분노와 관련한 연구로 노바코(Novaco)는 분노란 모든 개인이 표현하는 일상적인 감정이며, 생리적 각성과 적대적 인지를 수반하는 주관적인 정서 상태로, '주관적 정서'란 현재의 정서 상태를 '화난', '성난' 등으로 묘사하는 것을 의미한다고 했다.

　스필버거(Spielberger)는 분노를 특성 분노와 상태 분노로 구분해서 설명했다. 상태분노가 일시적인 정서 상태라면, 특성분노는 얼마나 자주 분노를 일으키는가 하는 개인의 분노 경향을 의미한다고 했다. 즉 특성분노가 높은 사람은 보다 많은 상황을 분노 유발상황으로 지각하

---

272) 오윤선, '말씀묵상기도를 통한 용서프로그램이 기독교 청소년의 용서경험 및 자아존중감에 미치는 효과' 「복음과 상담」제19권(2012), 220.
273) 김성환,「꿈과 치유의 던 토링」(대전: 그리심어소시에이츠, 2014), 86.

여 높은 분노 상태로 반응하는 경향이 있으며, 상태 분노는 일시적인 분노 경험이기 때문에 공격성을 가진 집단의 정서 판단 과정에 영향을 미치는 요인이자, 정서적 경험으로서의 분노는 상태분노로 가정하는 것이 적합해 보인다고 했다.[274]

스필버거(Spielberger), 럿셀(Russell), 크레인 앤 제이콥스(Crane & Jacobs)는 분노를 가벼운 성가심에서 격분(rage)에 이르기까지 그 강도에 있어 다양한 감정들로 구성된 정서 상태로 보았다. 노바코(Novaco)는 분노를 스트레스에 대한 생리적 반응으로 보았다.[275]

데이빗 마세(David Mace)는 "외부에서 침입하는 미생물로부터 자신을 보호하려 하듯이 분노란 자아를 보호하려는 자기주장"으로 정의했다. 분노는 그 자체가 좋거나 나쁜 것이 아니라 위협이나 공격에 대한 자연적인 반응이며, 자기 보존의 감정이고, 자기 방어를 위해 필요한 정서로서 메시지를 담고 있다.[276]

심리학자 리처드 월터스(Richard Walters)는 인식적이거나 행동적인 요소들(cognitive or behavioral components)의 차이를 근거로 분노를 세 형태로 구분했다.[277]

---

274) 고은, "공격성과 분노 정서 유발이 얼굴 표정 정서 판단에 미치는 영향" (연세대학교 대학원, 석사학위논문, 2007), 17에서 재인용.
275) 안정미, "청소년들의 분노조절능력 및 공격성에 미치는 분노경험영역과 분노반응전략의 영향" (한서대학교대학원, 박사학위논문, 2013), 6.
276) 오윤선, "청소년 분노조절에 대한 기독교 상담학적 접근"「복음과 상담」제14권(2010), 9-34.
277) Mark P. Cosgrove, Counseling of Anger (Nashville, TN.: W Publishing Group, 1988), 38.

격분(rage)은 억제되지 않은 폭력적인 분노로 표현했고, 분개(resentment)는 보복을 겨냥한 분노를 억제한 감정으로 구분했으며, 의분(indignation)은 공의와 사랑에 기초한 건설적인 표현으로 나누었다. 격분이나 분개가 분노의 파괴적인 형태로 이기심의 지배를 받고 사람에게 손상을 입히는데 비해, 의분은 사랑에 근거하여 공의를 추구하며 대개는 다른 사람을 보호한다.

분노의 개념에 대해 레스 카터(Les Carter)와 프랭크(Frank)는 다음 3가지로 설명했다.

첫째는 개인의 가치를 보존하려는 의지이다.

둘째는 본능적인 욕구를 보존하려는 의지이다.

셋째는 기본적인 신념을 보존하려는 의지이다. 이와 같이 분노는 가치, 욕구, 신념이라는 자기 보전의 감정이 만족되지 못하고 무시당하거나 거부당할 때 일어나는 반응으로 정의했다.[278]

세르터 미너쓰(Certer Minirth)는 분노란 개인적인 성장, 필요한 욕구, 기본적인 확신을 보존하려는 의지라고 정의했다.

채유경은 청소년들의 분노표현방식에 영향을 미치는 변인들을 확인하고 각 변인 간의 관계를 밝히는 연구를 했다. 하지만 선정된 변인들 간의 관계에서만 그 결과가 일반화될 수 있고, 한 변인이 다른 변인에

---

278) Les Carter & Frank Minirth, The Choosing to Forgive (New York: Work Book, Thomas Nelson Inc,1997), 35-38.

영향을 미치는 것을 인과적으로 해석할 수 없는 한계가 있다.[279]

오재옥은 분노수준이 높은 남자고등학생을 대상으로 역기능적 인지도식, 자아존중감, 대인관계를 검토하여 인지 행동적 시 치료 프로그램을 개발했다. 그러나 학교현장에서는 입시 중심으로 시 교육이 이루어진 관계로 정서적 접근이 사실상 어려운 측면이 있고, 인반 인문계 고등학교 학생 중 상위 30%에 해당하는 자를 선발하여 개인 간의 편차가 무시된 점이 있다.[280]

문은주는 고교시절 분노조절의 중요성을 고려하여 일반계 고등학생 중 분노수준이 높은 학생들을 대상으로 분노조절 프로그램을 개발했다. 인지적 요인, 정서적 요인, 행동적 요인의 3개의 하위 요인으로 이루어진 고등학생용 분노척도를 제시했다. 그러나 특정지역의 고등학생만을 대상으로 하여 아동이나 중학생, 일반인에게까지 일반화하는데 한계가 있다.[281]

송혜정은 비행청소년의 자아존중감, 분노조절, 공격성, 진로성숙도에 어떠한 영향을 미치는지를 알아보고, 집단상담 프로그램을 통해 그 효과를 검증하여 비행청소년의 상담 및 인성지도 등에 활용하는 연구

---

279) 채유경, "청소년 분노 표현방식의 모델 및 조절효과 검증" (전남대학교대학원, 박사논문, 2001), 3-4.
280) 오재옥, "고등학생의 분노 조절을 위한 인지 행동적 시 치료 프로그램의 개발과 적용" 「심리행동연구」Vol.3 No.1(2011), 58.
281) 문은주, "고등학생용 분노조절 프로그램 개발" (경북대학교대학원, 박사학위논문, 2010), 9.

를 했다.[282]

분노조절에 관련한 많은 연구가 이루어지고 분노조절 프로그램도 개발이 되었다. 그러나 대부분 부적응 학생이나 비행청소년, 일반 청소년에 대한 연구가 대부분으로 기독청소년들에 대한 연구는 미흡하다. 이에 본 연구자는 용서프로그램을 활용하여 기독청소년들의 분노를 조절하는 연구를 하고자 한다.

청소년의 자존감과 관련한 연구로 19세기 자아 연구의 실험심리학적 접근을 최초로 시도한 미국의 심리학자 윌리엄 제임스(William James)는 자아 개념이란 '아는 자아가 알려지는 자아를 보는 관점'이라고 보았다.[283]

나다니엘 브랜드(Nathaniel Brenden)는 자존감을 "인간인 자신과 자기 존중의 총합(The sum of self-confidence and self-Respect)"이라고 주장하며, 자신을 긍정(self-Affirming)하는 의식이라고 했다.[284]

프로이드(Sigmund Freud)는 자존감이 낮게 평가된다는 것은 본능(id)과 초자아(superego) 사이에서 생기는 간격의 차이라고 했다.

칼 융(C. Jung)은 자아는 인간의 행동을 유발하는 성격의 중심원자로 자아의 주변에 모든 체계가 무리지어 있고, 이들 체계들을 함께 장

---

282) 송혜정, "집단상담 프로그램이 비행청소년의 공격성, 분노조절, 자아존중감 및 진로성숙도에 미치는 영향" (한서대학교 일반대학원, 박사학위논문, 2013), 74.
283) Alister McGrath, 윤종석 옮김,「자존감」(서울: 두란노, 1995), 304.
284) Nathaniel Brenden, 심상권, "목회자와 열등감, 그 쓴 뿌리의 심리적 이해"「목회와 신학」(1996년 2월호), 55에서 재인용.

악하여 성격의 통합과 안정성을 제공한다고 했다.[285]

로저스(Cal Rogers)는 성격 이론의 중심인 자아 개념에서 자존감에 대한 근거를 발견했으며, 모든 인간은 태어날 때부터 한 가지 동기를 가지게 되는데, 이를 '자아실현 경향성'이라고 했다.[286]

에릭슨(Erickson)은 자아 정체감은 타인에 대해 자신이 갖춘 동일성 및 연속성과 부합되는 내적 통일성과 연속성을 유지하는 자신의 능력에 대한 자신감이라고 했다.[287]

기독교 심리학자 데이빗 씨맨즈(David A. Seamands)는 자아존중감이란 하나님의 형상으로 지어진 자신이 하나님에 의해 받아들여지고, 소중하게 여겨지면, 사랑 받고 있다는 사실을 인식함으로 얻을 수 있는 가치평가라 했고, 복음주의 심리학가 게리 콜린즈(Gary R. Collins)는 "자존감은 각 개인의 가치, 능력, 중요성에 대한 스스로의 평가"라고 설명하고,[288] 하나님의 형상대로 지음 받은 자로서 자신을 바르게 인식하는 것에 대한 끊임없는 물음의 과정으로 보았다.

실천신학자이며 상담가인 닐 앤더슨(Neil T. Anderson)은 자아존중감은 타고난 능력이나 재능 또는 지식이나 외모에 의해 생길 수 있는 것이 아니라 자신에 대한 가치평가로 자신이 하나님의 자녀라는 사실

---

285) 송인섭,「인간심리와 자아개념」(서울: 양서원, 1989), 18-20.
286) 정정숙,「기독교 상담학」(서울: 도서출판 베다니, 1994), 229-231.
287) 이은선, "기독 청소년의 정체성과 모성적 돌봄의 상관관계" (서울장신대학교 목회상담 대학원 석사학위논문, 2006), 9.
288) Garry. R. Collins, 피현희 역,「크리스찬 카운슬링」(서울: 두란노, 2000), 314.

을 알 때 정당한 자아존중감이 생긴다고 하였다.[289]

김학규는 애덤스(J. A. Adams)와 로렌스 크랩(L. J. Crabb)의 기독교 심리학 이론과 성경 중심으로 공업계 고등학생들에 대한 학급 선교 프로그램의 방법과 절차, 자아상 회복을 위한 프로그램 연구하였다. 기독교적인 관점어 학교선교의 방향을 제시한 점은 고무적이지만 특정 이론만을 중심으로 했다는 점에서 다소 제한적이라 하겠다.[290]

최윤화는 M시 관내 두 개의 고등학생을 대상으로, 청소년의 자아상과 가정의 심리 과정적 변인과의 상관관계를 연구하여 청소년과 부모와의 건전한 상호작용을 위한 상담활동에 귀중한 도움을 제공하였다. 하지만 특정지역의 고등학생을 대상으로 하여 전체 청소년들에게 일반화시키는데 므리가 있고, 청소년의 자아상 형성과정을 폭넓게 설명하는 데에는 미흡한 점이 있다고 볼 수 있다.[291]

양영주는 목회자가 심방이라는 목회적 도구를 통해 성도들의 자존감을 향상시키는 방안어 대해 연구했다. 상담 설교를 통해 성도들의 자존감을 높이고, 소그룹 활동을 통해 패배의식을 극복함으로 교회 공동체를 세운 점에 의의가 있겠다. 하지만 여성 중심으로 진행이 되어 자녀나

---

289) Neil T. Anderson, Victory Over the Darkness,「내가 누구인지 이제 알았다」유화자 역, (서울: 조이선교회, 1999), 38.
290) 김학규, "청소년 자아상 회복을 위한 학급선교 프로그램에 관한 연구" (드북대학교 목회학박사원, 박사학위논문, 2001), 6-8.
291) 최윤화, "청소년의 자아상과 가정의 심리 과정적 변인과의 관계" (동아대학교대학원, 박사학위논문, 2003), 7-10.

남편과 함께 할 수 있는 기회가 없었던 점이 한계점으로 지적된다.[292]

이희섭은 인천시내의 한 개척교회를 대상으로, 기독교 인지치료를 통한 긍정적인 자아개념 회복에 관한 연구를 했다. 긍정적인 자아개념 확립을 위한 계획과 실천과정을 통해 교회 공동체 안에서 사랑의 관계를 증진시키고 서로 섬기는 동기부여를 한 점이 특징이다. 하지만 세미나의 결과만으로 긍정적인 자아개념이 교정되었다고 보기는 어려운 점이 있고, 장년들을 대상으로 하여 청소년들에게 그대로 적용이 될 것인지도 의문이다.[293]

하나님의 이미지와 관련한 연구로 초대 교부 이레니우스는 형상(Image)과 모양(likeness)을 구별하여 형상은 자연적인 은사(natural endowments)로, 모양은 초자연적인 은사(supernatural endowments)로 이해했다. 아담은 타락으로 인해 모양인 초자연적인 은사를 잃어버렸으나 자연적인 은사는 그대로 남아 있다. 잃어버린 초자연적인 은사는 예수 그리스도의 성육신 사건을 통해서 인간에게 계시되었고, 성령의 역사를 통해서 점진적으로 회복되어 간다고 했다.[294]

어거스틴(St. Augustine)은 하나님의 형상을 삼위일체로 이해했다. 그는 이것을 정신 안에 있는 심리현상을 통해 설명했다. 정신이나 마음

---

292) 양영주, "심방을 통한 상담설교로 자존감을 향상시키는 방안" (장로회신학대학교 목회전문대학원, 신학박사학위논문, 2009), 117.
293) 이희섭, "기독교 인지치료를 통한 긍정적인 자아개념 회복을 위한 연구" (장로회신학대학교 목회전문대학원, 박사학위논문, 2010), 115.
294) 고광필,「칼빈 신학의 논리」(서울: UBF 출판부, 2004), 53-56.

안에 기억, 이해, 의지의 기능을 가지고 있다. 이것이 인간 안에 있는 삼위일체의 흔적이라는 것이다.[295]

칼뱅(Jean Calvin)은 하나님 형상의 접근 방식을 성경에서 출발했다. 사변적이거나 철학적인 접근 방식이 아니라 예수 그리스도를 통한 회복에서 인간 본래의 모습을 이해하고자 한다. 아담은 타락으로 하나님의 형상을 잃어버렸으며, 그리스도 예수를 통해서 회복되어 가며, 그리스도에 의한 회복을 통해서 하나님 형상의 본질을 이해하고자 했다. 이 점이 칼뱅의 위대한 공헌 중의 하나이다.[296]

프로이드(Freud)는 유아와 아버지의 관계를 하나님과 인간의 관계로 연결하였다. 유아기에 경험한 아버지와의 관계가 하나님 이미지를 형성하는데 중요한 영향을 끼친다고 주장하였다. 하나님 이미지는 오이디푸스 콤플렉스(Oedipus complex) 단계에서 아버지와의 경험이 하나님의 이미지로 투사되어 고착된 것으로 보았다. 또한 정신분석학에서 하나님의 확장된 아버지이고, 아버지의 변형, 초상, 대리자 및 복제물 등으로 인식하였다.[297]

반면에 칼 융(Carl G. Jung)은 아버지는 개인의 내면에 존재해 있는 하나님 원형의 구현으로, 인간은 자신이 소유한 아버지 이미지를 통해 내재되어 있는 하나님 이미지를 인식하게 된다고 보았다. 이는 아버지를

---

295) 앞의 책.
296) 앞의 책.
297) Sigmund Freud, Neue Folge der Vorlesungen zur Einführung in die Psychoanalyse, 임홍빈, 홍혜경 공역, 「새로운 정신분석 강의」(서울: 열린책들, 1997), 232-233.

하나님 이미지의 원형, 즉 부친원형으로 해석하고, 자녀의 성격형성에 지대한 영향력을 행사한다고 보는 견해다. 그러므로 왜곡된 아버지 이미지를 형성한 개인은 왜곡된 하나님 이미지를 형성할 가능성이 높다.[298]

애너 마리아 리주토(Ana-Maria Rizzuto)는 개인이 형성한 하나님 이미지가 기독교의 하나님 이미지와 통합될 때, 건강한 하나님 이미지를 형성한다고 보았다. 또한 개인이 긍정적으로 인식한 하나님 이미지는 대상관계에 긍정적 영향을 미치는 것이고, 심리 건강의 진단 기준으로 작용하는 한 측면이 된다. 리주토가 지적한 하나님 이미지는 인간 내면에 심리적으로 작용하는 것으로 단지 물리적 의미가 아니라 경험에 의해 내면화되어 의식체계로 표출되는 것이다. 또 하나님 이미지는 고착되는 것이 아니라 발달과정에서 내면세계의 경험에 따라 수정되고 변화된다고 보았다.[299]

로우(Louw)는 "목회상담적 진단은 신자들의 하나님에 대한 이미지가 적절한지 부적절한지 그리고 크리스천 신앙의 적용이 의미의 추구를 다루는 삶의 이슈들 가운데 어떻게 적용되는 살펴보는 것이다."라고 했다.[300]

---

298) Carl G. Jung, Psychology and Religion (Princeton, NJ: Princeton University, 1989), 61.
299) Ana-Maria Rizzuto, The Birth of the Living God (Chicago: University of Chicago, 1979), 177-180.
300) D. Louw, A Mature Fathe: Spiritual Drection and Anthropology in a Theology of Pastoral Care and Counseling (Leuven: Peeters, 1999), 236; 김영희, "크리스천의 우울증에 대한 이해와 치유: God-images를 중심으로 한 목회상담적 접근"「복음과 상담」제9권(2007), 49에서 재인용.

김사훈은 내면화의 과정이 하나님 이미지 형성에 미치는 영향에 대해 연구했다. 먼저 한국 기독교인의 내면에 있는 하나님 이미지를 측정하고, 내면화 과정을 이론적으로 분석했으며, 내면화 과정이 하나님 이미지를 형성하는데 어떤 영향을 미치는지 분석했다.

내면화 개념을 내사(introjection), 동일시(identification), 통합(integration)의 과정으로 개념화하고, 이론적 기반을 가지고 적절한 측정도구를 선정해서 한국 기독교인들을 대상으로 발달 정보를 파악한 경험적 연구다. 하지만 제한된 연구여건으로 장기적인 연구를 진행하지 못하고 횡단적인 연구방법과 과거의 부모관계와 현재 대인관계의 유형을 중심으로 추론적인 가설을 세운 점에는 제한점이 있다.[301]

배은주는 부성부재가 하나님 이미지를 형성하는데 어떠한 영향을 미치는가에 대해 연구하여 기독교상담 측면에서 방안을 제시했다. 하나님 이미지는 아버지와의 관계경험이 핵심적 요인으로, 아버지는 자녀에게 역할 모델이 되어야 하며, 자녀는 아버지에게 자녀로서의 긍정적 모델이 되어야 한다는 점은 시사점이 크다. 그러나 아버지의 역할을 강조한 나머지 어머니의 중요성에 대해 간과하거나 기독교상담의 다양한 방편을 다각적으로 적용하지 못한 다소의 한계점이 있다.[302]

이창옥은 부모 양육태도와 하나님 이미지가 기독청소년의 사회적응

---

301) 김사훈, 앞의 책, 8-10.
302) 배은주, "기독교가정의 부성부재와 하나님 이미지의 관계" (성결대학교 신학전문대학원, 박사학위 논문, 2010), 7.

성에 미치는 영향에 대해 연구했다. 이 연구는 청소년 교회교육의 필요성이 절실히 요구되는 현 상황에서 청소년, 부모, 교회학교, 교회교육, 청소년 교육 담당 목회자 등에게 큰 도움을 주는 연구로 평가된다. 하지만 중고등학생을 대상으로 했기 때문에 일반이나 대학생 등에는 차이가 있을 수 있고, 특정 교단에 소속된 청소년을 대상으로 하여 교단이나 지역에 따라 차이가 있을 수 있는 한계가 있다.[303]

조윤영은 하나님의 이미지가 진로 태도 성숙에 미치는 영향에 대해 연구했다. 진로 태도 성숙에 미치는 요소로 부모와의 애착, 신앙성숙과 자아존중감에 주목하여 하나님 이미지가 신앙성숙과 자아존중감에 어떤 영향을 미치는가를 고찰했다. 교육적 요소로 부모와의 애착과 자아존중감, 하나님 이미지와 신앙성숙이 가장 높은 상관관계를 보였다. 교육적 요소를 도출하는 데는 기여했으나 교육공동체에서 실제적으로 적용할 수 있는 프로그램이 제시되지 않아 아쉬움이 있다.[304]

---

303) 이창옥, "부모 양육태도와 하나님 이미지가 기독청소년의 사회적응성에 미치는 영향" (한남대학교대학원, 박사학위논문, 2013), 137.
304) 조윤영, "부모애착에 의한 하나님 이미지가 진로태도 성숙에 미치는 영향에 관한 기독교 교육적 연구" (계명대학교대학원, 박사학위논문, 2015), 87.

제3장
연구 방법

1. 이론적 배경

지금까지 제시된 용서프로그램의 모델은 심리학적 이론에 기초한 모델, 도덕적 발달 구조에 기초한 모델, 용서의 유형화 모델, 용서 과정을 기술한 과정 모델 등 크게 네 가지로 구분해 볼 수 있다.[1]

첫째, 심리학 이론에 기초한 모델로 심리역동 모델과 개인 구념 모델이 주로 사용되어 왔다. 이들은 내적 일관성이 강하고 심리학 이론의 전체와 잘 맞아 실제에서 유용하게 쓰이는 장점이 있지만 경험적 연구가 잘 이루어지지 못한 단점도 있다.

둘째, 도덕적 발달 구조에 기초한 모델은 용서의 도덕성이 돌봄의 도덕성처럼 정의의 도덕성의 한 측면이 되는 점도 있지만 이는 이론적으로 더 정교화 될 필요가 있다.

---

[1] Michael E. McCullough and Everett L. Worthington, "Encouraging Clients to Forgive People Who have Hurt Them: Review, Critique, and Research Prospectus", Journal of Psychology and Theology 22(1994): 3-20; 오윤선, '달씀묵상기도를 통한 용서프로그램이 기독교 청소년의 용서경험 및 자아존중감에 미치는 효과' 「복음과 상담」제19권 (2012), 226에서 재인용.

셋째, 용서의 유형화 모델은 용서가 다양한 동기에 의해 생기며, 다양한 결과를 가져온다는 것을 설명하는데 도움이 된다. 그러나 이는 아직 이론적 가치를 충분히 가지지 못했고, 본질적 용서로 이끌 수 있는 정서적, 인지적 기법의 개발이 필요하다.

넷째, 용서 과정을 기술한 과정 모델은 용서 과정을 촉진시키기 위해 상담자를 교육하는데 가장 유용한 모델로 평가되고 있다. 최근에는 청소년을 대상으로 한 분노조절 프로그램에서 긴장 이완법, 표현력 기르기, 사회적 기술 훈련, 감정 이입법 훈련, 정화 요법 등이 사용되고 있다.[2]

그러나 이런 용서프로그램은 대부분 수평적 인간관계의 차원에서 해결책을 모색하고 있다. 이러한 요법들이 다소의 도움이 될 수는 있으나 전인(全人)으로서 인간 치료를 위해서는 보다 근본적인 치료적 접근이 필요하다. 하나님과의 수직적 관계 회복을 통해 하나님과의 화해와 전인적 용서가 이루어져야 한다.

성경에는 여러 곳에서 서로 용서하기를 강조하고 있다.

"누가 누구에게 불만이 있거든 서로 용납하여 피차 용서하되, 주께서 너희를 용서하신 것 같이 너희도 그리하고"(골3:13)

"서로 친절하게 하며 불쌍히 여기며 서로 용서하기를 하나님이 그리스도 안에서 너희를 용서하심과 같이 하라."(엡4:32)

분노도 죄의 결과로 나타난다고 보고 있다. 동생 아벨을 죽이고 몹시

---

2) 오윤선, "청소년 분노조절에 대한 기독교 상담학적 접근" 「복음과 상담」제14권(2010), 26.

분하여 안색이 변하여 있는 가인에게 여호와께서 말씀하셨다.

"네가 선을 행하면 어찌 낯을 들지 못하겠느냐? 선을 행하지 아니하면 죄가 문에 엎드려 있느니라. 죄가 너를 원하나 너는 죄를 다스릴지니라."(창4:7)

시편에는 "청년이 무엇으로 그의 행실을 깨끗하게 하리이까? 주의 말씀만 지킬 따름이니이다."(시119:9)라고 기록하고 있다.

인간 중심의 수평적 치료요법들이 나름대로의 효과들은 있을 수 있으나 근본적인 치료는 창조주 하나님과의 수직적 관계 회복이 있어야 온전한 재창조 역사로 가능하다.

기독청소년들의 분노 감정이나 자존감의 저하도 하나님의 이미지와 밀접한 관련이 있다. 겉으로 말을 할 때는 하나님에 대해 별 문제가 없는 것처럼 말을 한다. 하나님에 대해 드러내놓고 말을 한다는 것은 믿음이 없는 사람이나 불손한 사람으로 취급될 수 있기 때문에 하나님에 대한 감정을 솔직히 말하지 못하고 억압하거나 회피하는 경향이 많다.

용서프로그램을 통해 하나님에 대한 자신의 감정을 솔직하게 이끌어내다보면, 그 심층에는 하나님에 대한 불만이나 서운함이 깔려있는 것을 보게 된다. 가인이 하나님에 대해 안색이 변한 것처럼 자신에 대해 피해를 주고 상처를 입히도록 내버려두신 하나님에 대한 원망과 불평이 깔려있다. 눈에 보이는 사람으로서의 가해자뿐만 아니라 그 이면에 역사하시고 궁극적인 가해자로서 하나님에 대한 원망이나 불평이 있다.

따라서 이런 하나님과의 수직적 정서 화해가 이루어져야만 사람들과의 온전한 수평적 관계도 회복될 수 있다.[3] 뜻이 하늘에서 이룬 것 같이 땅에서도 이루어지게 되는 것이다(마6:10). 본 연구는 기존의 상담 기법을 참고할 뿐만 아니라 개혁주의 상담 신학적 관점에서 하나님과의 수직적 관계 회복과 정서적 화해도 통합하는 용서프로그램을 개발하여 운영하였다.

2. 연구 참여자

집단 간 비교를 위한 사전·사후 검사측정 연구 설계(pre-post test repeated measure design)는 적어도 한 집단의 사례 수가 최소한 12명이 되어야 통계적 유의도를 확보할 수 있다는 제안에[4] 토대하여 국내 선교회의 중고등학생 30명을 대상으로 진행했다. 실험집단 15명, 통제집단 15명이며, 전체집단의 성별과 학년별 분포는 〈표 3-1〉와 같다.

〈표 3-1〉 전체집단의 학년과 성별 분포

구분	실험집단		통제집단		소계	합계
	남	여	남	여		
중1	0	0	4	3	7	
중2	1	3	1	2	7	17
중3	2	1	0	0	3	

---

3) 오오현, "기독교인 용서프로그램: 개발 및 적용" (계명대학교대학원, 박사학위논문, 2002), 33-34.
4) Buck & Serlin, 1992; Helen, 1996; 김광수,「용서의 심리와 교육 프로그램」(파주: 한국학술정보, 2007), 134에서 재인용.

고1	2	1	1	1	5	
고2	2	1	1	0	4	13
고3	1	1	1	1	4	
소계	8	7	8	7	30	
합계	15명		15명			

3. 용서프로그램의 개발

가. 기존 프로그램의 분석

용서프로그램은 이론적 배경에서 살펴본 바와 같이 문헌 연구를 토대로 분석했다. 대표적인 용서 관련 프로그램으로 엔라이트(Enright) 모형과 워싱턴(Worthington) 모형을 들 수 있다. 엔라이트와 그 일행은 용서에서 분노를 다루는 것을 핵심으로 보고, 용서 과정을 4단계 20개 단위로 정리했다.

4단계는 개방, 결심, 작업, 심화로 이루어져 있고, 20개의 단위는 꼭 순차적으로 이루어진다기보다는 상황에 따라 달라질 수 있는 유연한 과정이다. 엔라이트 모형은 일반인을 대상으로 경험적 검증을 통해 비교적 타당한 용서 과정 모형으로 인정을 받고 있다.[5] 하지만 전반부에 용서의 결심 과정을 두었는데, 이는 일반적인 경우 사전 작업을 충분히 한 후에 후반부에 결심의 과정을 둔 것과 비교할 때 논란의 여지가 있다.[6]

---

5) 박종효, "용서와 건강의 관련성 탐색," 「한국심리학회지: 건강」Vol.8 No.2(2003) 8(2), 301-321.
6) 김광수 외, 「용서를 통한 치유와 성장」(서울: 학지사, 2016) 32-35.

워싱턴(Worthington) 모형은 공감, 겸손, 헌신을 중요 요소로 보았다. 이 중에서 공감을 가장 중요한 요소로 보았는데, 공감을 중심으로 용서의 피라미드(REACH) 모형을 제시했다. 피라미드의 가장 밑 하단부터 상처회상, 가해자에 대한 공감, 이타적 선물인 용서 주기, 공개적 용서 선언, 용서의 지속의 5단계로 구성했다. 워싱턴 모형은 평소에 좋았던 관계가 깨질 경우 효율적으로 활용할 수 있는 모형으로 평가받고 있지만[7] 경험적 연구가 적은 편이다.

김광수는 엔라이트 모형에 기초하여 일반인을 대상으로 상담 교육의 관점에서 용서 심리와 교육 프로그램을 개발했다. 자신에게 적용하고 자신의 경험과 감정과 생각을 자각하고 표현하며, 상호 피드백을 주고받는 집단 상담 프로그램이다. 1회기 120분 이상, 총 6회기로 구성하여 각 회기 주제와 관련된 과제물을 부여하였다.[8] 뒤이어 아동 및 청소년을 대상으로 '용서상담 프로그램'(2008)을 개발하고, 한국의 용서와 화해 연구회 편에서 '용서를 통한 치유와 성장'(2016)을 출판했다.

김사훈은 인간의 성격이 형성되는 내면화 과정에서 하나님 이미지의 기초가 마련된다고 보았다. 특히 부모의 양육이 자녀의 인격 형성이나 신앙생활에 지대한 영향을 미친다고 보았다. 따라서 기독청소년뿐만 아니라 부모를 대상으로 신앙교육과 자녀교육을 병행해야 한다고 했

---

7) 손운산,「용서와 치료」(서울: 이화여자대학교출판문화원, 2008)
8) 김광수,「용서의 심리와 교육프로그램」(파주: 한국학술정보, 2007), 86.

다.[9] 그러나 이에 대한 구체적인 교육 프로그램을 제시하지는 않았다.

본 연구에서는 이상의 내용을 바탕으로 하나님 이미지의 성경적 변화 측면을 보완하여 기독청소년의 분노조절과 자존감 향상을 위한 용서프로그램을 개발했다. 기존의 유사 프로그램들이 대부분 수평적 인간관계 초점에 맞추어 개발했는데, 본 프로그램은 기독청소년을 대상으로 하나님 이미지의 성경적 변화라는 수직적 관계를 보완하여 통합했다는 점에서 차별성이 있다고 하겠다.

나. 용서프로그램의 목드

본 프로그램의 목표는 대인관계와 대신관계에 갈등을 겪고 있는 기독청소년으로 하여금 용서 과정을 통해 분노를 조절하고, 자존감을 향상하도록 돕는데 있으며, 주요 목표는 다음과 같다.

- 용서의 촉진 : 용서에 대한 바른 이해를 통해 용서에 대한 오해를 풀고, 용서를 하고자 하는 마음과 용서에 대한 결단을 할 수 있도록 돕는다.
- 분노의 조절 : 분노의 감정을 인식하고 분노로 인해 발생하는 여러 문제를 인지하게 하여 분노를 조절하도록 돕는다.
- 자존감의 향상 : 자존감을 떨어뜨리는 요인을 탐색하게 하여 성경적

---

9) 김사훈, "내면화 과정과 하나님 이미지 형성 간의 관계 연수" (계명대학교대학원, 박사학위 논문, 2005), 49.

인 자아 존재감을 회복하도록 돕는다.
- 하나님 이미지의 회복 : 하나님에 대한 왜곡된 이미지를 분별하고 성경적으로 올바른 하나님 이미지를 회복하도록 돕는다.

다. 용서프로그램의 내용

본 용서프로그램에서 다루는 중요 항목은 용서, 분노, 자존감, 하나님 이미지이다. 용서의 하위영역은 긍정감정과 부정감정, 긍정사고와 부정감정, 긍정행동과 부정행동으로 세분했다. 용서프로그램을 통해 긍정감정, 긍정사고, 긍정행동은 증가하도록 촉진하고, 부정감정, 부정사고, 부정행동은 감소하도록 구성했다. 분노 항목은 전체적으로 부정적 내용(1~15번)을 해소하도록 구성되었다. 자존감의 항목도 긍정적 내용(1 2 4 6 7번)과 부정적 내용(3 5 8 9 10번)으로 구분하여 긍정적 내용을 증진시키고, 부정적 내용을 감소하도록 구성했다. 하나님 이미지에 대한 프로그램 내용은 [과제6]과 [7회기]에 포함되어 있다. [과제6]의 '하나님에 대한 나의 생각'에서 하나님에 대한 과거 경험과 정서를 이끌어 내도록 구성했고, [7회기]에 왜곡된 하나님 이미지를 바로 잡도록 구성했다.

이상의 내용을 실현하기 위한 회기별 진행과정은 도입(1회기), 전개(2-7회기), 정리(8회기)로 구성되며, 각 회기 90분 총 8회기로 진행된다. 회기별 세부 내용은 다음과 같다.

〈표 3-2〉 회기별 진행 내용

회기	단계	주요 활동 내용
1	도입	들어가기 : 자기소개, 규칙나누기, 인간관계 돌아보기
2	전개1	자각과 표현하기 : 마음의 감정을 인식하고 표현하기
3	전개2	용서에 대한 이해, 선택과 결정 : 부정적 반응, 분노의 악순환에서 벗어나기
4	전개3	용서작업1 : 생각 다루기(부정적 사고에서 벗어나 새로운 눈으로 바라보기)
5	전개4	용서작업2 : 감정 다루기(부정적 감정에서 벗어나 긍정적 정서 키우기)
6	전개5	용서작업3 : 행동 다루기(고통을 받아들이고 용서의 선물 주기)
7	전개6	하나님 이미지 회복하기 : 왜곡된 하나님 이미지 바로하기
8	정리	정리하기 : 용서의 항해를 계속해요(용서나무 키우기, 나에게 선물하기)

1회기(들어가기)는 프로그램의 도입단계로 프로그램과 자기소개, 집단 규칙 나누기, 나의 인간관계 돌아보기 등의 내용으로 구성된다. 프로그램의 목표, 내용, 진행과정을 이해하고 집단구성원 상호 간의 관계를 형성함으로 프로그램에 대한 기대와 참여 의식을 갖게 하는 것을 목표로 한다.

먼저 '나의 인간관계 돌아보하기'(20분)를 통해 대상관계를 살펴보도록 구성했다. 내가 좋아하는 사람, 불편하고 힘든 관계를 맺고 있는 대상을 돌아보게 했다. 부정적인 감정, 사고, 행동은 결국 인간관계에서 이루어진다. 인간관계에서 어떤 감정, 사고, 행동들이 있었는가를 돌아봄으로 피해와 상처를 직면하고, 분노를 조절하고 용서에 이르도록 도울 수 있기 때문이다.

[과제1] '보내지 않는 편지'는 상처 받은 경험을 되돌아보고, 자신에게 상처를 준 사람에게 하고 싶은 말을 써보게 함으로 묻어주었던 부정적 감정이나 분노의 감정을 드러내보도록 했다. 1주일 동안 자신에게 상처를 준 사람에 대해 생각해보도록 함으로 회피하거나 억압했던 정서나 분노를 반추하여 실추된 자존감을 향상시킬 수 있는 계기를 마련하도록 했다.

　2회기는 '자각과 표현하기'로, 마음의 감정을 인식하고 표현하는 단계다. 누구로부터 어떤 상처를 받았는가를 되돌아보고 그때의 감정을 인식한다. 용서는 망각이 아니라 마음의 상처를 인식하는 데서 시작된다. 그리고 상처에 대한 감정과 느낌을 표현하도록 한다. 이를 위해 '자각과 표현하기'로 내면의 기분이나 감정을 더 자세히 표현해 보도록 구성했다. '보내지 않는 편지'를 써보며 어떤 느낌을 받았는지, 갈등이나 상처를 경험했을 때 어떻게 반응했는지를 구성원들과 집단 활동을 통해 나누게 한다. 그리고 화가 나면 어떻게 행동하면 좋을까에 대해 먼저 짝과 이야기해보고, 그 다음 집단 내에서 같이 대화하고, 각 집단의 대표자가 나와 집단 내에서 있었던 이야기를 정리하여 발표하게 한다. 그리고 상담자가 전체적으로 정리하고 조언하며 화를 푸는 방법에 대해 권면하도록 한다.

　[과제2] '용서에 대한 나의 생각'을 부여하여 한 주간 동안 용서에 대해 생각해 보도록 한다. 이렇게 함으로 억압되어 있던 분노를 드러내어 치유할 수 있도록 여건을 마련하고 실추된 자존감을 향상하도록 돕는다.

3회기는 '용서에 대한 이해, 선택과 결정'으로, 부정적 반응, 분노의 악순환에서 벗어나기 단계다. 상처를 인식하였으면 이를 어떻게 처리할 것인가 생각하게 한 후 용서를 선택할 수 있도록 돕는 과정이다. '용서에 대한 나의 경험 나누기'(15분)를 통해 지난 주 [과제2]를 중심으로 집단 활동을 하게 한다. 용서를 받아 본 경험이나 용서를 해 준 경험을 나눈다. '용서와 관련한 토의'(15분)에서는 용서가 잘 되지 않는 이유, 용서의 장애물, 용서하지 않은 때 생길 수 있는 문제, 용서를 촉진할 수 있는 방법 등에 대해 대화를 나누게 한다.

'용서에 대한 나의 입장'(10분)에서는 용서에 대한 자신의 입장을 정리해본다. 짝 활동, 그룹 활동, 전체 활동을 통해 용서에 대한 각자의 생각을 이야기하며 속상했던 점, 화가 났던 점을 말하게 함으로 분노의 감정을 조절하고 자존감을 회복할 수 있도록 돕는다. 그리고 집단 상담자는 용서의 개념과 용서의 특징에 대해 간단히 정리해 주고, 용서는 강요가 아닌 자발적인 선택임을 알려주고 분노의 악순환에서 벗어날 수 있는 길을 제시해 준다. [과제3] '용서의 약속'을 부여하여 용서할 수 있는 마음을 준비하도록 한다.

4회기는 '용서작업1(생각 다루기)'로, 부정적 사고의 사슬에서 벗어나 새로운 눈으로 바라보도록 돕는 단계다. 생각이 바뀌면 감정이나 행동도 바뀔 수 있다. 따라서 사고의 전환을 통해 용서하고자 하는 마음을 갖도록 돕는다. [과제3]에 기초하여 '용서를 하고자 하는 이유'나 '용서를 원하지 않는 이유'를 서로 이야기 해보게 한다. '생각을 효과적으로 다루는 방법'(20분)에서는 사실 바로보기, 나의 생각 점검하기, 생각 전환하기, 새로운 눈으로 보기 등을 통해 비합리적인 생각을 이끌어내어 합리적인 생각으로 전환할 수 있도록 돕는다. '지영이의 고민'을 통해 지영이처럼 상대에 대해 배신감을 느끼거나 미운 생각을 하지 않는가를 적어보고 부정적인 사고를 전환해보도록 돕는다.

[과제4] '나에게 보내는 편지'를 부여하여 자신에게 상처를 준 상대방의 입장에서 편지를 써보게 한다.

5회기는 '용서작업2(감정 다루기)'로, 부정적 감정의 사슬에서 벗어나 긍정적 정서를 키우기는 단계다. 가해자의 입장에서 느껴보고 동정심을 갖도록 하여 부정적 감정을 다스리도록 한다. [과제4]에 기초하여 나에게 보내는 편지를 나눈다. '정서적 능력을 향상시키는 방법'(30분)에서 상대방의 입장이 되어 느껴보기, 가해자가 되어 느껴보기, 동정심 키우기, 마음의 전환, 다른 사람으로부터 용서받을 필요성 느껴보기 등을 통해 각자의 부정감정 다루기를 한다. [과제5] '용서 구하기 계획과 실천'을 부여하여 누군가에게 피해를 주었던 경험을 떠올려 보고 용서 구하기를 해보도록 한다.

6회기는 '용서작업3(행동 다루기)'로, 고통을 받아들이고 용서의 선물 주기를 하는 단계다. 고통을 다른 사람에게 떠넘기지 않고 받아들이며, 가해자에 대해 좋은 일을 하거나 용서의 선물을 줌으로 적극적으로 상처를 치유하고 고통으로부터 자유를 촉진한다. '선물 받은 경험 나누기'(10분), '용서에 대한 오해 바로 잡기'(10분) '용서의 선물 주기'(15분)를 통해 선물을 받아보았던 경험을 떠올리며, 자신에게 피해나 상처를 주었던 상대방에 대해 부정적 행동을 극복하고 긍정적인 행동을 해보도록 돕는다. 용서의 선물은 진심이 담긴 마음의 선물이 중요하며, 부담이 되지 않도록 현재의 상황에 알맞은 선물을 하도록 한다. [과제6] '하나님에 대한 나의 생각'을 부여하여 평소 하나님에 대한 생각을 적어보게 한다.

7회기는 '하나님의 이미지 회복하기'로, 왜곡된 하나님 이미지를 바르게 하는 단계다. 잘못된 하나님 이미지로 인해 하나님과 불화상태에 있는 대신관계를 성경적으로 전환하여 바른 관계를 회복하도록 돕는다. 하나님 이미지에 대한 프로그램 내용은 [과제6]과 7회기에서 집중적으로 이루어진다.

[과제6]의 '하나님에 대한 나의 생각'에서 ① 하나님으로부터 용서의 은혜를 받은 경험이 있나요? ② 하나님에 대해 서운했던 점은 무엇인가요? ③ '하나님'하면 떠오르는 이미지가 뭔가요? 왜 그렇게 생각합니까? 등을 통해 하나님에 대한 과거 경험과 정서를 이끌어 내도록 구성했다. '하나님에 대한 나의 감정 돌아보기'(5분), '하나님에 대한 바른 이미지를 향상시키는 방법'(30분), '하나님에 대한 바른 시각 갖기'(30분) 등을 통해 왜곡된 하나님 이미지를 성경적으로 회복할 수 있도록 내용을 구성했다. 기독청소년들은 대인관계에서 발생하는 피해나 상처에 대해 하나님께서 이렇게 되도록 묵인하고 내버려두었다라고 생각하여 대신관계에서 불화 상태에 놓여있는 경우가 많다. 하나님과 불화관계에 있

으면 대인관계에서도 온전한 용서를 이룰 수가 없다. 그러므로 잘못된 하나님에 대한 이미지를 성경적으로 바로 잡아 하나님과의 정서적 화해와 용서가 이루어지도록 프로그램을 구성했다.

[과제7] '용서의 나무 키우기'를 부여하여 집단 활동 후에도 지속적으로 용서를 할 수 있도록 준비시킨다.

8회기는 '정리하기'로, 용서나무 키워가는 단계다. 용서의 유익과 가치에 대해 다시 한 번 되돌아보고, 집단 활동을 통해 결단한 사고, 감정, 행동을 계속 이어갈 수 있도록 돕는다. '용서 여정 돌아보기'(30분), '칭찬 세례'(30분)를 통해 지난 8회기 동안 실시했던 집단 활동 내용을 되돌아보게 하고, '전체적인 정리'(10분)를 한다. 최종 '용서 설문 조사'(15분)를 통해 생각, 느낌, 행동에 어떤 변화들이 있었는가를 살펴보게 한다. 집단원끼리 서로 위로 격려하며 용서를 계속할 수 있도록 권면한다.

4. 자료 분석 방법

가. 용서심리검사

용서 검사지는 엔라이트(Enright)의 용서 척도(EFI)를 김광수가 번안하여 수정한 것을 본 연구자가 보완하여 사용하였다. 기존의 연구에서 신뢰도는 크론바흐 알파(Cronbach α) 계수는 .90 이상, 검사-재검사 신뢰도는 .67, -.91로 보고되고 있으며, 타당도도 신뢰할만한 것으로

보고되고 있다.[10]

용서의 하위 개념으로 정서적 용서 수준, 인지적 용서 수준, 행동적 용서 수준으로 구분했고, 이를 다시 긍정감정과 부정감정, 긍정사고와 부정사고, 긍정행동과 부정행동으로 나누었다. 긍정감정은 1, 3, 4, 6, 7, 11, 15, 17, 18, 19번의 10문항이고, 부정 감정은 2, 5, 8, 9, 10, 12, 13, 14, 16, 20번의 10문항이다. 역산은 2, 5, 8, 9, 10, 12, 13, 14, 16, 20번의 10문항으로 점수가 높을수록 용서의 정도가 높은 것을 나타낸다.

긍정행동은 21, 25, 27, 28, 30, 32, 35, 37, 38, 40번의 10문항이고, 부정 행동은 22, 23, 24, 26, 29, 31, 33, 34, 36, 39번의 10문항이며, 역산 문항은 22, 23, 24, 26, 29, 31, 33, 34, 36, 39번의 10문항으로 점수가 높을수록 용서의 점수가 높은 것을 나타낸다.

긍정사고는 44, 45, 47, 50, 51, 54, 56, 57, 59, 60번의 10문항이고, 부정사고는 41, 42, 43, 46, 48, 49, 52, 53, 55, 58번의 10문항이며, 역산은 41, 42, 43, 46, 48, 49, 52, 53, 55, 58번의 10문항으로 점수가 높을수록 용서의 점수가 높은 것을 나타낸다.

나. 분노 검사

분노 검사는 스필버거(Spielberger)의 상태분노검사를 사용했다.[11] 각

---

10) 김광수, 앞의 책, 97.
11) 김광수, 앞의 책, 98.

문항은 4점 Likert 척도로 측정하고, 점수는 15점에서 60점으로 분포되며, 점수가 높을수록 분노의 정도가 높다.

다. 자존감 검사

자존감 검사는 로젠버그(Rosenberg)의 자기 존중감(Self-esteem) 검사를 사용했다.[12] 각 문항은 4점 Likert 척도로 측정하고, 점수는 10점에서 40점으로 분포된다. 역산은 3, 5, 8, 9, 10번의 5문항이며, 점수가 높을수록 자존감은 높다.

라. 하나님 이미지 검사

하나님의 이미지 검사는 에드워즈(Edwards)의 '종교적 체험 설문 조사(Religious experience questionnaire)'를 사용했다.[13] 하위 영역으로 '친밀한 하나님'을 묻는 문항이 1, 2, 4, 6, 8, 9, 10, 11, 15, 16, 21, 22, 23, 24, 25, 27번의 16문항이고, '의심스러운 하나님'을 묻는 문항이 7, 12, 13, 26, 28번의 5문항 그리고 '두려운 하나님'을 묻는 문항이 3, 5번의 2문항이다. 제외된 문항이 14, 17, 18, 19, 20번의 5문항이고, 역산은 3, 5, 7, 12, 13, 14, 19, 20, 26, 28번 10문항이다.

---

12) 앞의 책.
13) K. Edwards, "Sex Role Behavior and Religious Experience", In Research in Mental Health and Religious Behavior, edited by W. Donaldson, Jr. (Atlanta: Psychological Studies Institute, 1976). 김사훈, "내면화 과정과 하나님 이미지 형성 간의 관계 연구" (계명대학교대학원 박사학위논문, 2005), 72에서 재인용.

5. 연구 과정의 평가

가. 용서프로그램의 과정

(1) 집단 구성

국내 선교회의 중고등학생을 대상으로 프로그램에 참가를 희망하는 사람을 모집하여 37명이 선정되었다. 이들을 두 집단으로 나누어 프로그램에 직접 참여할 실험집단 19명과 비교 대상이 되는 통제집단 18명으로 구분하였다. 실험집단은 다시 중등형제, 중등자매, 고등형제, 고등자매의 네 그룹으로 나누었다. 그런데 프로그램을 진행하는 과정에서 중간에 빠진 사람과 설문 내용이 미흡한 사람 7명을 제외하여, 최종적으로 실험집단 15명과 통제집단 15명을 도합 30명을 표본으로 삼았다.

(2) 프로그램 진행

매주 토요일 저녁 13:00~21:00까지 있는 토요모임을 이용하여 9월 2일부터 시작하여 10월 22일까지 8주 동안 8회기에 걸쳐 진행했다. 도입 단계, 자각과 이해 단계, 용서 작업 단계, 이미지 회복 단계, 정리 단계로 나누어 실시하였다.

① 도입단계

먼저 용서프로그램의 취지를 간단히 설명하고 사전 설문조사를 실시하였다. 집단 활동의 필요성과 규칙을 정했다. 본 프로그램에 들어가서 대인관계나 대신관계에서 겪었던 아픔이나 상처, 분노와 같은 감정을 상기시켰다. 어떤 사람은 그런 기억이 없다고 그냥 넘어가려고 했다. 아픈 기억이 없을 수도 있지만 다른 한편으로는 아픈 과거를 떠올리고 싶지 않았던 것 같다. 그러나 어떤 사람은 9년 전에 겪었던 일을 생생하게 기억하고 상처로 남아 있었다. 상처를 입힌 상대를 떠올리는 것도 싫어서 이름조차 거론하지 않았다. 용서의 필요성과 중요성을 잘 인식시켜 프로그램에 적극적으로 참여하도록 하는 것이 집단 활동의 성패를 결정할 것 같다.

② **자각과 이해 단계**

이 단계에서는 마음의 감정을 인식하고 표현하는 것이 중요하다. 마음의 상처와 분노를 억압하거나 회피하여 잘 인식하지 못하는 경우가 많다. 이로 인해 자신도 모르게 분노의 악순환이 이어지고 문제는 해결되지 않은 채 쌓여가게 된다. 따라서 자신의 내면에 어떤 감정, 어떤 상처, 어떤 아픔이 있는지를 분명히 자각하는 것이 중요하다. 그리고 이런 감정이나 상처를 어떻게 처리할 것인가 결정하게 한다. 여러 가지 해결 방법 중에 용서의 필요성과 유익에 대해 깊이 이해하도록 한다. '용서에 대한 나의 경험 나누기' '용서와 관련한 토의' '용서에 대한 나의 입장' '용서의 특성' 등을 통해 용서를 선택하고 결정하게 한다. 용서는 강요되어서는 안 되고 자발적인 선택으로 이루어져야 한다.

③ 용서 작업 단계

용서작업1, 2, 3을 통해 이루어지며 가장 많은 시간을 차지한다. 〈용서작업1〉은 '생각 다루기'로 부정적 사고에서 벗어나 새로운 눈으로 바라보게 한다. '생각을 효과적으로 다루는 방법'으로 '사실 바로보기' '나의 생각 점검하기' '생각 전환하기' '새로운 눈으로 보기'를 통해 비합리적인 생각을 합리적인 생각으로 바꿔보도록 유도한다.

〈용서작업2〉는 '감정 다루기'로 부정적 감정에서 벗어나 긍정적 정서 키우기를 한다. '상대에 대한 나의 감정 돌아보기'를 통해 상대의 감정을 느껴보고, '정서적 능력을 향상시키는 방법'을 통해 상대방의 입장에서 느껴보기, 가해자가 되어 느껴보기, 동정심 키우기, 마음의 전환, 다른 사람으로부터 용서받을 필요성 느끼기 등의 활동을 한다.

〈용서작업3〉은 '행동 다루기'로 고통을 받아들이고 용서의 선물 주기를 한다. '용서에 대한 오해 바로하기'를 통해 용서에 대한 오해를 바로잡고, '선물 받은 경험 나누기'를 통해 선물을 받아보았던 경험을 나눔으로 선물을 주고 싶은 마음을 일깨운다. '용서의 선물 주기'를 통해 작은 마음의 선물을 하게 한다. 선물은 물질적인 선물보다 마음의 선물을 하도록 한다. '선물 전달하기'를 통해 직접 선물을 전달하는 활동을 해 보도록 한다.

④ 이미지 회복 단계

이 단계는 왜곡된 하나님 이미지를 성경적으로 바로하기 위한 과정이다. 먼저 '하나님에 대한 나의 감정 돌아보기'를 통해 하나님에 대해 언제, 얼마나 의식하며 사는지 돌아보고, 잘 의식하지 못한 이유를 생각해보게 한다. '하나님에 대한 이미지 떠올려보기'를 통해 평소에 하나님에 대해 어떻게 생각하는지를 알아본다. '하나님에 대한 바른 시각 갖기'를 통해 성경에서 말하는 하나님에 대해 묵상하게 한다. 하나님에 대해 오해한 점이나 새롭게 알게 된 점을 나누는 중에 성경적인 변화를 갖도록 유도한다.

⑤ 정리 단계

그 동안의 용서 여정을 돌아보며 정리하는 단계다. 상처를 준 사람에 대한 생각이나 감정에 어떤 변화가 있었는가? 상처를 준 사람에 대해 앞으로 어떻게 대할 것인가? 용서 여정에 걸림돌이 무엇이며 어떻게 극복할 것인가? 이런 것들에 대해 되돌아보고 용서의 항해를 계속하도록 권면한다. 그 동안 용서프로그램을 함께 한 구성원들을 서로 칭찬하고 위로하고, 최종적으로 사후 설문을 통해 어떤 변화가 있었는지 전체적으로 평가를 한다.

나. 용서프로그램의 평가

설문지의 응답결과 자료를 회수한 후 응답내용이 부실하거나 신뢰성이 없다고 판단되는 자료는 제외하였으며, 분석이 가능하고 유용한 자료를 사례별로 입력하여 분석 처리하였다. 본 조사에서 수집된 자료의 통계처리는 데이터 코딩(data coding)과 데이터 크리닝(data cleaning) 과정을 거쳐 SPSS 12.0 for Windows 통계 패키지 프로그램을 활용하여 다음과 같은 방법으로 분석했다.

첫째, 실험집단과 통제집단의 사전 동질성 검사를 위해 카이제곱검정(chi-squared test)과 피셔 정확검정(Fisher's exact test)을 실시했다.

둘째, 표본의 일반적 특성을 파악하기 위하여 빈도분석(Frequency Analysis)을 실시했다.

셋째, 연구대상자의 인구통계학적 특성, 긍정감정과 부정감정 검사, 긍정사고와 부정사고 검사, 긍정행동과 부정행동 검사의 전반적 수준을 파악하기 위해 각각 빈도분석(frequency analysis)과 기술 통계 분석(descriptive analysis)을 실시하였다.

넷째, 통제집단 및 실험집단별 용서 프로그램 처치 전후 분노조절과 자존감 평균의 차이가 있는 대응표본 t-검증(Paired t-test), F검증을 실시하였다.

제4장
연구 결과

1. 구성 집단의 인구학적 특성

실험집단 15명과 통제집단 15명으로 구성된 인구학적 특성을 보면, 성별은 남자 17명, 여자 13명으로 각 56.7%, 43.3%로 구성되어 있으며, 학년은 중학생 17명, 고등학생 13명으로 성별과 같은 분포를 가지고 있다. 사건일은 6개월 전이 60%를 차지하고 있으며, 1~5년 전이 36.7%로 대부분이 5년 전에 겪은 것으로 나타났다.

가해자는 학교친구가 15명으로 50%를 차지하고, 가족이 7명으로 23.3%, 교사가 6명으로 20.0%를 차지하였다. 상처정도는 보통이 12명으로 40%, 많음이 8명으로 26.7%, 매우 많음이 5명으로 16.7%, 아주 조금이 4명으로 13.3%, 전혀는 1명을 3.3%를 차지하고 있다. 대부분 보통 이상의 상처를 가지는 것으로 보였다. 사건이 일어나기 전에 그 사람과의 친밀한 관계를 알아본 결과, 많음 이상이 17명으로 56.7%, 보통이 6명으로 20.0%, 전혀 친밀하지 않다고 응답한 사람이 5명으로 16.7%, 아주 조금은 2명으로 6.7%를 차지하였다. 사건의 심각한 정도는 보통 이상이 24명으로 80%, 보통 미만이 20%였다. 이 사건에 대해 부당한 정도를 살펴본 결과, 전혀 받을 만하지 않음이 17명으로 56.7%를 차지하고, 아주 조금은 9명으로 30.0%를 차지하였다. 보통 이상은 4명 정도로 나타났다. 이 사건의 고통 기간은 1개월 동안이 20명(66.7%)으로 가장 많았고, 2~12개월 동안은 5명, 1~5년은 5명으로 33.3% 나타났다.

〈표 4-1〉 전체집단의 인구학적 특성

구분		빈도	퍼센트
성별	남	17	56.7
	여	13	43.3
학년	중1	7	23.3
	중2	7	23.3
	중3	3	10.0
	고1	5	16.7
	고2	4	13.3
	고3	4	13.3
사건일	1개월 전	9	30.0
	2~6개월 전	9	30.0
	1~5년 전	11	36.7
	5년 이상	1	3.3
가해자	가 족	7	23.3
	학교친구	15	50.0
	교 사	6	20.0
	기타(선후배, 이웃)	2	6.7
상처정도	전 혀	1	3.3
	아주 조금	4	13.3
	보 통	12	40.0
	많 음	8	26.7
	매우 많음	5	16.7

친밀도	전 혀	5	16.7
	아주 조금	2	6.7
	보 통	6	20.0
	많 음	12	40.0
	매우 많음	5	16.7
심각정도	전 혀	1	3.3
	아주 조금	5	16.7
	보 통	9	30.0
	많 음	10	33.3
	매우 많음	5	16.7
부당도	전 혀	17	56.7
	아주 조금	9	30.0
	보 통	2	6.7
	많 음	2	6.7
고통기간	1개월	20	66.7
	2~6개월	2	6.7
	7~11가월	3	10.0
	1~5년 이상	5	16.7
	전 체	30	100.0

2. 실험군과 대조군의 동질성 검사

본 연구의 대상자는 국내 선교회의 중고등학생 총 30명을 대상으로 진행했다. 실험집단 15명, 통제집단 15명이며, 통제집단의 성별, 학년, 사건일, 가해자, 상처정도, 친밀도, 심각정도, 부당도, 고통기간을 변수로 하여 집단 간 동질성 검사를 하였으며, 대조군은 대상자 간의 프로그램 확산을 방지하기 위해 실험군을 분리하여 실험하였다. 대상자 선정기준은 기독청소년의 분노조절과 자존감에 경험한 자로서 서면으로 동의한 자로 한정하였다. 대상자 중 실험군은 15명, 대조군은 다른 경험이 없는 대상자 15명으로 총 30명을 참여자로 선정하였는데, 〈표 4-2〉와 같이 두 집단의 동질성을 검증결과 두 집단이 동질 한 것으로 나타났다.

〈표 4-2〉 실험군과 대조군의 동질성 검사

구분		그룹(%)		전체	$x^2 (t)$	p-value
		통제집단	실험집단			
성별	남	9(60)	8(53.3)	17(56.7)	0.119	.713[1]
	여	6(40)	7(46.7)	13(43.3)		
학년	중1	7(46.7)	0(0.0)	7(23.3)	0.5968	.055[2]
	중2	3(20.0)	4(26.7)	7(23.3)		
	중3	0(0.0)	3(20.0)	3(10.0)		
	고1	2(13.3)	3(20.0)	5(16.7)		
	고2	1(6.7)	3(20.0)	4(13.3)		
	고3	2(13.3)	2(13.3)	4(13.3)		
사건일	1개월 전	3(20.0)	6(40.0)	9(30.0)	2.359	.1822
	2~6개월 전	7(46.7)	2(13.3)	9(30.0)		
	1~5년 전	5(33.3)	6(40.0)	11(36.7)		
	5년 이상	0(0.0)	1(6.7)	1(3.3.)		
가해자	가족	5(33.3)	2(13.3)	7(23.3)	2.5214	.2592
	학교친구	8(53.3)	7(46.7)	15(50.0)		
	교사	1(6.7)	5(33.3)	6(20.0)		
	기타 (선후배, 이웃)	1(6.7)	1(6.7)	2(6.7)		

상처정도	전혀	0(0.0)	1(6.7)	1(3.3)	0.8839	.4732
	아주 조금	1(6.7)	3(20.0)	4(13.3)		
	보통	8(53.3)	4(26.7)	12(40.0)		
	많음	4(26.7)	4(26.7)	8(26.7)		
	매우 많음	2(13.3)	3(20.0)	5(16.7)		
친밀도	전혀	2(13.3)	3(20.0)	5(16.7)	3.126	.8442
	아주 조금	1(6.7)	1(6.7)	2(6.7)		
	보통	4(26.7)	2(13.2)	6(20.0)		
	많음	5(33.3)	7(46.7)	12(40.0)		
	매우 많음	3(20.0)	2)13.3)	5(16.7)		
심각정도	전혀	0(0.0)	1(6.7)	1(3.3)	4.514	.1002
	아주 조금	1(6.7)	4(26.7)	5(16.7)		
	보통	7(46.7)	2(13.3)	9(30.0)		
	많음	6(40.0)	4(26.7)	10(33.3)		
	매우 많음	1(6.7)	4(26.7)	5(16.7)		
부당도	전혀	5(33.3)	12(80.0)	17(65.7)	3.163	.0592
	아주 조금	6(40.0)	3(20.0)	9(30.0)		
	보통	2(13.3)	0(0.0)	2(6.7)		
	많음	2(13.3)	0(0.0)	2(6.7)		
고통기간	1개월 전	11(73.3)	9(60.0)	20(66.7)	3.75	.8652
	2-6개월 전	1(6.7)	1(6.7)	2(6.7)		
	7~12개월 전	1(6.7)	2(13.3)	3(10.0)		
	1~5년 전	2(13.3)	3(20.0)	5(13.7)		
전체		15(100)	15(100)	30(100)		

※참조: [1]chi-squared test, [2]Fisher' x exact test

3. 용서프로그램 운영의 결과 분석

연구문제 1, 2, 3, 4를 검증하기 위해 통제집단과 실험집단으로 구분하여 통계 결과를 분석했다. 먼저 통제집단에서는 〈표 4-3〉와 같이 용서, 자존, 분노 모두 사전과 사후에 평균의 차이를 보이지 않았다. 용서 관련 세부항목은 감정부분에서 부정 감정이 사후에 낮아진 것을 볼 수 있었고, 행동부분에서는 사전, 사후의 차이를 보이지 않았다. 사고부분에서는 긍정사고는 사전에 평균 23.60, 사후는 평균 24.27로 높아졌고, 부정적 사고는 사전에 20.87에서 사후 19.93으로 낮아졌다. 하나님 이미지는 친밀에서 사전 평균이 65.07, 사후 평균은 67.33으로 다소 높아졌다.

〈표 4-3〉 통제집단의 사전사후 결과

구분			평균	표준편차	t	p-value
용서	긍정감정	사전	21.60	13.79	-1.435	.173
		사후	21.93	13.49		
	부정감정	사전	22.87	13.52	2.751	.016
		사후	21.53	14.53		
	긍정행동	사전	25.87	14.71	-2.103	.054
		사후	26.27	14.53		
	부정행동	사전	18.80	14.07	1.705	.110
		사후	18.33	13.90		
	긍정사고	사전	23.60	13.98	-2.870	.012
		사후	24.27	14.19		
	부정사고	사전	20.87	16.75	3.108	.008
		사후	19.93	16.53		
	total	사전	133.60	16.28	1.769	.099
		사후	132.27	16.99		

자존감		사전	27.47	3.25	-.075	.941
		사후	27.53	1.60		
분노		사전	22.67	7.36	.306	.764
		사후	21.27	15.12		
하나님 이미지	친밀	사전	65.07	20.59	-2.605	.021
		사후	67.33	22.12		
	의심	사전	24.53	6.23	1.408	.181
		사후	23.80	5.89		
	두려움	사전	9.40	2.10	.367	.719
		사후	9.33	2.09		
	total	사전	99.00	23.05	-2.150	.050
		사후	100.47	24.27		

　반면 실험집단에서는 〈표 4-4〉과 같이 용서, 자존, 분노 모두 사전과 사후에 평균의 차이를 보였다. 용서관련 세부항목 모두에서도 차이를 보였는데, 감정부분에서 긍정감정은 사전평균 16.20에서 사후평균 26.3으로 높아졌고. 부정감정은 26.67에서 15.60으로 평균이 사후에 낮아졌다. 행동부분에서는 긍정행동은 사전 21.07에서 사후 31.00으로 평균이 높아졌고, 부정행동은 사전에 20.27, 사후 13.27로 평균이 낮아졌다. 사고부분에서는 긍정사고는 사전에 평균 21.93에서 32.87로 사후에 높아졌고, 부정사고는 사전에 19.93, 사후에 13.00으로 낮아졌다. 전체적으로 용서의 사전 평균은 126.07에서 사후 132.07로 높아진 결과를 보였다. 자존감은 사전에 27.47에서 사후 29.80으로 높아졌고, 분노는 사전에 22.33에서 21.60으로 낮아진 것으로 나타났다. 하나님 이미지에서 친밀과 토털 부분에서 사전, 사후에서 유의미한 평균 차이를 보였다. 친밀의 사전 평균은 65.60, 사후 평균은 74.87, total의 사전 평균은 99.20, 사후 평균은 110.00으로 높아졌다.

〈표 4-4〉 실험집단의 사전사후 결과

구 분			평균	표준편차	t-test	p-value
용서	긍정감정	사전	16.20	12.81	-10.550	.000
		사후	26.33	12.83		
	부정감정	사전	26.67	12.61	6.247	.000
		사후	15.60	9.96		
	긍정행동	사전	21.07	15.24	-9.160	.000
		사후	31.00	12.78		
	부정행동	사전	20.27	11.79	4.973	.000
		사후	13.27	8.34		
	긍정사고	사전	21.93	15.22	-7.079	.000
		사후	32.87	10.44		
	부정사고	사전	19.93	11.76	5.379	.000
		사후	13.00	8.08		
	total	사전	126.07	14.36	-2.217	.044
		사후	132.07	12.89		
자존		사전	27.47	3.07	-2.326	.036
		사후	29.80	2.48		
분노		사전	22.33	8.96	2.750	.016
		사후	21.60	8.29		
하나님 이미지	친밀	사전	65.07	20.59	-2.605	.021
		사후	67.33	22.12		
	의심	사전	24.53	6.23	1.408	.181
		사후	23.80	5.89		
	두려움	사전	9.40	2.10	.367	.719
		사후	9.33	2.09		
	total	사전	99.00	23.05	-2.150	.050

제5장

논의

본 연구는 하나님과의 수직적 관계 회복과 하나님 이미지의 성경적 변화에 중점을 둔 용서프로그램이 기독청소년의 분노 조절과 자존감 향상에 미치는 영향이 무엇인가를 살피는데 목적을 두었다. 관련된 이론에 근거하여 용서프로그램을 운영한 결과 다음과 같은 성과가 있었다.

1. 용서 프로그램에 의한 용서의 증가

용서프로그램에 참여한 실험집단은 그렇지 않은 통제집단에 비해 용서의 긍정적인 감정과 사고와 행동이 증가했다. 통계적으로 볼 때, 용서관련 세부항목에서 통제집단은 평균에서 유의미한 차이를 보이지 않았다. 그러나 실험집단에서는 용서관련 세부항목 모두에서 유의미한 차이를 보였다. 따라서 용서프로그램 운영을 통해 대인관계에 상처 경험이 있는 기독청소년들의 용서 능력이 향상되었음을 알 수 있었다.

이렇게 용서 능력이 향상될 수 있었던 것은 집단 참여자들이 주 호소 문제인 상처와 분노의 감정을 회피하지 않고 직면하여 용서프로그램을 통해 적극적으로 극복하려고 했던 점에 있었다. 처음에는 상처에 대해 생각하고 싶지도 않고 잊어버리려고 했다. 그러나 상처를 잊어버리려고 한다고 잊어지는 것이 아니고, 용서는 상대를 위한 것이기에 앞서 자신을 위한 것이라는 점에 많은 공감을 했다. 용서에 대한 바른 이해를 바탕으로 용서가 유익하다는 것을 알고, 용서프로그램을 통해 점진적으로 용서를 결단하게 되었다. 어떤 참여자는 가해자에 대해 평생 말을 하지 않고 지내려고 했으나 용서프로그램을 통해 용서를 결단하고 마음이 편해졌다고 했다. 용서를 하면 자신의 스타일이 구겨질 것 같았으나 실제 용서를 결정하니 자신이 대견스러웠다는 참여자도 있었다.

특히 '감정 자각하기'를 통해 자신의 내면에 생각보다 큰 분노가 자리하고 있다는 것을 발견하였고, 마음의 미운 감정을 회피하거나 부정하지 않고 적극적으로 표출하고 직면하여 해결하고자 하는 의지를 보였다.

'보내지 않은 편지'를 통해 자신에게 상처를 준 대상에게 속마음을 털어놓을 수 있어서 시원했고, 마음의 미움과 분노가 많이 사라진 것 같다고 했다. 또한 늘 억울하다고 생각하며 손해의식에 사로잡혀 있던 또 다른 자신에게 위로와 용기를 불어넣을 수 있었다고 했다.

그전에는 용서를 하면 자신이 손해를 보는 것 같고, 자존심이 구겨지는 것 같았으나 '용서의 약속'을 통해 용서를 약속함으로 자신이 한 단계 성숙해지고 자존감이 향상되는 것을 느끼게 되었다고 했다.

'용서에 대한 나의 생각'에서는 상대방의 사과를 인정하고 더 이상 같은 문제로 상대방에게 부정적인 감정을 가지지 않게 되어 좋았다고 했다.

'용서의 선물하기'를 통해 따뜻한 눈인사, 공감하는 한 마디, 상대의 좋은 점 찾기 등 내적인 것에서부터 시작하여 마음이 담긴 작은 선물에 이르기까지 용서를 실천하게 되었다. 앞으로도 상대방의 반응에 관계없이 용서의 가치를 알고, 용서의 마음을 지켜나가기로 했다.

2. 용서 프로그램에 의한 분노의 감소

용서프로그램에 참여한 집단은 그렇지 않은 집단에 비해 분노의 감정이 감소했다. 특히 용서프로그램의 활동 내용 중에 생각을 효과적으로 다루는 방법의 '사실 바로보기' '나의 생각 점검하기' '생각 전환하기' '새로운 눈으로 보기'를 통해 비합리적인 생각을 합리적인 생각으로 바꾸게 되었다. 이로써 친한 친구라도 화를 내거나 같이 싸울 수가 있고, 내 뜻대로 되지 않는다고 절망할 필요가 없다는 것을 깨닫게 되어 내면의 분노가 누그러졌다고 했다. 이상을 통해 용서프로그램이 기독청소년의 분노 조절에 효과가 있음을 알 수 있었다.

3. 용서 프로그램에 의한 자존감의 증가

용서프로그램에 참여한 집단은 그렇지 않은 집단에 비해 자존감의 정도가 증가했다. 이러한 변화는 용서프로그램을 운영하는 과정 중에

'나의 인간관계 돌아보기' '용서에 대한 경험 나누기' '용서에 대한 오해 바로하기' 등을 통해 내면의 미움과 분노가 해소되면서 자존감이 향상된 것으로 보인다. '용서의 선물 주기' 활동을 통해 자신에게 상처를 준 가해자를 용서할 뿐만 아니라 용서의 선물을 줄 수 있을 정도가 된 자신에 대해 대견스럽고 자랑스럽다고 말을 함으로 자존감 향상에 크게 기여했음을 알 수 있다.

자존감은 외부적으로 주어지거나 규정되어지기보다 스스로의 존재감을 자각하는데서 비롯되는 것을 알 수 있었다. 창조 당시 하나님께서 우리 개개인을 지으실 때 '보시기에 심히 좋은 존재'(창1:31) 창조하셨지만 문제 많은 세상에 살면서 본래의 모습을 상실하고, '만물보다 거짓되고 심히 부패한 마음'(렘17:9)으로 살아가고 있음을 보게 된다. 용서프로그램을 통해 상실한 마음, 부패한 마음을 회복하고 치유하는 효과가 있음을 보게 되었다.

4. 용서 프로그램에 의한 하나님 이미지의 변화

용서프로그램에 참여한 집단은 그렇지 않은 집단에 비해 왜곡된 하나님의 이미지가 성경적으로 변화되었다. 하나님과의 대신관계에서도 하나님의 사랑에 대해 막연하게 생각하고 마음 깊은 곳에 서운한 감정들이 감추어져 있었는데, 집단 활동을 통해 바른 이미지를 갖고 화해하는 계기가 되었다.

집단 활동 중 '하나님에 대한 나의 감정 돌아보기'에서 뭔가 일이 뜻대로 되지 않고, 가정이나 학교에서 문제가 생기면 하나님을 원망했다고 했다. '하나님께서 나를 왜 이런 어려움에 처하게 하시는가?' '내가 이처럼 곤경에 처해 있는데 하나님은 무엇을 하고 계시는가?' '나에게 피해를 주고 상처를 입힌 가해자를 왜 처벌하지 않고 그대로 내버려 두시는가?' 마음 깊은 곳에서 하나님을 원망하고 미워하고 분노의 마음이 있었다고 했다. 이런 마음이 있으면 기도도 되지 않고, 괜히 짜증이 나고, 친구들이나 가족들과 다툼이 자주 일어났다고 했다. 평소에는 분주한 학교생활로 인해 하나님을 잘 의식하지 못하고 막연하게 생각하고 멀게 느껴졌다고 했다.

그런데 '하나님에 대한 바른 시각 갖기' 활동에서 제시한 말씀을 묵상하고, 평소에 알고 있던 하나님과의 차이점을 적어보고 토론함으로, 하나님에 대한 오해가 많이 풀리고, 자신이 잘못 생각하고 있는 것을 깨닫게 되었다고 했다. '용서와 자비의 하나님'(사1:18), '늘 함께 하시는 하나님'(창35:3), '눈동자처럼 지키시는 하나님'(신32:10) '영원하신 하나님'(사40:28-29), '친구 되신 하나님'(요15:15), '말할 수 없는 탄식으로 기도하시는 하나님'(롬3:26)을 통해 잘못된 하나님의 이미지가 성경적으로 변하게 되었고, 하나님의 용서의 마음을 덧입어 가족이나 친구를 용서하고 화해할 수 있었다고 했다. 설교 말씀을 통해 용서에 대해 수없이 들었어도 피상적으로 느껴졌는데, 용서프로그램을 통해 용서하시는 하나님 이미지를 구체적으로 가질 수 있었고, 감정과 사고와 행동의 단계에 따라 주변 사람을 용서를 할 수 있는 자신감을 얻었다고 말하는 참여자도 있었다.

제6장
요약, 결론 및 제언

1. 요약

본 연구는 개혁주의 신학적 관점에서 용서의 의미와 의의를 살펴보고, 이를 바탕으로 수평적 인간관계 회복뿐만 아니라 하나님과의 수직적 관계 회복에 보다 큰 무게 중심을 둔 용서프로그램을 개발하여 그 효과를 살펴보고자 하는 목적으로 진행되었다. 개발된 용서 집단상담 프로그램은 특정 그룹의 기독청소년들을 대상으로 시행되었고, 특별히 그들의 분노조절과 자존감 향상에 미치는 영향을 구체적으로 알아보는 데 초점을 두었다.

이를 위해 연구자가 집중했던 연구문제는 하나님과의 올바른 관계형성의 중요성에 초점을 둔 용서프로그램이 기독청소년의 용서의 감정과 사고와 행동에 미치는 영향은 어떠한가? 용서프로그램이 기독청소년의 자존감 향상에 미치는 영향은 어떠한가? 용서프로그램이 기독청소년의 분노 조절에 미치는 영향은 어떠한가? 용서프로그램이 기독청소년의 하나님이미지에 대한 영향은 어떠한가? 등이었다.

이웃과의 관계뿐만 아니라 하나님과의 관계 회복에 중점을 둔 용서

프로그램을 운영한 결과 운영하기 전과 후에 용서, 자존감, 분노에 유의미한 변화가 있었다. 이로써 이 용서프로그램이 기독 청소년 실험집단의 용서, 자존감 향상, 분노조절에 유의미한 영향을 미쳤음을 알 수 있었다.

2. 결론

본 연구에서 개혁주의 상담 신학적 논의를 통한 용서프로그램의 개발과 운영 그리고 그 결과에 대한 통계학적 분석을 통하여 얻은 결론은 다음과 같다.

첫째, 용서프로그램이 기독청소년의 용서의 감정과 사고와 행동에 긍정적인 영향을 보였다. 이는 하나님과의 수직적 관계 회복을 위해서는 기독청소년 자신들이 먼저 하나님과의 관계에서 죄인임을 인식하고, 하나님으로부터 죄를 용서 받았다는 신앙적 체험을 하는 것이 상처를 준 상대방을 용서하는데 중요하게 반영된 것으로 볼 수 있다.

둘째, 용서프로그램이 기독청소년의 분노 조절에 긍정적인 영향을 보였다. 이는 하나님과의 수직적 관계 회복에 중점을 두되, 수평적 인간관계 회복도 함께 도모하는 용서프로그램이 기독청소년들의 용서에 대한 긍정적 사고와 감정과 행동에 영향을 미치는 것으로 볼 수 있다.

셋째, 용서프로그램이 기독청소년의 자존감 향상에 긍정적인 영향을 보였다. 이는 개혁주의 상담 신학적 관점에서 바라본 용서의 의미와

의의는 수평적 인간관계의 회복뿐만 아니라 수직적 차원의 하나님과의 관계 회복을 강하게 전치하고 요구하는 것과 연관된다.

넷째, 용서프로그램이 기독청소년의 하나님 이미지에 긍정적인 영향을 보였다. 이는 하나님과의 수직적 관계 회복을 위해서는 하나님의 이미지를 점검하고 상처로 인해 왜곡된 하나님의 이미지를 성경적으로 회복하는 가정에서 나온 반응으로 볼 수 있다.

그러므로 기독청소년들의 경우 수평적 인간관계에 중점을 둔 용서프로그램뿐만 아니라 하나님과의 수직적 관계 회복에 더 중점을 둔 용서프로그램이 보다 효과적이라 할 수 있다. 따라서 본 용서프로그램은 하나님과의 수직적 관계 회복에 중점을 두고, 수평적 인간관계 회복도 함께 도모하는 통합적 용서프로그램으로서 기독청소년들의 분노조절과 자존감 향상에 긍정적 영향을 미친다고 할 수 있다.

3. 제언

본 연구를 진행하면서 부족했던 점을 중심으로 다음 몇 가지를 제언하고자 한다.

첫째, 본 연구는 8회기라는 비교적 짧은 시간 동안에 이루어진 활동으로 완전한 용서가 이루어졌다고 보기 어려운 점도 있다. 이에 따라 보다 긴 기간 동안의 관찰과 지도를 통한 용서프로그램의 개발이 필요하겠다.

둘째, 본 연구는 편의상 8단계별로 이루어졌는데, 상담이 꼭 정해진 단계별로 이루어지는 것은 아니다. 따라서 단계를 초월하여 역사하시는 성령의 도우심을 늘 구하고 융통성 있게 운영하는 것이 필요하겠다.

셋째, 집단 활동의 내용이 많고 사고 중심적이어서 글로 적는 활동이 많아 다소 지루하게 느낀 점이 있었다. 따라서 청소년들의 수준에 맞게 놀이나 활동 중심으로 내용을 재구성할 필요가 있다.

넷째, 특정 선교단체의 청소년을 대상으로 용서프로그램을 운영했기 때문에 다른 교회학교의 청소년을 대상으로 하는 연구가 계속 필요하다.

다섯째, 본 연구는 30명이라는 제한된 인원으로 실시되어 그 효과가 제한적일 수 있기 때문에 일반 청소년들에 대한 보다 폭넓은 용서프로그램이 계속 개발되기를 바란다.

용서는 한 두 번의 활동으로 다 되는 것이 아니다. 성령의 역사하심 속에서 부단한 자기 성찰과 교육이 필요하다. 예수 그리스도의 장성한 분량에 이르도록 경건에 이르기를 힘써야 할 것이다. 용서하라는 주님의 가르침을 본받아 서로 용서하기를 힘씀으로, 우리 사회가 아름다운 하나님의 나라로 충만할 수 있기를 기대한다.

참고문헌

1. 국내 단행본

강봉규.「인간 발달」서울: 동문사, 2000.
고광필.「칼빈 신학의 논리」서울: U북 출판부, 2004.
_____.「신앙생활과 자아확립」광주: 복음문화사, 1995.
권이종, 남정걸.「사회 교육 및 청소년 프로그램 편람」서울: 교육과학사, 1988.
김광수 외.「용서를 통한 치유와 성장」서울: 학지사, 2016.
김광수.「용서상담 프로그램」서울: 학지사, 2012.
_____.「용서의 심리와 교육프로그램」파주: 한국학술정보, 2007.
김명수.「역사적 예수의 생애」서울: 한국신학연구소, 2004.
김성민.「분석심리학과 기독교」서울: 학지사, 2000.
김성환.「꿈과 치유의 멘토링」대전 그리심어소시에이츠, 2014.
_____.「꿈이 있는 치유」대전: 그리심어소시에이츠, 2014.
김영래.「기독교 교육과 앎」서울: 다산글방, 2002.
김중술.「(新)사랑의 의미」서울: 서울대학교출판부, 1998.
김현진.「성경과 목회 상담」서울: 도서출판 솔로몬, 2007.
박성수. "상담교육과 상담교육학"「한국교육의 맥」이성진(편), 서울: 나남출판, 1994.
박원호.「신앙의 발달과 기독교 교육」서울: 장로회신학대학교 출판부, 1966.
박형렬.「통전적 치유목회학」서울 도서출판 치유, 1994.
서봉연 외.「발달심리학」서울: 종단적성출판부, 1993.
송인섭.「인간심리와 자아개념」서울: 양서원, 1989.
심수명.「인격치료」서울: 학지사, 2004.
오성춘. "기독 청소년의 정체감 형성과 그 과제"「한국 교회 청소년 지도 그 과제와 전망저 4회 기독 가족 상담 세미나 편」서울: 기독교 윤리실천운동 기독가족상담소, 1995.
_____.「목회상담학」서울: 한국장로교출판사, 1993.
오세진 외.「심리학 개론」학지사, 1998.
오윤선.「청소년 이전 이해할 수 있다」서울: 예영 B&P, 2008.
_____.「청소년의 이해와 상담」서울: 예영 B&P, 2006.
이관직.「개혁주의 목회상담학」서울: 도서출판 대서, 2007.
임영식.「청소년 심리의 이해」서울: 학문사, 2004.

장휘숙.「청년심리학」서울: 학지사, 1999.

전성수.「복수당하는 부모들: 뇌 기반 자녀교육」서울: 베다니출판사, 2011.

정인석.「청년 심리학」서울: 재동문화사, 1966.

정정숙.「기독교 상담학」서울: 도서출판 베다니, 1994.

최윤미 외.「현대청소년심리학」서울: 학문사, 1998.

최정성.「청소년 핸드북」서울: 엘맨출판사, 1994.

하상격. "청소년 교도 사업"「황종건의 사외 교육」서울: 현대교육업적출판사, 1962.

한상철.「청소년문제행동」서울: 학지사, 2003.

허혜경, 김혜수.「청소년발달심리학」서울: 학지사, 2002.

현용수.「IQ는 아버지는, EQ는 어머니 몫이다①」서울: 서로사랑, 2004.

2. 국외 단행본

Capps, Donald. Daily Sins and Saving Virtues. Philadelphia: Fortress Press, 1987), 51.

Cosgrove, Mark P. Counseling of Anger. Nashville, TN.: W Publishing Group, 1988.

Edwards, K. "Sex Role Behavior and Religious Experience", In Research in Mental Health and Religious Behavior, edited by W. Donaldson, Jr. Atlanta: Psychological Studies Institute, 1976.

Erikson, E.H. Identityand the Life Cycle. New York: International University Press, 1959.

Glasser W. Control in the Classroom. New York: Harper & Row, 1986.

Jaffe, Michael L. Adolescence. New York: John Wiley & Sons, Inc, 1998.

Jung, Carl G. Psychology and Religion. Princeton, NJ: Princeton University, 1989.

Koonce, F. R. Understanding Your Teen-agers. Nashville: Broadman Press, 1991.

Les Carter & Frank Minirth. The Choosing to Forgive. New York: Work Book, Thomas Nelson Inc, 1997.

Louw, D. A Mature Fathe: Spiritual Drection and Anthropology in a Theology of Pastoral Care and Counseling. Leuven: Peeters, 1999.

Muuss, Rolf E. Theorise of Adolescence. New York: Random House, 1982.

Noth, J. Wrongding and forgiveness Philosophy, 62. 1987.

Palik, Laura E. "Image of God and Object Relations Theory of Human Development: Their Integration and Mutual Contribution to Development of God-Images, God-Concepts and Relationship with God". Phd. diss.: George Fox University, 2001.

Rizzuto, Ana-Maria. The Birth of the Living God. Chicago: University of Chicago, 1979.

Seamands, Stephen A. Ministry in the Image of God: the Trinitarian shape of christian Service. Downers Grove: IVP, 2005.

Thiele, Shera H. "Developing a Healing God Imge: Young Adults' Reflections on PaternalRelational Patterns as Predictors of God ImageDevelopment During Adolescence". Ph.D. diss.: New Orleans Baptist Theological Seminary, 2007.

Vernon, Ann. Children & Adolescents. Denver, CO.: Love Publishing Company, 2004.

Watts, Fraser. "Relating the Psychology and Theology of Forgiveness", Forgiveness in Context. New York: T & T Clak, 2004.

Winnicott, D.W. Playing and reality. London & New York: Routledge, 1997.

Worthington Jr., Everett L. 'Inita Question About the Art and Science of Forgiveness', Handbook of Forgiveness. New York : Routledge, 2005.

Zuck, Roy B. The Holy Spirit In Your Teaching. Wheaton: Scripture Press Publications Inc., 1963.

3. 번역서

제이 그린버그 & 스테판 밋첼. 「정신분석학적 대상관계 이론」 이재훈 역. 서울: 한국 심리 치료연구소, 1999.

토마스 C. 오든. 「케리그마와 상담」 이기춘, 김성민 역. 서울: 전망사, 1983.

찰스 셀. 「아직도 아물지 않은 마음의 상처」 서울: 두란노, 1992.

Adams, Jay, E. 「상담학 개론」 정정숙 역. 서울: 도서출판 베다니, 1992.

Alister McGrath. 「자존감」 윤종석 옮김. 서울: 두란노, 1995.

Anderson, Neil T. Victory Over the Darkness, 「내가 누구인지 이제 알았다」 유화자 역. 서울: 조이선교회, 1999.

Boice, James M. God the Redeemer. Downers Grove, IL: Inter-Varsity Press, 1978.

Carlson, David E. 「자존감」 기독교 상담 시리즈 6, 이관직 역. 서울: 두란노, 2002.

Chip Ingram, Johnson Becca. 「분노 컨트롤」 윤종석 역. 서울: 디모데, 2011.

Clair Michael St. 「인간의 관계경험과 하나님 경험」 이재훈 역. 서울: 한국 심리 치료 연구소, 1998.

Collins, Garry. R. 「크리스챤 카운슬링」 피현희 역. 서울: 두란노, 2000.

DeGrandis, Robert. 「용서는 신적 사랑」 서울: 성요셉출판사, 1991.

Fred, Luskin. 「용서 : 나를 위한 용서, 그 아름다운 용서의 기술」 장현숙 옮김. 서울: 랜덤하우스중앙, 2003.

Freud, Sigmund. Neue Folge der Vorlesungen zur Einfuhrung in die Psychoanalyse, 「새로운 정신분석 강의」 임홍빈, 홍혜경 공역. 서울: 열린책들, 1997.

Hunsinger, D. V. D. 「신학과 목회상담」 이재훈 역. 서울: 한국심리치료연구소, 2000.

Livingston, Gordon. 「너무 일찍 나이 들어버린 너무 늦게 깨달아버린」 서울: 웅진씽크빅 레더스북, 2013.

Mark P. Cosgrove. 「분노와 적대감」 김만풍 역, 서울: 두란노, 1996.

McGrath, John, Alister McGrath. Self-Esteem : The Crooss and Christian Confidence, 윤종석 역. 「자존감」 서울: 한국기독학생회, 2003

Moran, Gabriel. Religious Education Development: Images of the Future. 「종교교육발달」 사미자 역. 서울: 대한예수교장로회 총회출판국, 1998.

Rizzuto, Ana-Maria. 「살아있는 신의 탄생」 이재훈 역. 서울: 한국심리치료연구소, 2000.

Shimazu, Yoshinori. 「화내지 않는 기술」 김혜정 역. 서울: forbook, 2011.

Sledge, T. 「성인아이 치유를 위한 12단계」 노용찬 편, 인천: 도서출판 글샘, 1996.

4. 논문

강미경. "기독청소년의 사회성 증진을 위한 집단상담 프로그램 개발." 한남대학교 학제신학대학원 석사학위논문, 2002.
고은. "공격성과 분노 정서 유발이 얼굴 표정 정서 판단에 미치는 영향." 연세대학교 대학원, 석사학위논문, 2007.
김경혜. "자녀가 지각한 부모의 양육태도와 하나님 표상과의 관계." 침례신학대학교대학원, 석사학위논문, 2003.
김경희. "기독청소년의 대인관계 향상을 위한 집단상담 프로그램 개발." 한남대학교 학제신학대학원. 석사학위논문, 2002.
김곤. "기독청소년이 지각한 부모-자녀간 의사소통유형과 신앙성숙도와의 관계." 전주대학교 선교신학대학원, 석사학위논문, 2009.
김광수. "용서교육 프로그램 개발." 서울대학교대학원, 교육학박사학위논문, 1999.
김덕순. "청소년에 대한 이해와 교회교육을 통한 청소년 선교의 연구." 안양대학교 신학대학원, 석사학위논문, 2001.
김사훈. "내면화 과정과 하나님 이미지 형성 간의 관계 연구." 계명대학교대학원 박사학위논문, 2005.
김선배. "청소년 목회를 통한 교회성장." 총신대학교 신학대학원, 석사학위논문, 2000.
김시원. "용서의 윤리와 기독교 구속론의 새로운 해석." 이화여자대학교대학원, 박사학위논문, 2012.
김은경. "교회청소년을 위한 성서 학습지도." 장로회신학대학교 대학원, 석사학위논문, 1990.
김학규. "청소년 자아상 회복을 위한 학급선교 프로그램에 관한 연구." 드북대학교 목회학박사원, 박사학위논문, 2001.
노재연. "청소년의 긍정적 자아개념 형성을 위한 기독교교육 모델 연구." 서울신학대학교 대학원, 석사학위논문, 1995.
노항규. "용서 변화 현상 모델의 목회상담적 적용." 장로회신학대학교대학원, 박사학위논문, 2010.
류승현. "Carl R. Rogers의 人間中心的 相談技法과 그 牧會相談의 適用 可能性에 관한 考察." 호남신학대학교대학원, 석사학위논문, 2001.
문은주. "고등학생용 분노조절 프로그램 개발." 경북대학교대학원, 박사학위논문, 2010.
박강희. "하나님 표상과 하나님 경험에 대한 연구: 대상관계 이론을 중심으로." 이화여자대학교대학원, 석사학위논문, 2000.
박현정. "청소년 교회 이탈 심리에 대한 교회 상담연구.", 칼빈대학교 기독교상담대학원, 석사학위청구논문, 2005.
반민철. "Carl R. Rogers의 인간중심 상담과 성경적 상담의 비교 연구." 호남신학대학교대학원, 석사학위논문, 2011.
배은주. "기독교 가정의 부성부재와 하나님 이미지의 관계." 성경대학교신학전문대학원, 박사학위논문, 2010.
백선수. "하나님나라와 그의 의(義)를 통해 본 사랑과 정의." 협성대학교신학대학원, 석사학위논문, 2008.
백승숙. "교사-학생관계와 자아존중감, 정신건강, 학업성취도와의 연관성에 관한연구." 경희대학교대학원 석사논문, 2003.

손의석. "화풀이 신앙에정 프로그램을 통한 분노 치유 목회 연구." 장로회신학대학교 목회전문대학원, 박사학위논문, 2011.

송혜정. "집단상담 프로그램이 비행청소년의 공격성, 분노조절, 자아존중감 및 진로성숙도에 미치는 영향." 한서대학교 일반대학원, 박사논문, 2013.

안정미. "청소년들의 분노조절능력 및 공격성에 미치는 분노경험영역과 분노반응전략의 영향." 한서대학교 대학원, 박사학위논문, 2013.

양영주. "심방을 통한 상담설교로 자존감을 향상시키는 방안." 장로회신학대학교 목회전문대학원, 신학박사 논문, 2009.

염용철. "자녀의 마음속에 심겨진 하나님 이미지 형성에 관한 목회상담학적 연구." 계명대학교연합신학대학원, 석사학위논문, 2005.

오오현. "기독교인 용서상담 프로그램 개발 및 효과검증." 계명대학교대학원 박사학위논문, 2002.

윤한. "칼빈의 교회론 연구 : 기독교강요를 中心으로." 한신대학교신학대학원, 석사학위논문, 1998.

이경조. "기독 청소년의 분노 수준에 영향을 미치는 요인들의 관계구조 탐색과 목회상담 전략 개발 연구." 총신대학교 목회신학전문대학원, 박사학위논문, 2014.

이은선. "기독 청소년의 정체성과 교성적 돌봄의 상관관계." 서울장신대학교목회상담대학원 석사학위논문, 2006.

이의순. "하나님 이미지가 대인관계 용서에 미치는 영향(크리스천 성인 중심으로)." 총신대학교선교대학원, 2010.

이주하. "분노에 대한 성서적 이해와 극복방법." 경성대학교 대학원, 석사학위논문, 2015.

이창옥. "부모 양육태도와 하나님 이미지가 기독청소년의 사회적응성에 미치는 영향." 한남대학교대학원, 박사학위논문, 2013.

이희섭. "기독교 인지치료를 통한 긍정적인 자아개념 회복을 위한 연구." 장로회신학대학고 목회전문대학원, 박사학위논문, 2010.

임미옥. "청소년의 심리적 부적응에 관한 분노양상모형의 연구." 경기대학교대학원, 박사학위논문, 2011.

임영은. "21세기 한국 기독교인들의 종교적 회심 연구." 이화여자대학교 대학원, 석사논문 2012.

임철현. "낮은 자존감이 신앙에 미치는 영향과 치유방안." 목원대학교대학원, 석사학위논문, 2000.

장승희. "청소년 약물 남용에 관한 연구 : 서울시 청소년을 중심으로." 고려대학교대학원, 석사논문, 2006.

전희일. "청소년의 교회 부적응과 이탈의 원인분석 및 개선방안 연구." 명지대학교대학원 박사학위논문, 2007.

정미현. "대상관계 이론에서 본 유다를 위한 기독교교육 연구." 계명대학교대학원, 석사학위 논문, 2002.

정선미. "정신분석학적 대상관계이론에서 본 인간의 하나님 이미지 형성." 나사렛대학교 신학대학원, 석사학위논문, 2009.

정지환. "청소년 교육목회의 활성화 방안 연구." 호서대학교연합신학대학원, 석사학위논문, 1998.

조윤영. "부모애착에 의한 하나님 이미지가 진로태도 성숙에 미치는 영향에 관한 기독교 교육적 연구." 계명대학교대학원, 박사논문, 2013.

주삼제. "기독청소년의 전인적 치유방향에 관한 연구." 광신대학교신학대학원, 석사학위논문, 2013.

채유경. "청소년 분노 표현방식의 모델 및 조절효과 검증." 전남대학교대학원, 박사학위논문, 2001.

최미혜. "남성의 미용성형수술에 영향을 미치는 심리적 변인에 관한 연구." 성신여자대학교대학원, 박사학위논문, 2010.

최윤화. "청소년의 자아상과 가정의 심리 과정적 변인과의 관계." 동아대학교대학원, 박사논문, 2003.

Augustine Meier & Moisa Meier. "The Formation of Adolescents' Images of God", American Journal of Pastoral Counseling, Vol. 7. No.2, 2004.

Benvenuto, S. The strategy of forgiveness: The theory melancholia of S. Rado and O. Fenichel. Giornale storico di Psicologia Dinamica, 8(15). 138-158.

Christina Lambert & Sharon E. Kurpius. "Relationship of Gender Role Identity and Attiudes with Image of God" American Journal of Pastoral Counseling, Vol. 7. No.2, 2004.

Daniel J. Louw. A Pastoral Hermeneutics of Care and Encounter: A Theological Design for Basic Theory, Anthropology, 1999.

Droll, D. M. Forgiveness: Theory of research. Unpublished doctoral dissertation. University of Nevada-Reno, 1984.

Enright, R. D. et al.. Interpersonal Forgiveness within the helping professions: An attempt to resolve difference of opinion. Counseling and Values, 36.

George M. Soares-Prabhu, "As We Forgive: Interhuman Forgiveness in the Teaching of Jesus", Concilium 2, no.184, 1986.

Gillespie V. Bailey. "Religious Conversion and Identity: a Study in Relationship." Ph.D. Diss. Claremont Graduate School, 1973.

Glynn. Toward a Politics of forgiveness. The American Enterprise, September / October. 49-53.

Harry T. Triandis. "The Psychological Measurement of Cultural Syndromes." American Psychologist 51, 1996.

Katz K. Keniston, 'Youth: a New Stage of Life', American Scholar 39, 1970.

Linden M. The posttraumatic embitterment disorder. Psychother Psychosom(2003) 72, 195-202; Linden M., Baumann K. Rotter M, Schippan B. The psychopathology of posttraumatic embitterment disorder. Psychother Psychosom 40, 2007.

Mauger, P. A. et al.. The Measurement of forgiveness: Preliminary research. Journal of Psychology & Christianity, 11(2), 1992.

Michael E. McCullough and Everett L. Worthington, "Encouraging Clients to Forgive People Who have Hurt Them: Review, Critique, and Research Prospectus", Journal of Psychology and Theology 22, 1994.

Michael E. McCullough and Everett L. Worthington, "Encouraging Clients to Forgive People Who have Hurt Them: Review, Critique, and Research Prospectus", Journal of Psychology and Theology 22, 1994.

Noth, J. Wrongding and forgiveness Philosophy, 62, 1987.

Peek, D. L. Teenage suicide expression: Echoes from the fast. International Quarterly of Community Health Education, 10(1).

R. Gorsuch. "The Conceptualization of God as seen in Adjective Ratings", Journal for the Scientific Study of Religion 7, 1968.

Thornberg, H. D. Development in adolescence. CA: Books/Cole Publishing Company. Berkeley, CA: University of California Press, 1989.

Trainer. forgiveness: Intrinsic, role-expected, expedient, in the context of divorce. Unpublished doctoral dissertation, Boston University, 1981.

Wilson. Forgiveness and survivors of sexual abuse: Relationship among forgiveness of the perpetuator, sprit well-being, depression and anxiety. Unpublished doctoral dissertation, Boston University, 1994.

5. 정기 간행물

김성환. "한국교회 하나님 이미지에 대한 상담학적 연구."「성경과 상담」제11권, 서울: 한국성경적상담학회 (2011), 6.

_____. "전통종교의 하나님 이미지에 대한 상담학적 고찰."「성경과 상담」제10권(2010. 12), 105.

_____. "청소년 분노조절에 대한 기독교 상담학적 접근."「복음과 상담」제4권 (2010. 5) 26-30.

_____. "통합적 전인치유모델에 관한 연구: 하나님나라와의 연관성 중심으로."「복음과 상담」제21권(2013), 57.

_____. "화병(Hwa-byung)에 관한 목회상담적 소고 : 정신의학적 조망중심으로."「복음과 상담」제23권 1호 (2015), 13.

고한석 외. "외상 후 울분장애의 이해." Anxiety and Mood Vol 10, No1 (2014), 4-6.

권장희. "중독과 교회 교육: 중독 그 빠지기 쉬운 함정."「교육교회」421권(2013), 14-20.

김영희. "크리스천의 우울증에 대한 이해와 치유: God-images를 중심으로 한 목회상담적 접근."「복음과 상담」제9권(2007), 49.

김태수. "교회개혁을 위한 예수의 의로운 분노와 분노 상담에 대한기독교 상담학적 고찰."「성경과 신학」, Vol. 51(2009), 208.

대한예수교장로회총회 남선교회 지도위원회편.「교회와 청소년지도」서울: 대한예수교장로회 총회 출판국 (1991), 45.

반신환. "신 형상에 대한 Rizzuto의 대상관계론적 이해와 그 비판."「종교연구」13(1997), 213-228.

서울신학대학교 기독교신학연구소.「신학과 선교」24권(1999), 13-27.

서울특별시경찰국.「청소년선도지침」서울: 신우인쇄사(1985), 8.

심상권. "목회자와 열등감, 그 쓴 뿌리의 심리적 이해."「목회와 신학」(1996. 2), 55.

여성가족부.「2015청소년백서」서울: 한국장애인유권자연맹(2015), 396.

오영희. "용서를 통한 한의 치유 심리학적 접근."「상담과 심리치료」Vol7. No1. 한국심리학회지(1995), 78-79.

오영희. "한국인의 상처와 용서에 대한 조사." 서울: 교육심리연구, 20(2) 467-486.

오윤선. "말씀묵상기도를 통한 용서프로그램이 기독교 청소년의 용서경험 및 자아존중감에 미치는 효과."「복음과 상담」제19권(2012), 220.

_____. "말씀묵상기도를 통한 용서프로그램이 기독교 청소년의 용서경험 및 자아존중감에 미치는 효과."「복음과 상담」제19권, 222.

_____. "청소년 분노조절에 대한 기독교 상담학적 접근."「복음과 상담」제14권(2010. 5), 12.

오재욱. "고등학생의 분노 조절을 위한 인지행동적 시 치료 프로그램의 개발과 적용."「심리행동연구」Vol.3 No.1(2011), 58.

유수현. "청소년 스트레스에 대한 사회학적 접근."「신학논문총서」실천신학25. 학술정보자료사(2004)

유영권. "대상관계 심리학과 목회 상담(1)."「기독교사상」40(9)(1996), 85-98.

이상복. "화병에 관한 진단과 치료방법연구."「강남대학교 논문집」제41집(2003), 1-14.
이시형. "화병(火病)에 관한 연구." (서울:「고려병원잡지」제1권, 1977), 63-69.
전요셉, 배은주. "청소년의 부모 인식과 하나님 이미지와의 관계."「복음과 상담」제5권(2005), 321-346.
정동섭. "칼 로저스의 인간중심상담이론에 대한 기독교적 평가."「복음과 실천」16(1993.9), 347.
청소년 대책위원회.「청소년 백서」서울: 국무총리 행정조정실 청소년 대책위원회(1983), 3.
총회남선교회.「교회와 청소년지도」서울: 한국장로교출판사(2006), 45.
통계청.「2006년 청소년 통계」대전: 통계청(2006. 5)
통계청.여성가족부.「2016 청소년 통계」보도자료(2016. 5.), 16-32.
한국가정상담연구소.「가정과 상담」제103호(2006), 119-121.
한국정보화진흥원.「2014 국가정보화백서(요약본)」서울: 세일포커스(2014), 34.
한국청소년상담원 편.「2010 상담경향분석 보고서」서울: 청소년 상담원(2001), 15-17.
황순길. "오늘의 청소년 문제와 대책."「통일로」33(1991. 5). 96-98.
황혜리, 김지윤. "기독교 상담에서 하나님 이미지의 중요성 연구: 기독 대학생의 하나님 이미지와 영적 안녕, 심리적 안녕과의 관계를 중심으로."「한국기독교상담학회지」23(1)(2012), 263-286.

6. 사전

국립국어원,「표준국어대사전」http://stdweb2.korean.go.kr/search/List_dic.jsp
네이버 국어사전, http://krdic.naver.com/detail.nhn?docid=30457300
두산백과, http://terms.naver.com/entry.nhn?docId=1104571&cid=40942&categoryId=31531

7. 인터넷

뉴시스. "한국아동 삶 만족도 OECD 꼴찌-학업 스트레스 탓." (2014. 11. 4. 17:16) http://news.jtbc.joins.com/article/article.aspx?news_id=NB10629414
박주희. "고교생 5명중 1명 입시문제로 자살충동."「한겨레신문」(2006. 09.28 20:27)
  http://www.hani.co.kr/arti/society/schooling/160987.html
손석희. "하버드 나와서 미용사?…아동 행복지수 꼴찌."「JTBC」앵커브리핑(2014. 11. 4. 21:22) http://news.jtbc.joins.com/article/article.aspx?news_id=NB10629447
이상일. "우리 아이들 어쩌다가?" 삶의 만족도 OECD 최하위, 자살 충동 3.6% '깜짝',「미디어펜」(2014. 11. 4) http://www.mediapen.com/news/view/53309

부록

부록 1

용서프로그램 워크북

용서프로그램이 기독청소년의 분노조절과 자존감 향상에 미치는 영향

♣ 프로그램 소개

1. 프로그램의 목표

우리는 살아가면서 대인관계나 대신관계에서 분노를 느끼거나 자존감이 낮아지는 경험을 하게 된다. 본 프로그램은 이런 대인관계나 대신관계에서 겪게 되는 부정적 감정, 사고, 행동 등의 상처를 극복하여 건강한 인간관계를 형성하며, 하나님 이미지의 성경적 변화를 목표로 한다.

2. 프로그램의 내용

이러한 목표를 달성하기 위해 앞으로 8회기 동안 다음과 같은 내용으로 집단 프로그램이 진행된다.

먼저 한 개인으로서 가족, 친구, 이웃, 구성원 등의 대인관계에서 부당한 대우나 상처, 피해를 받았을 때 어떤 반응을 보이고, 어떻게 대처하는가를 살펴보고 이런 대처가 어떤 효과가 있는지 관찰해 볼 것이다.

우리에게 부당하게 상처를 준 상대에 대한 부정적 반응에서 벗어나 이를 극복할 뿐만 아니라 상대에 대해 긍정적인 반응으로까지 나아갈 수 있기 위해 갈등, 분노, 미움, 원한 등을 효과적으로 극복하기 위한 방법으로 용서 전략이 소개될 것이다. 용서에는 용서를 받는 것, 용서를 하는 것, 자기용서가 있는데, 여기서는 타인을 용서하는 대인용서에 초점을 맞추고, 대신관계에서는 하나님과의 화해를 중심으로 진행될 것이다.

세부 내용으로 용서의 개념, 용서의 필요성, 용서의 장애물, 용서의 과정, 용서의 방법 등에 대한 바른 이해와 구체적인 실천을 위한 집단 활동으로 이루어질 것이다. 이런 활동을 통해 상처를 치유하고, 상대를 용서하며, 하나님과의 관계를 회복하여 하나님에 대한 이미지를 성경적으로 변화시킬 수 있을 것이다.

진행 방법은 매회 중요한 개념에 대한 간략한 설명, 각자의 경험 나누기, 적용을 위한 활동, 참여한 후의 느낌 나누기, 마무리, 과제 부여로 이루어질 것이다.

♣ **용서프로그램의 구성**[1]

회기	단계	주요 활동 내용
1	도입	들어가기 : 자기소개, 규칙나누기, 인간관계 돌아보기
2	전개1	자각과 표현하기 : 내 마음은 무슨 색깔일까?
3	전개2	용서에 대한 이해, 선택과 결정 : 부정적 반응, 분노의 악순환에서 벗어나기
4	전개3	용서작업1 : 생각 다루기(부정적 사고에서 벗어나 새로운 눈으로 바라보기)
5	전개4	용서작업2 : 감정 다루기(부정적 감정에서 벗어나 긍정적 정서 키우기)
6	전개5	용서작업3 : 행동 다루기(고통을 받아들이고 용서의 선물 주기)
7	전개6	하나님 이미지 회복하기 : 왜곡된 하나님 이미지 바로하기
8	정리	정리하기 : 용서의 항해를 계속해요(용서나무 키우기, 나에게 선물하기)

1)김광수,「용서의 심리와 교육프로그램」(파주: 한국학술정보, 2007), 163-198과 「용서상담 프로그램」(서울: 학지사, 2012), 143-260에 기초하여 내용을 수정 보완함.

1회기

들어가기 (도입)

1. 목표
(1) 안마하기를 통해 긴장감을 풀고 구성원들과 하나 되는 시간을 가진다.
(2) 집단 활동의 목적을 이해하고 규칙을 인식한다.
(3) 별칭을 짓고 서로 나누면서 친밀감을 형성한다.
(4) 자신이 느끼고 있는 감정을 인식하고 진실하게 표현한다.

2. 준비물
강의 자료, 명찰, 학생활동지, 집단 참여일지, 경쾌한 음악, 카세트, 필기도구

3. 진행상 유의점
1회기에는 앞으로 8회기 동안 어떤 마음가짐으로 임해야 하는지를 잘 인식시키는 것이 중요하다. 최대한 자유로우면서도 적극적으로 참여할 수 있도록 분위기를 유도하고 자신의 정서를 인식하고 개방할 수 있도록 편안한 분위기를 조성하도록 한다.

4. 진행과정

(1) 안마하기 (5분)
- 준비 : 분위기를 띄워줄 수 있는 즐겁고 경쾌한 음악을 준비한다.
- 활동 : 모든 구성원이 오른쪽으로 돌아앉아 앞 사람의 어깨를 주물러 준다. 왼쪽으로 돌아앉아 앞 사람의 어깨를 주물러 준다. 서로 친밀감을 형성하도록 한다.

(2) 규칙 정하기 (15분)
- 준비 : 프로그램의 목적, 규칙, 별칭 짓기에 활용할 활동지를 준비한다.
- 활동
  ① 프로그램의 목적에 대해 간단히 설명한다.
  ② 규칙에 대해 알려주고 필요한 경우 추가하게 한다.
  ③ 집단 참여일지에 대해 설명하고, 진행자와 의사소통의 중요 수단임을 알려준다.
  ④ 명찰을 한 개씩 나눠주고, 불리고 싶은 별칭을 적고, 별칭의 의미와 이유에 대해 소개한다.

(3) 나의 인간관계 돌아보기 (20분)
- 준비 : 프로그램의 목적, 규칙, 별칭 짓기에 활용할 활동지를 준비한다.
- 활동
  ① 내가 좋아하는 사람
  – 누구? / 왜 그렇게 느끼는가?
  – 그 사람에 대한 나의 태도나 반응은?
  ② 가장 불편하고 힘든 관계를 맺고 있는 대상
  – 누구? / 왜 그렇게 느끼는가?
  – 그 사람에 대한 나의 태도나 반응은?

(4) 마무리 (5분)
- 오늘 프로그램을 하면서 느낀 점은?
- 프로그램의 목적과 규칙을 다시 한 번 읽어보도록 한다.
- 집단 참여일지를 작성하여 제출하도록 한다.

활동지1

1회기 : 들어가기 (도입)

1. 이 프로그램의 목적

우리는 살아가면서 대인관계나 대신관계에서 분노를 느끼거나 자존감이 낮아지는 경험을 하게 된다. 본 프로그램은 이런 대인관계나 대신관계에서 겪게 되는 부정적 감정, 사고, 행동 등의 상처를 극복하여 건강한 인간관계를 형성하며, 하나님 이미지의 성경적 변화를 목표로 한다.

2. 우리의 약속 (5분)
- 친구들의 솔직한 이야기를 집단 밖에서 절대 말하지 않는다.
- 친구들의 이야기를 귀 기울여 잘 듣고 이해하려고 노력한다.
- 나의 생각과 느낌을 솔직하게 표현한다.
- 집단 활동에 빠지지 않고 끝까지 적극적으로 참여한다.

3. 별칭 정하기 (10분)
- 좋아하는 단어를 머릿속에 떠올린 후 3~5가지 정도 적어본다.
  예) 자연, 동물, 식물, 좋아하는 단어 등
- 이 중에 가장 마음에 드는 것을 한 개 선택한다.
- 선택한 별칭에 대한 이유를 간단히 적어본다.

4. 나의 인간관계 돌아보기 (20분)

① 내가 좋아하는 사람

– 누구?

___

– 왜 그렇게 느끼는가?

___

– 그 사람에 대한 나의 태도나 반응은?

___

② 가장 불편하고 힘든 관계를 맺고 있는 대상

– 누구?

___

– 왜 그렇게 느끼는가?

___

– 그 사람에 대한 나의 태도나 반응은?

___

1회 집단 참여 일지

별칭 :

1. 지금 내 기분은 _____ 하다.

2. 나는 오늘 _____

_____ 을 깨닫게 되었다.

3. 오늘 프로그램 중에서 가장 인상적인 것은 _____

_____ 이다.

4. 오늘 프로그램에 참여한 소감과 진행자에게 하고 싶은 말은?

_____

_____

_____

_____

5. 다음 시간을 위한 과제 : 보내지 않는 편지 쓰기

과제 1

♡ 보내지 않는 편지 ♡

여러분은 누군가 때문에 속이 상하고, 화가 나고, 마음의 상처를 입은 경험이 있을 것입니다. 그런 일을 떠올려 보시고, 그때 내가 어떻게 느꼈고, 어떤 생각을 하고, 어떻게 행동했는지 적어보세요. 그리고 나에게 상처를 준 사람에게 하고 싶은 말을 솔직하게 적어보세요.

1. 무슨 일이 있었는가? (상처 받은 경험)

2. 그때 어떻게 느끼고, 어떻게 생각하고, 어떻게 행동했는가?
   - 느낌
   - 생각
   - 행동

3. 상처를 준 사람에게 하고 싶은 말은?

2회기

자각과 표현하기

1. 목표
가족, 친구, 집단 내의 구성원 등의 대인관계와 하나님과의 대신관계에서 피해나 상처를 경험할 때, 어떤 반응을 보이고, 어떻게 대처하며, 그러한 대처가 어떤 효과가 있는지 자각하고 표현해 본다.

2. 준비물
강의 자료, 명찰, 학생활동지, 집단 참여일지, 경쾌한 음악, 카세트, 필기도구

3. 진행상 유의점
2회기에는 대인관계와 다신관계에서 느낀 기쁜 감정, 슬픈 감정, 화난 감정을 잘 인식하고 표현할 수 있도록 돕는 것이 중요하다. 상처를 받을 때 고통을 느끼는 것은 정상적인 반응이다. 그러나 이 고통을 적절하게 표현하지 못하고 억압하거나 회피하게 되면 더 큰 문제를 야기하게 된다. 그러므로 이번 시간에는 갈등이나 상처나 피해를 경험할 때 나타나는 일반적인 반응과 대처방식을 살펴보고 이를 적절히 표현해 보도록 돕는다.

4. 진행과정

(1) 감정 형용사 붙이기 (5분)
- 준비 : 명찰을 나눠주고 그룹별로 모이게 한다.
- 활동

① 조용한 음악을 들려주며, 지금 자신의 감정이 어떠한지 생각해 본다.
② 자신의 감정을 형용사로 표현하여 자신의 이름 앞에 붙여본다.
③ 형용사로 표현된 자신의 별칭으로 그룹 친구들과 인사한다.
　　예) "저는 한심한, 답답한, 신나는, 행복한, 즐거운, …○○○입니다."

(2) 감정 자각하기 (15분)
• 준비 : 지난 회기의 과제인 [보내지 않는 편지]를 준비한다.
• 활동 :
　① [보내지 않는 편지]를 쓰면서 느낀 점에 대해 나눈다.
　　예) 좋았던 점, 힘들었던 점, 새로 알게 된 점
　② 갈등이나 상처, 피해를 경험할 때 각자 어떻게 반응하는지 나눈다.
　　예) 그때 나타났던 감정, 생각, 행동
　③ 가장 강렬하게 나타났던 반응은 무엇인가?
　　예) 아무 말도 안한다. 상대를 피해버린다. 화를 내며 따진다. 보복을 한다.
　④ [활동지2]에 적어보고 서로의 경험을 나눈다.

(3) 화가 나면 어떻게 행동하는 것이 좋을까요? (20분)
• 활동
　① 조용한 음악을 들으며 최근에 화가 났던 순간을 생각해 본다.
　② 화가 났을 때 어떤 행동을 했는지 활동지에 쓰도록 한다.
　③ 화가 났을 때 했던 행동의 효과에 대해 얘기해보도록 한다.
　④ 화가 났을 때 어떻게 행동하는 것이 좋을지에 대해 토론하고 대처 방안을 활동지에 기록한다.
　⑤ 그룹의 대표자가 그룹의 토론을 통해 찾은 좋은 대처방안을 전체 그룹에 발표하도록 한다.

(4) 마무리 (5분)
　① 그 동안 화가 났을 때 했던 행동이 어떤 결과를 가져왔는지 정리해 본다.
　② 화가 났을 때의 대처방법과 그 결과에 대해 진행자가 정리하고 좋은 방법을

나눈다.
③ 다음 시간에는 화나 불쾌한 감정을 일으키게 하는 비합리적인 생각을 합리적인 생각으로 바꾸는 연습을 한다는 점을 언급한다.
④ 집단 참여일지를 작성하여 제출하도록 한다.

◈ 화를 푸는 좋은 방법
화가 나는 것은 자연스러운 일입니다. 중요한 것은 '화를 푸는 방법'입니다. 다른 사람이나 자신에게 피해를 주지 않고 나중에 후회하지 않도록 화를 푸는 방법으로 다음과 같은 것이 있습니다.
- '나 화났다.'라고 말하기 : 화난 이유를 상대방에게 말하기
- 내 말을 잘 들어줄 사람에게 내 기분 말하기
- 심호흡하기 : 숨을 깊이 들이쉰 후 천천히 내쉬기
- 조용한 곳에서 화가 난 이유를 생각해 보기
- 베개 두드리기, 동네 한 바퀴 돌기, 화가 난 마음 글로 쓰기
- 화가 난 마음을 그림으로 그리기
- 남에게 방해되지 않는 곳에서 실컷 소리 지르기
- 친구나 어른들의 화 푸는 방법 물어보기
- 기도하기 : 솔직한 감정·마음을 표현하고 잘 해결할 지혜를 구하기
- 용서하기 : 화가 난 나머지 함부로 말을 하거나 다른 사람에게 피해를 주거나 물건을 망가뜨렸다면 '미안하다'고 사과하고 다시는 그러지 않기로 스스로 약속하고 그렇게 한 자신을 용서하기
- 상대방을 이해해 보려고 노력하고 용서하기

활동지2

별칭:

2회기 : 자각과 표현하기 (전개1)

1. 목표
가족, 친구, 집단 내의 구성원 등의 대인관계와 하나님과의 대신관계에서 피해나 상처를 경험할 때, 어떤 반응을 보이고, 어떻게 대처하며, 그러한 대처가 어떤 효과가 있는지 자각하고 표현해 본다.

2. 진행상 유의점
2회기는 대인관계와 대신관계에서 느낀 기쁜 감정, 슬픈 감정, 화난 감정을 잘 인식하고 표현해 보는 것이 중요하다. 상처를 받을 때 고통을 느끼는 것은 정상적인 반응이다. 그러나 이 고통을 적절하게 표현하지 못하고 억압하거나 회피하게 되면 더 큰 문제를 야기하게 된다. 그러므로 이번 시간에는 갈등이나 상처나 피해를 경험할 때 나타나는 일반적인 반응과 대처방식을 살펴보고 이를 적절히 표현해 보도록 한다.

3. 별칭에 감정 형용사 붙이기 (5분)
① 음악을 들으며, 지금 자신의 감정이 어떠한지 생각해 본다.
② 자신의 감정을 형용사로 표현하여 자신의 이름 앞에 붙여본다.
③ 형용사로 표현된 자신의 별칭으로 그룹 친구들과 인사한다.
　　예) "저는 한심한, 답답한, 신나는, 행복한, 즐거운, … ㅇㅇㅇ입니다."

4. 감정 자각하기 (15분)

- 준비물 : [보내지 않는 편지]
- 활동 : ① [보내지 않는 편지]를 쓰면서 느낀 점에 대해 나눈다.
  예) 좋았던 점, 힘들었던 점, 새로 알게 된 점

  _____

  ② 갈등이나 상처, 피해를 경험할 때 각자 어떻게 반응하는지 나눈다.
  예) 그때 나타났던 감정, 생각, 행동

  _____

  ③ 가장 강렬하게 나타났던 반응은 무엇인가?
  예) 아무 말도 안한다. 상대를 피해버린다. 화를 내며 따진다. 보복을 한다.

  _____

5. 화가 나면 어떻게 행동하나요? (20분)

① 마구 울어버린다.
② 화나게 한 사람을 마구 때린다.
③ 혼자서 꾹 참고 견딘다.
④ 화나게 한 사람에게 따지고 대든다.
⑤ 화나게 한 사람을 용서하려고 노력한다.
⑥ 기타 : 마구 먹는다. / 노래를 크게 부른다. / 다른 대상(강아지, 동생, 엄마)에게 화풀이 한다. / 탓하기 · 욕하기 · 비난하기 · 막말하기 · 물건 던지거나 부수기
⑦ 화가 날 때 사용할 수 있는 좋은 방법에는 어떤 것들이 있을까?

- _____
- _____

-
-
-
-

6. 다음 시간을 위한 과제
- 다음 시간에는 상처를 다루는 건강한 방법으로서 용서에 대해 살펴봅니다.
- 용서에 대한 나의 생각 적어보세요.

2회 집단 참여 일지

별칭:

1. 지금 내 기분은 _____ 하다.

2. 나는 오늘 _____

_____ 을 깨닫게 되었다.

3. 오늘 프로그램 중에서 가장 인상적인 것은 _____

_____ 이다.

4. 오늘 프로그램에 참여한 소감과 진행자에게 하고 싶은 말은?

_____

_____

_____

_____

_____

과제 2

♡ 용서에 대한 나의 생각 ♡

별칭 :

1. 용서란 무엇이며 왜 필요하다고 생각합니까?
_____
_____

2. 고통, 피해, 상처를 준 상대를 용서한다는 것은 어떻게 한다는 뜻일까요?
_____
_____

3. 상대방을 용서하기 위해서는 어떤 조건이나 기준이 만족되어야 할까요?
_____
_____

4. 상대방을 용서하는데 걸림이나 장애가 되는 것은 무엇일까요?
_____
_____

5. 이것이 극복되기 위해서 무엇이 필요하다고 생각합니까?
_____
_____

3회기

용서에 대한 이해, 선택과 결정 (부정적 반응, 분노의 악순환에서 벗어나기)

1. 목표
대인관계에서 상처나 피해를 입었을 때 이에 대한 대처 혹은 문제해결 방법으로써 용서에 대해 바르게 이해하고 용서를 선택 또는 결정한다.

2. 준비물
강의 자료, 명찰, 학생활동지, 집단 참여일지, 경쾌한 음악, 카세트, 필기도구

3. 진행상 유의점
우리의 생각이 감정과 행동에 영향을 미친다는 것을 이해하고, 자신의 상황에 적용해보도록 한다. 생각이 달라지면 느낌도 달라질 수 있음을 이해하고 인지적 측면에서의 변화를 핵심주제로 다룬다. 비합리적인 생각을 찾아 합리적인 생각으로 바꿔보도록 수용적이고 자유로운 분위기를 조성한다.

4. 진행과정

(1) 감정 형용사 붙이기 (5분)
- 준비 : 명찰을 나눠주고 그룹별로 모이게 한다.
- 활동 : ① 조용한 음악을 들려주며, 지금 자신의 감정이 어떠한지 생각해 본다.
  ② 자신의 감정을 형용사로 표현하여 자신의 이름 앞에 붙여본다.
  ③ 형용사로 표현된 자신의 별칭으로 그룹 친구들과 인사한다.
    예) "저는 우울한, 서글픈, 재미있는, 화려한, 멋스러운, … ㅇㅈㅇ입니다."

(2) 용서에 대한 나의 경험 나누기 (15분)
- 준비물 : 2회기의 과제 [용서에 대한 나의 생각]
- 활동 : ① 용서를 받아본 경험 나누기 : [용서에 대한 나의 생각]을 참고하여
  1) 언제 2) 무슨 일로 3) 누구에게서 4) 용서 받은 소감에 대해 적어보게 한다.
  ② 용서를 해준 경험 나누기 : 1) 언제 2) 무슨 일로 3) 누구를 4) 어떤 이유로 5) 용서 해준 소감에 대해 적어보도록 한다.

(3) 용서와 관련한 토의 (15분)
- 용서가 잘 되지 않는 이유가 무엇인가? (용서의 장애물, 걸림돌은?)
- 용서하지 않을 때 어떤 문제가 생길 수 있는가?
- 용서하기 위해 어떤 대가를 치러야 하는가?
- 용서를 촉진할 수 있는 방법에는 어떤 것들이 있을까?
- 기타 논의할 것들

(4) 용서에 대한 나의 입장 (10분)
  ① 나에게 고통, 피해, 상처를 준 대상을 용서하는 것을 내 문제 해결의 한 방법으로 고려하거나 채택하려 하는가?
  ◎ 그렇다면 왜? :
  ◎ 그렇지 않다면 왜? :
  ② 내가 상대를 용서하는데 장애나 걸림이 되는 것이 있다면 무엇인가?
  ③ 이것이 극복되기 위해 무엇이 필요하다고 생각하는가?

5. 마무리 (5분)
  ① 그 동안 화가 났을 때 어떤 행동을 했는가를 정리해 본다.
  ② 진행자는 용서의 개념과 특성에 대해 정리하고 좋은 방법을 나눈다.
  ③ 다음 시간에는 '용서 선택하기'에 대해 살펴보며, 과제로 '용서의 약속'을 적어 오도록 한다.
  ④ 집단 참여일지를 작성하여 제출하도록 한다.

☆ 참고 자료 ☆

1. 용서의 개념
용서란 상처를 준 상대에 대한 부정적 느낌, 생각, 행동을 극복하고 긍정적 느낌, 생각, 행동을 갖게 되는 것이다. 용서란 피해를 준 상대방에 대해 갖게 되는 부정적인 감정과 판단을 극복하는 것으로, 이는 이러한 판단과 감정을 가질 권리를 부인하는 것이 아니라 상대방이 그럴 만한 자격이 없음에도 불구하고 상대를 자비, 동정심, 사랑으로 대하려고 노력하는 인지적, 정서적, 행동적 복합 반응이다. 용서가 나타나는 과정은 첫째, 한 개인이 깊은 상처로 고통 받게 되어 분노가 생긴다. 둘째, 상처받은 사람이 분노할 수 있는 도덕적 권리가 있지만 그럼에도 불구하고 이를 극복한다. 셋째, 동정심과 사랑을 포함해서 상대에 대한 새로운 반응이 나타난다. 넷째, 피해를 준 사람을 사랑해야 할 의무가 없다는 것을 알지만 그럼에도 불구하고 이러한 사랑의 반응이 나타난다. 용서할 때 상대에 대한 부정적인 정서, 판단, 행동이 사라지고, 긍정적 정서, 판단, 행동이 나타난다.

2. 용서의 특성
- 용서는 시간이 걸리는 길고 어려운 과정이 될 수 있다.
- 용서는 개인이 정의(正義, justice)에 대한 의식을 가질 때 가능하다.
- 용서는 자유로운 선택에 의해 이루어지며 강요할 성질의 것은 아니다.
- 용서는 상호 관계적인 것으로 피해를 받는 사람이 가해자가 될 수도 있다.
- 용서가 이루어지기 위해서는 피해를 준 자가 반드시 먼저 사과해야 할 필요는 없다.
- 용서의 어려움은 피해의 정도나 피해 이전의 관계 그리고 용서를 이해하고 용서를 선택하는 능력과 같은 개인의 내적인 심리 특성에 따라 달라진다.

활동지3

별칭:

3회기 : 용서에 대한 이해, 선택과 결정 (전개2)

1. 목표
대인관계에서 상처나 피해를 입었을 때 이에 대한 대처 혹은 문제해결 방법으로써 용서에 대해 바르게 이해하고 용서를 선택 또는 결정한다.

2. 진행상 유의점
우리의 생각이 감정과 행동에 영향을 미친다는 것을 이해하고, 자신의 상황에 적용해보도록 한다. 생각이 달라지면 느낌도 달라질 수 있음을 이해하고 인지적 측면에서의 변화를 시도해 본다. 비합리적인 생각을 찾아 합리적인 생각으로 바꿔보도록 수용적인 태도로 임한다.

3. 별칭에 감정 형용사 붙이기 (5분)
① 음악을 들으며, 지금 자신의 감정이 어떠한지 생각해 본다.
② 자신의 감정을 형용사로 표현하여 자신의 이름 앞에 붙여본다.
③ 형용사로 표현된 자신의 별칭으로 그룹 친구들과 인사한다.
　예) "저는 우울한, 서글픈, 재미있는, 화려한, 멋스러운, … ㅇㅇㅇ입니다."

4. 용서에 대한 나의 경험 나누기 (15분)

- 준비물 : 2회기의 과제 [용서에 대한 나의 생각]
- 활동

① 용서를 받아본 경험 나누기 : [용서에 대한 나의 생각]을 참고하여

1) 언제 :

2) 무슨 일로 :

3) 누구에게서 :

4) 용서 받은 소감 :

② 용서를 해준 경험 나누기

1) 언제 :

2) 무슨 일로 :

3) 누구를 :

4) 어떤 이유로 :

5) 용서 해준 소감 :

5. 용서와 관련한 토의 (15분)

- 용서가 잘 되지 않는 이유가 무엇인가? (용서의 장애물, 걸림돌은?)
- 용서하지 않을 때 어떤 문제가 생길 수 있는가?
- 용서하기 위해 어떤 대가를 치러야 하는가?
- 용서를 촉진할 수 있는 방법에는 어떤 것들이 있을까?
- 기타 논의할 것들

6. 용서에 대한 나의 입장 (10분)

① 나에게 고통, 피해, 상처를 준 대상을 용서하는 것을 내 문제 해결의 한 방법으로 고려하거나 채택하려 하는가?

- 그렇다면 왜? :

- 그렇지 않다면 왜? :

② 내가 상대를 용서하는데 장애나 걸림이 되는 것이 있다면 무엇인가?

③ 이것을 극복되기 위해 무엇이 필요하다고 생각하는가?

7. 다음 시간을 위한 과제
- 다음 시간에는 '용서 선택하기'에 대해 살펴봅니다.
- 이에 따른 '용서의 약속'을 적어보시기 바랍니다.

♣ 휴게실 ♣

- **용서란?**

나를 힘들게 하고 화나게 하고 상처를 준 사람에 대해 갖게 되는 부정적인 느낌, 생각, 행동을 없애고, 상대에 대해 긍정적인 느낌, 생각, 행동을 하는 것입니다.

- **용서의 좋은 점**

용서를 하면 마음이 편해집니다. 몸이 건강해집니다. 행복한 마음을 더 많이 느끼게 됩니다. 짜증이나 화가 줄어듭니다. 더 넓은 마음으로 사람들을 볼 수 있게 됩니다. 내가 하는 일에 더 집중할 수 있는 힘이 생깁니다.

- **용서 관련 말씀**

"노하기를 더디 하는 것이 사람의 슬기요, 허물을 용서하는 것이 자기의 영광이니라."(잠19:11)

"서서 기도할 때에 아무에게나 혐의가 있거든 용서하라. 그리하여야 하늘에 계신 너희 아버지께서도 너희 허물을 사하여 주시리라."(막11:25)

"만일 하루에 일곱 번이라도 네게 죄를 짓고 일곱 번 네게 돌아와 내가 회개하노라 하거든 너는 용서하라 하시더라."(눅17:4)

3회 집단 참여 일지

별칭 :

1. 지금 내 기분은 _____ 하다.

2. 나는 오늘 _____

_____ 을 깨닫게 되었다.

3. 오늘 프로그램 중에서 가장 인상적인 것은 _____

_____ 이다.

4. 오늘 프로그램에 참여한 소감과 진행자에게 하고 싶은 말은?

_____

_____

_____

_____

_____

_____

과제 3

♡ 용서의 약속 ♡

> 별칭 :

- 나는 _____ 을/를 용서하겠습니다.
- 나는 _____ 이/가 나에게 한 _____ 이 옳다고 생각하지 않습니다. 하지만 나는 _____ 에게 복수하려고 생각하지 않겠습니다.
- 나는 _____ 이/가 잘되기를 바랍니다.
- 나는 _____ 에 대한 나쁜 마음이나 생각을 멈추고 상대를 이해하도록 노력하겠습니다.

2016년   월   일
이름 :   (인)

4회기

용서 작업1 : 생각 다루기 (부정적 사고에서 벗어나 새로운 눈으로 바라보기)

1. 목표
대인관계에서 상처나 피해를 입었을 때 우리의 생각을 효과적으로 다루는 방법을 익히고 활용함으로 자기 회복, 자기 치료를 통해 용서를 촉진한다.

2. 준비물
강의 자료, 명찰, 학생활동지, 집단 참여일지, 경쾌한 음악, 카세트, 필기도구

3. 진행상 유의점
용서는 강요에 의해 억지로 이루어지는 것은 아니라 자유로운 선택에 의해 이루어지며 시간이 걸리는 일련의 과정이다. 우리에게 무슨 일이 일어났는가 보다 더 중요한 것은 그 일에 대해 어떻게 생각하는가이다. 상대를 용서하기로 선택하고 결정함으로 용서는 시작되고 촉진되는 전환점이 마련된다. 이번 회기에는 용서가 촉진되도록 우리의 생각을 효과적으로 관리하고 반응하는 방법을 이해하고 이를 각자의 경우에 활용하도록 한다.

4. 진행과정

(1) 감정 형용사 붙이기 (5분)
- 준비 : 명찰을 나눠주고 그룹별로 모이게 한다.
- 활동
  ① 3회기 때와 같이 조용한 음악을 들으며 지금 자신의 감정이 어떠한지 생각해

본다.
② 자신의 감정을 형용사로 표현하여 자신의 이름 앞에 붙여본다.
③ 형용사로 표현된 자신의 별칭으로 그룹 친구들과 인사한다.
　　예) "저는 상쾌한, 청명한, 드높은, 싱그러운, … ○○○입니다."

(2) 용서에 대한 나의 입장 돌아보기 (15분)
- 준비물 : 지난 회기의 과제 [용서의 약속]
- 활동 :
  ① 갈등과 상처를 준 사람에게 다음의 이유를 솔직하고 사실대로 적어보기

용서를 원하는 이유	용서를 원치 않는 이유

② 상대에 대해 용서를 원하는지, 용서하려고 노력하는 중인지, 용서에 대해 좀 더 생각해 보려는지… 기타 어떤 입장인지 이야기 해보기

(3) 생각을 효과적으로 다루는 방법 (20분)
① 사실 바로보기
- 자신이 경험한 사건과 상대에 대해 어떻게 생각하고 있는가?
- 자기 자신에게 어떻게 말하고 있는가?
  – 하나하나 떨어진 짧은 문장으로 적을 것
  – 너무 깊게 생각하지 말고 떠오르는 대로 간단히 빨리 적을 것

[예시]
1) 그 사람이 어떻게 나에게 그럴 수 있는가?
2) 그 사람은 전혀 남을 생각하지 않는 이기적인 사람이야
3) 그 사람은 믿을 수 없는 이중적인 사람이야
4)
5)

② 나의 생각 점검하기
• 평소 혹은 상처 입은 사건과 관련하여 나는 어떤 생각을 자주 하고 있는가?

비합리적 생각	⇨	합리적 생각
1) 친한 친구라면 절대 나에게 상처를 줘서는 안 돼	⇨	친한 친구라도 나에게 상처를 줄 수가 있어
2) 친한 친구는 절대 나에게 화를 내서는 안 돼	⇨	친한 친구라도 화를 내거나 같이 싸울 수가 있어
3) 내가 원하는 대로 되지 않으면 불행한 거야	⇨	내 뜻대로 되지 않는다고 절망할 필요는 없어
4) 나는 모든 면에서 남보다 뛰어나야 해	⇨	
5) 남에게 상처를 준 사람은 반드시 벌을 받아야 해	⇨	

③ 생각 전환하기

> • 나에게 상처를 준 사람에 대해 생각해 보기
> • 그 사람에게 화가 났을 때 내가 했던 비합리적인 생을 적어 보기
> • 어떻게 생각하면 더 좋았을지 적어 보기

• 나에게 상처를 준 사람에 대해 나는 어떻게 생각했는가?

• 어떻게 생각했으면 더 좋았을까?

---

④ 새로운 눈으로 보기
- 새로운 눈으로 보기의 개념
    - 당시 사건과 가해자에 대해 다른 관점에서 보기
    - 당시의 상황과 맥락에서 사건과 가해자를 새로운 시각에서 바라보기
- 새로운 눈으로 보기 위해 고려할 사항
    - **양면성** : 인간의 존엄성과 인간 행동의 선천적 오류의 가능성
    - **과거 상황의 영향** : 가해자의 성장과정, 양육방식의 문제 고려
    - **당시 황상의 영향** : 사건 당시 가해자가 처한 상황, 스트레스 고려

6. 다음 시간을 위한 과제
- 다음 시간에는 '나의 감정 다루기'에 대해 살펴봅니다.
- '나에게 보내는 편지'를 미리 적어보시기 바랍니다.

☆ 휴게실 ☆

- **지영이의 고민**

지영이는 요즘 친구 민정에게서 배신감을 많이 느낀다. '얼마 전까지 지영이는 민정이를 제일 친한 친구라 생각했는데…. 그래서 학교 끝나고 집에도 늘 같이 가고, 고민도 털어놓고 했는데….' 지영이는 민정이와의 우정에 대해 심각하게 고민하고 있다.

지난 화요일에 있었던 일이다. 2교시 쉬는 시간에 선생님께서 책 한 권을 주시며 도서실에 반납을 하고 오라고 지영이에게 심부름을 시키셨다. 지영이는 늘 그랬듯이 친구 민정이와 심부를 같이 갈 생각으로 민정이 자리로 갔다. "민정아, 도서실에 책 반납하러 가야 하는데 같이 갈 거지?" 그런데 민정이는 아무 대답이 없이 짝과 함께 앞 시간에 풀던 수학문제만 계속 들여다보고 있었다. 지영이는 민정이가 자신의 말을 듣지 못했다고 생각해서 조금 더 큰 소리고 다시 한 번 물었다. "민정아, 선생님 심부름으로…." 그런데 민정이는 지영이의 말이 끝나기도 전에 잔뜩 찡그린 얼굴로 "오늘은 너 혼자가. 난 이 수학문제를 계속 풀어야겠어."라며 지영이의 부탁을 거절하는 것이었다. 지영이는 갑자기 너무 당황하여 아무 말도 하지 못했다. '언제나 나에게 친절했던 민정이가, 내가 부탁하면 거절하지 않고 잘 들어주던 민정이가 내 부탁 거절하다니….' 지영이는 아무렇지도 않은 듯 심부름을 다녀왔지만, '늘 나를 잘 대해주던 민정이가 어떻게 나한테 그럴 수가 있을까….' 하는 생각에 하루 종일 수업에 집중할 수가 없었다.

- **생각해보기**

1. 지영이는 어떤 생각을 했기 때문에 화가 나서 수업에 집중하지 못했을까요?

2. 지영이가 어떻게 생각하면 더 좋았을까요?

4회 집단 참여 일지

이름:

1. 지금 내 기분은 _____ 하다.

2. 나는 오늘 _____

_____ 을 깨닫게 되었다.

3. 오늘 프로그램 중에서 가장 인상적인 것은 _____

_____ 이다.

4. 오늘 프로그램에 참여한 소감과 진행자에게 하고 싶은 말은?

_____

_____

_____

_____

_____

과제 4

♡ 나에게 보내는 편지 ♡

별칭 :

나에게 상처를 준 상대와 당시 상황을 새로운 관점으로 보기 위해 상대의 입장에서 나에게 보내는 편지를 써봅시다.

_____
_____
_____
_____
_____

2016년   월   일
이름 :   (인)

♡ 상대방이 되어 나에게 보내는 편지를 쓰고 나서

1. 어떤 점에서 상대방을 새로운 눈으로 볼 수 있게 되었나요?
_____

2. 새로운 눈으로 보고난 후 어떤 느낌과 생각이 들었나요?
_____

5회기

용서 작업 2 : 감정 다루기 (부정적 감정에서 벗어나 긍정적 정서 키우기)

1. 목표
대인관계에서 상처나 피해를 입었을 때 나타나는 부정적인 감정을 극복하고 가해자의 입장에서 느껴봄으로 자기 회복, 자기 치료를 통한 용서를 촉진한다.

2. 준비물
강의 자료, 명찰, 학생활동지, 집단 참여일지, 경쾌한 음악, 카세트, 필기도구

3. 진행상 유의점
이번 시간에는 우리에게 다해를 준 상대방에 대한 부정적인 감정을 극복하고 더 나아가 상대방에 대한 긍정적인 감정을 느낄 수 있도록 우리의 정서적 능력을 향상시킬 수 있는 방법을 이해하고, 이를 각자의 경우에 활용함으로써 자기 회복과 내적 성장을 이끌어내는 용서를 촉진하도록 한다.

4. 진행과정

(1) 감정 형용사 붙이기 (5분)
- 준비 : 명찰을 나눠주고 그룹별로 모이게 한다.
- 활동
  ① 3회기 때와 같이 조용한 음악을 들으며 지금 자신의 감정이 어떠한지 생각해 본다.
  ② 자신의 감정을 형용사로 표현하여 자신의 이름 앞에 붙여본다.
  ③ 형용사로 표현된 자신의 별칭으로 그룹 친구들과 인사한다.
     예) "저는 상쾌한, 청명한, 드높은, 싱그러운, … ㅇㅇㅇ입니다."

(2) 상대에 대한 나의 감정 돌아보기 (15분)
- 준비물 : 지난 회기의 과제 [상대방의 입장에서 나에게 보내는 편지]
- 활동

  ① 지금 이 순간 당신에게 잘못했거나 피해를 준 상대에 대해 어떤 감정이 느껴지는가? 또는 어떤 감정을 갖고 있는가?

  ② 이 프로그램에 참여하여 상대방에 대해 얘기를 시작한 이후 그/그녀에 대한 당신의 감정에 어떤 변화가 있었는가? 있었다면 어떤 변화인가?

(3) 정서적 능력을 향상시키는 방법 (30분)
① 상대방의 입장이 되어 느껴보기(공감하기)

   1) 힘들거나 궁지에 몰렸을 때 다른 사람으로부터 공감이나 지지를 받은 경험이 있는가?
      - 어떤 상황에서 / 누구에게
      - 어떻게 도움이 되었나?

   2) 가해자가 되어 느껴보기 1

      - 잠시 동안 조용히 눈을 감고 당신에게 잘못을 했거나 피해를 준 사람의 입장이 되어 보기 (가해자의 입장이 어떠했을지 상상해 보고 다음 질문에 답해보자.)
        - 가해자로서 당신은 어떤 심정인가? 무엇을 느끼는가?
        - 다른 사람들이 당신을 좋아하는가?
        - 어떤 걱정이 있는가? 있다면 무슨 걱정인가?
      - 가해자가 되어보니 어떤 느낌인가?

   3) 가해자가 되어 느껴보기 2 : 빈 의자 기법

      - 의자 두 개를 마주하게 놓는다. 첫 번째는 왼쪽 의자에 가해자가 앉아 있다고 가정하고, 피해자가 오른 쪽 의자에 앉아 가해자에게 하고 싶은 말이나 상대방에 대해 느낀 점을 말한다. 두 번째는 위치를 바꾸어 피해자가 가해자의 자리에 앉아 피해자에 대해 하고 싶은 말이나 상대방에 대해 느낀 점을 말한다.

② 동정심 키우기

- 동정심은 상대방의 고통을 함께 느끼며 그 고통에 반응하는 정서적 능력이다.
- 동정심은 공감보다 한 단계 높은 감정으로, 동정심을 느낄 때 상대를 비난하지 않고 상대를 이해하며, 상대의 고통을 함께 느끼고, 사랑의 마음으로 상대를 바라보게 된다.
- 동정심을 느낄 때 우리 마음은 좋은 느낌으로 가득하게 된다. 가해자에 대해 분노 대신 동정심을 느낄 수 있을 때 우리는 마음의 전환을 경험하게 된다.

- 어느 누구에게 동정심을 느껴본 적이 있는가? 현재 동정심을 느끼고 있는 사람은?
- 내가 알고 있거나 들어본 사람 중에 동정심이 있는 사람은 누구인가? 어떤 점에서 그런가?
- 내게 상처를 준 사람이 힘들어하는 모습이 상상되거나 불쌍하게 느껴지는 것이 있는가? 상대방의 그 고통을 지금 함께 느껴볼 수 있는가?

③ 마음의 전환

- '마음의 전환'은 상처 경험의 결과 나타나는 부정적인 반응에서 긍정적인 반응으로 대처방향을 전환하는 것이다.
- 부정적인 감정을 계속 품는 것은 우리 자신을 불행하게 만든다. 자비와 동정심으로 다른 사람을 더 사랑하며 살기로 결심할 때 '마음의 전환'을 경험하게 된다.
- '마음의 전환'은 정서적 회복과 치료의 전제 조건이 된다.

- '마음의 전환'을 경험해본 적이 있나요? 언제 어떻게?
- '마음의 전환'을 위해 필요한 것이 뭘까요?
- 나에게 상처를 준 사람에 대해 '마음의 전환'을 경험한 적이 있나요?

④ 다른 사람으로부터 용서받을 필요성 느끼기
　1) 우리의 불완전성에 대한 자각
　　우리는 뜻하지 않는 일로 인해 스트레스를 받거나 곤경에 처하게 되면 당황하여 실수하거나 다른 사람에게 피해를 주기도 한다. 이는 우리가 분완전하기 때문이며 이러한 때 상대방에게 용서를 구할 필요가 생기게 된다.

- 크든 작든 누군가 당신을 용서해준 경험을 적어보세요.
- 내가 행한 어떤 행동 때문에 용서를 받을 필요를 느낀 적이 있나요? 언제 어떻게?
- 자신의 경험에 비추어 볼 때 다른 사람에 의해 용서를 받는 것과 내가 다른 사람을 용서하는 것 사이에 어떤 관계가 있다고 생각하시나요?

5. 다음 시간을 위한 과제
- 다음 시간에는 '나의 행동 다루기'에 대해 살펴봅니다.
- '용서 구하기 계획과 실천'을 미리 적어보시기 바랍니다.

활동지5

별칭 :

5회기 : 용서 작업2 : 감정 다루기 (전개4)

1. 목표
대인관계에서 상처나 피해를 입었을 때 나타나는 부정적인 감정을 극복하고 가해자의 입장에서 느껴봄으로 자기 회복, 자기 치료를 통한 용서를 촉진한다.

2. 진행상 유의점
이번 시간에는 우리에게 드 해를 준 상대방에 대한 부정적인 감정을 극복하고 더 나아가 상대방에 대한 긍정적인 감정을 느낄 수 있도록 우리의 정서적 능력을 향상시킬 수 있는 방법을 이해하고, 이를 각자의 경우에 활용함으로써 자기 회복과 내적 성장을 이끌어내는 용서를 촉진하도록 한다.

3. 별칭에 감정 형용사 붙이기 (5분)
① 3회기 때와 같이 조용한 음악을 들으며 지금 자신의 감정이 어떠한지 생각해 본다.
② 자신의 감정을 형용사로 표현하여 자신의 이름 앞에 붙여본다.
③ 형용사로 표현된 자신의 별칭으로 그룹 친구들과 인사한다.
   예) "저는 상쾌한, 청명한, 드높은, 싱그러운, … ㅇㅇㅇ입니다."

4. 상대에 대한 나의 감정 돌아보기 (15분)

- 준비물 : 지난 회기의 과제 [상대방의 입장에서 나에게 보내는 편지]
- 활동

    ① 지금 이 순간 당신에게 잘못했거나 피해를 준 상대에 대해 어떤 감정이 느껴지는가? 또는 어떤 감정을 갖고 있는가?

    _____

    ② 이 프로그램에 참여하여 상대방에 대해 얘기를 시작한 이후 그/그녀에 대한 당신의 감정에 어떤 변화가 있었는가? 있었다면 어떤 변화인가?

    _____

5. 정서적 능력을 향상시키는 방법 (30분)

① 상대방의 입장에서 느껴보기(공감하기)

> 공감은 자신에 대한 의식을 잃지 않으면서 상대의 입장에서 상대방이 느끼는 것처럼 느끼는 것이다. 피해자의 입장에서 볼 때 가해자에 대해 공감하는 것은 쉬운 일은 아니므로 부담이 된다면 억지로 할 필요는 없다. 하지만 연습을 통해 공감하는 능력을 키울 수 있고, 진정한 자기 회복을 위해서는 의미 있는 일이다.

1) 힘들고 어려울 때 다른 사람으로부터 공감이나 지지를 받은 경험이 있는가?
   - 어떤 상황에서 / 누구에게 : _____
   - 어떻게 도움이 되었나? : _____

2) 가해자가 되어 느껴보기 1
잠시 동안 조용히 눈을 감고 당신에게 잘못을 했거나 피해를 준 가해자의 입장이 되어 보기 (가해자의 입장이 어떠했을지 상상해 보고 다음 질문에 답해보자.)

- 가해자로서 당신은 어떤 심정인가? 무엇을 느끼는가?

    _____

- 가해자로서 다른 사람들이 당신을 좋아하는가?

    _____

- 가해자로서 어떤 걱정이 있는가? 있다면 무슨 걱정인가?

    _____

가해자가 되어보니 어떤 느낌인가?

_____

3) 가해자가 되어 느껴보기 2 : 빈 의자 기법
의자 두 개를 마주하게 놓는다. 첫 번째는 왼쪽 의자에 가해자가 앉아 있다고 가정하고, 피해자가 오른 쪽 의자에 앉아 가해자에게 하고 싶은 말이나 상대방에 대해 느낀 점을 말한다. 두 번째는 위치를 바꾸어 피해자가 가해자의 자리에 앉아 피해자에 대하여 하고 싶은 말이나 상대방에 대해 느낀 점을 말한다.

② 동정심 키우기

- 동정심은 상대방의 고통을 함께 느끼며 그 고통에 반응하는 정서적 능력이다.
- 동정심은 공감보다 한 단계 높은 감정으로, 동정심을 느낄 때 상대를 비난하지 않고 상대를 이해하며, 상대의 고통을 함께 느끼고, 사랑의 마음으로 상대를 바라보게 된다.
- 동정심을 느낄 때 우리 마음은 좋은 느낌으로 가득하게 된다. 가해자에 대해 분노 대신 동정심을 느낄 수 있을 때 우리는 마음의 전환을 경험하게 된다.

- 어느 누구에게 동정심을 느껴본 적이 있는가? 현재 동정심을 느끼고 있는 사람은?

  _____

- 내가 알고 있거나 들어본 사람 중에 동정심이 있는 사람은 누구인가? 어떤 점에서 그런가?

  _____

- 내게 상처를 준 사람이 힘들어하는 모습이 상상되거나 불쌍하게 느껴지는 것이 있는가? 상대방의 그 고통을 지금 함께 느껴볼 수 있는가?

  _____

③ 마음의 전환

> - '마음의 전환'은 상처 경험의 결과 나타나는 부정적인 반응에서 긍정적인 반응으로 대처방향을 전환하는 것이다.
> - 부정적인 감정을 계속 품는 것은 우리 자신을 불행하게 만든다. 자비와 동정심으로 다른 사람을 더 사랑하며 살기로 결심할 때 '마음의 전환'을 경험하게 된다.
> - '마음의 전환'은 정서적 회복과 치료의 전제 조건이 된다.

– '마음의 전환'을 경험해본 적이 있나요? 언제 어떻게?

  _____

– '마음의 전환'을 위해 필요한 것이 뭘까요?

  _____

– 나에게 상처를 준 사람에 대해 '마음의 전환'을 경험한 적이 있나요?

_____

④ 다른 사람으로부터 용서받을 필요성 느끼기

1) 우리의 불완전성에 대한 자각
우리는 뜻하지 않는 일로 인해 스트레스를 받거나 곤경에 처하게 되면 당황하여 실수하거나 다른 사람에게 피해를 주기도 한다. 이는 우리가 불완전하기 때문이며 이러한 때 상대방에게 용서를 구할 필요가 생기게 된다.

– 크든 작든 누군가 당신을 용서해준 경험을 적어보세요.

_____

– 내가 행한 어떤 행동 때문에 용서를 받을 필요를 느낀 적이 있나요? 언제 어떻게?

_____

– 자신의 경험에 비추어 볼 때 다른 사람에 의해 용서를 받는 것과 내가 다른 사람을 용서하는 것 사이에 어떤 관계가 있다고 생각하시나요?

_____

6. 다음 시간을 위한 과제
- 다음 시간에는 '나의 행동 다루기'에 대해 살펴봅니다.
- '용서 구하기 계획과 실천'을 미리 적어보시기 바랍니다.

5회 집단 참여 일지

이름 : _____

1. 지금 내 기분은 _____ 하다.

2. 나는 오늘 _____

_____ 을 깨닫게 되었다.

3. 오늘 프로그램 중에서 가장 인상적인 것은 _____

_____ 이다.

4. 오늘 프로그램에 참여한 소감과 진행자에게 하고 싶은 말은?

_____

_____

_____

_____

_____

_____

과제 5

♡ 용서 구하기 계획과 실천 ♡

별칭 :

※ 내가 누군가에게 피해나 상처를 주었던 경험을 떠올려 보고, 다음과 같이 용서 구하기의 계획과 실천을 적어 봅시다.

1. 누구에게 무슨 문제로 피해나 상처를 주었는가?
   - 누구에게

   - 무슨 문제로

2. 언제, 어떤 방법으로 피해나 상처를 주었는가?
   - 언제

   - 어떤 방법으로

3. 용서를 구할 때 사용할 구체적인 말이나 행동은?
   - 용서를 구하는 말

   - 용서를 구할 행동

6회기

용서 작업3 : 행동 다루기 (고통을 받아들이고 용서의 선물주기)

1. 목표
고통을 다른 사람에게 떠넘기지 않고 받아들이며, 가해자에 대해 좋은 일을 하거나 용서의 선물을 줌으로 적극적으로 상처를 치유하고 고통으로부터 자유를 촉진한다.

2. 준비물
강의자료, 명찰, 학생활동지, 집단 참여일지, 경쾌한 음악, 카세트, 필기도구, 간단한 선물

3. 진행상 유의점
이번 시간에는 용서의 경험을 통해 용서의 필요성을 이해하고, 용서를 위한 구체적인 행동을 할 수 있도록 돕는 단계다. 용서의 행동으로 용서의 선물을 만들기를 하고, 선물의 의미에 대해 이야기 해보도록 한다.

4. 진행과정

(1) 감정 형용사 붙이기 (5분)
- 준비 : 명찰을 나눠주고 그룹별로 모이게 한다.
- 활동
  ① 조용한 음악을 들으며 지금 자신의 감정이 어떠한지 생각해 본다.
  ② 자신의 감정을 형용사로 표현하여 자신의 이름 앞에 붙여본다.

③ 형용사로 표현된 자신의 별칭으로 그룹 친구들과 인사한다.
  예) "저는 너그러운, 마음이 넓은, 자비로운, … ○○○입니다."

(2) 선물 받은 경험 나누기 (10분)
- 준비물 : 5회기의 과제 [용서 구하기 계획과 실천]
- 활동
  ① 지금까지 받은 선물 중에서 가장 인상적인 것은?
  ② 선물이 특별히 기억에 남는 이유는 뭘까요?
  ③ 용서의 선물을 준다는 것은 어떤 의미가 있을까요?

(3) 용서에 대한 오해 바로 잡기 (10분) : 다음 문제에 ○, X로 답해보세요.
① 용서는 잊는 것이다. ( )
   용서는 상처를 정확히 기억하고 직면하여 이해함으로서 상처를 치료하는 방법이다. 용서를 통해 '회복적 기억'이 가능하다.
② 용서는 참는 것이다. ( )
   용서하면 상처로 인한 고통에서 벗어나지만, 참으면 고통 속에서 괴롭고 상처가 지속된다.
③ 용서하면 정의가 훼손된다. ( )
   용서는 부당함을 확인하는 것에서 출발하며, 다시는 부당한 일이 일어나지 않도록 예방하는 것이다.
④ 용서하면 화해해야 한다. ( )
   용서가 화해의 문을 열어주기는 하지만 용서한다고 꼭 화해해야 하는 것은 아니다. 용서가 내면 치유의 관점이라면 화해는 양자의 관계가 치유되는 과정이다. 화해를 위해서는 상대방의 진심 어린 반성과 사과와 피해자의 안전이 확보되어야 한다.
⑤ 용서는 나를 위한 것이다. ( )
   용서는 상대방을 위한 것이 아니라 오히려 상처받은 자신을 치유하기 위한 것이다. 상처와 피해로 인한 고통으로부터 나를 해방시켜주는 것이 바로 용서다.

(4) 용서의 선물 주기 (15분)
상대방에 대한 부정적인 감정이나 생각이 쉽게 변하지 않고 용서하려는 마음이 잘 생기지 않더라도 자신의 행동을 통제하여 상대방에 대한 부정적 행동 반응을 줄여 나가면 점차 생각과 감정도 바뀔 수 있다.

> ※ 통제이론(control theory) : 인간의 전체 행동을 구성하는 인지, 감정, 행동, 신체 및 생리적 반응 중에서 가장 빨리 개입하여 변화를 가져올 수 있는 것이 행동인데, 어떤 일을 하고자 할 때 아직 마음이 내키지 않고 생각이나 감정이 준비가 되어 있지 않았더라도 먼저 행동으로 실행을 하면 생각이나 감정도 따라오게 된다는 이론.[2]
> 예)공부하기 싫은데 일단 도서관에 가서 자리에 앉으면 공부하고 싶은 마음이 생긴다.

① 용서의 선물
  1) 상대방에 대한 부정적인 감정이나 생각이 쉽게 변하지 않고 용서하려는 마음이 잘 생기지 않더라도 자신의 행동을 통제하여 상대방에 대한 부정적 행동 반응을 줄여나가면 점차 생각과 감정도 바뀔 수 있다.
  2) 선물 목록 예시 : 구체적인 물건이나 행동, 상징적인 것 모두 가능 / 비난하지 않기, 상대방의 장점 찾기, 눈 맞추며 반갑게 인사하기, 먼저 안부 묻기, 먼저 말 걸기, 따뜻한 말 한 마디 건네기, 상대의 말에 공감하며 들어주기, 웃어주기, 기도하기, 칭찬하기, 손 잡아주기, 등 두들겨 주기, 안아주기, 따뜻한 마음을 담은 쪽지나 카드 전하기, 작은 선물(과자, 수첩, CD, 책) 하기
② 현재 상황에 가장 알맞은 선물 고르기
  – 마음에 부담이 되지 않고, 선물하고 나서도 편할 수 있는 것 생각해 본다.
  1) 현재 상황에서 줄 수 있는 선물이 무엇인가요?
  2) 선물을 주었을 때의 내 느낌이 어떨 것 같나요?
③ 실천 가능한 범위 내에서 선물 전달 계획을 세우기
  – 누구에게, 무엇을, 언제, 어떻게, 예상되는 상대의 반응
④ 선물 전달하기
  • 나에게 상처를 준 사람을 새롭게 대할 준비를 한다.
  – 잠시 눈을 감고 심호흡하며 마음의 준비를 한다.
  – 나에게 상처를 준 사람과 요즘 어떻게 지내는지 생각해본다.

- 선물을 주면서 어떤 태도를 취할 것인지 생각해 본다.
• 두 사람씩 짝을 지어 선물 전달하는 연습을 한다.
- 짝1이 먼저 선물을 한다. 이어서 짝2가 선물을 전달한다.
- 선물을 전달하며 어떤 생각이나 느낌이 들었는지 서로 이야기 해본다.

5. 다음 시간을 위한 과제
• 다음 시간에는 '하나님의 이미지'에 대해 살펴봅니다.
• '하나님에 대한 나의 생각'을 미리 적어보시기 바랍니다.

---

2) Glasser W., Control in the Classroom (New York: Harper & Row, 1986)

활동지6

이름 :

용서 작업3 : 행동 다루기 (고통을 받아들이고 용서의 선물주기)

1. 목표
고통을 다른 사람에게 떠넘기지 않고 받아들이며, 가해자에 대해 좋은 일을 하거나 용서의 선물을 줌으로 적극적으로 상처를 치유하고 고통으로부터 자유를 촉진한다.

2. 진행상 유의점
이번 시간에는 용서의 경험을 통해 용서의 필요성을 이해하고, 용서를 위한 구체적인 행동을 할 수 있도록 돕는 단계다. 용서의 행동으로 용서의 선물을 만들기를 하고, 선물의 의미에 대해 이야기 해보도록 한다.

3. 별칭에 감정 형용사 붙이기 (5분)
① 3회기 때와 같이 조용한 음악을 들으며 지금 자신의 감정이 어떠한지 생각해 본다.
② 자신의 감정을 형용사로 표현하여 자신의 이름 앞에 붙여본다.
③ 형용사로 표현된 자신의 별칭으로 그룹 친구들과 인사한다.
 예) "저는 용감한, 마음이 넓은, 용서하는, … ○○○입니다."

4. 진행과정

(1) 감정 형용사 붙이기 (5분)
- 준비 : 명찰을 나눠주고 그룹별로 모이게 한다.
- 활동
  ① 조용한 음악을 들으며 지금 자신의 감정이 어떠한지 생각해 본다.
  ② 자신의 감정을 형용사로 표현하여 자신의 이름 앞에 붙여본다.
  ③ 형용사로 표현된 자신의 별칭으로 그룹 친구들과 인사한다.
     예) "저는 너그러운, 마음이 넓은, 자비로운, … ○ ○ ○입니다."

2) 선물 받은 경험 나누기 (10분)
- 준비물 : 5회기의 과제 [용서 구하기 계획과 실천]
- 활동
  ① 지금까지 받은 선물 중에서 가장 인상적인 것은?
  ② 선물이 특별히 기억에 남는 이유는 뭘까요?
  ③ 용서의 선물을 준다는 것은 어떤 의미가 있을까요?

(3) 용서에 대한 오해 바로하기 (10분)

※ 다음 문제에 ○,X로 답해보세요.
  ① 용서는 잊는 것이다. (   )
     용서는 상처를 정확히 기억하고 직면하여 이해함으로써 상처를 치료하는 방법이다. 용서를 통해 '회복적 기억'이 가능하다.
  ② 용서는 참는 것이다. (   )
     용서하면 상처로 인한 그 고통에서 벗어나지만, 참으면 고통 속에서 괴롭고 상처가 지속된다.
  ③ 용서하면 정의가 훼손된다. (   )
     용서는 부당함을 확인하는 것에서 출발하며, 다시는 부당한 일이 일어나지 않도록 예방하는 것이다.

④ 용서하면 화해해야 한다. (　)
  용서가 화해의 문을 열어주기는 하지만 용서한다고 꼭 화해해야 하는 것은 아니다. 용서가 내면 치유의 관점이라면 화해는 양자의 관계가 치유되는 과정이다. 화해를 위해서는 상대방의 진심 어린 반성과 사과와 피해자의 안전이 확보되어야 한다.
⑤ 용서는 나를 위한 것이다. (　)
  용서는 상대방을 위한 것이 아니라 오히려 상처받은 자신을 치유하기 위한 것이다. 상처와 피해로 인한 고통으로부터 나를 해방시켜주는 것이 바로 용서다.

(4) 용서의 선물 주기 (15분)

> ※ 통제이론(control theory) : 인간의 전체 행동을 구성하는 인지, 감정, 행동, 신체 및 생리적 반응 중에서 가장 빨리 개입하여 변화를 가져올 수 있는 것이 행동인데, 어떤 일을 하고자 할 때 아직 마음이 내키지 않고 생각이나 감정이 준비가 되어 있지 않았더라도 먼저 행동으로 실행을 하면 생각이나 감정도 따라오게 된다는 이론.
> 예)공부하기 싫은데 일단 도서관에 가서 자리에 앉으면 공부하고 싶은 마음이 생긴다.

① 용서의 선물
1) 상대방에 대한 부정적인 감정이나 생각이 쉽게 변하지 않고 용서하려는 마음이 잘 생기지 않더라도 자신의 행동을 통제하여 상대방에 대한 부정적 행동 반응을 줄여나가면 점차 생각과 감정도 바뀔 수 있다.
2) 선물 목록 예시 : 구체적인 물건이나 행동, 상징적인 것 모두 가능 / 비난하지 않기, 상대방의 장점 찾기, 눈 맞추며 반갑게 인사하기, 먼저 안부 묻기, 먼저 말 걸기, 따뜻한 말 한 마디 건네기, 상대의 말에 공감하며 들어주기, 웃어주기, 기도하기, 칭찬하기, 손 잡아주기, 등 두들겨 주기, 안아주기, 따뜻한 마음을 담은 쪽지나 카드 전하기, 작은 선물(과자, 수첩, CD, 책) 하기

② 현재 상황에 가장 알맞은 선물 고르기
 - 마음에 부담이 되지 않고, 선물하고 나서도 편할 수 있는 것 생각해 본다.

1) 현재 상황에서 줄 수 있는 선물이 무엇인가요?

_____

2) 선물을 주었을 때의 내 느낌이 어떨 것 같나요?

_____

③ 실천 가능한 범위 내에서 선물 전달 계획을 세우기

- 누구에게
- 무엇을
- 언제
- 어떻게
- 예상되는 상대의 반응

④ 선물 전달하기
◎ 나에게 상처를 준 사람을 새롭게 대할 준비를 한다.
- 잠시 눈을 감고 심호흡하며 마음의 준비를 한다.
- 나에게 상처를 준 사람과 요즘 어떻게 지내는지 생각해본다.
- 선물을 주면서 어떤 태도를 취할 것인지 생각해 본다.

◎ 두 사람씩 짝을 지어 선물 전달하는 연습을 한다.
- 짝1이 먼저 선물을 한다. 이어서 짝2가 선물을 전달한다.
- 선물을 전달하며 어떤 생각이나 느낌이 들었는지 서로 이야기 해본다.

5. 다음 시간을 위한 과제
- 다음 시간에는 '하나님의 이미지'에 대해 살펴봅니다.
- '하나님에 대한 나의 생각'을 미리 적어보시기 바랍니다.

6회 집단 참여 일지

이름 :

1. 지금 내 기분은 _____ 하다.

2. 나는 오늘 _____

_____ 을 깨닫게 되었다.

3. 오늘 프로그램 중에서 가장 인상적인 것은 _____

_____ 이다.

4. 오늘 프로그램에 참여한 소감과 진행자에게 하고 싶은 말은?

_____

_____

_____

_____

_____

과제 6

♡ 하나님에 대한 나의 생각 ♡

별칭 :

※하나님과의 대신관계에서 하나님에 대해 서운했던 점을 생각하며 다음 내용을 적어 봅시다.

1. 하나님으로부터 용서의 은혜를 받은 경험이 있나요?
  - 언제

  - 무슨 일로

2. 하나님에 대해 서운 했던 점은 무엇인가요?
  - 언제

  - 무슨 문제로

3. '하나님' 하면 떠오르는 이미지이가 뭔가요? 왜 그렇게 생각합니까?
  - 하나님의 이미지

  - 그 이유

7회기

(전개6) : 하나님의 이미지 회복하기

1. 목표
우리는 보통 실제 생활에서 하나님을 잘 의식하지 못하거나 하나님에 대한 잘못된 이미지를 가지고 살 때가 있습니다. 이번 활동을 통해 하나님을 보다 가깝게 인식하고 왜곡된 하나님의 이미지를 바르게 회복하는 활동을 하게 됩니다.

2. 준비물
강의 자료, 명찰, 학생활동지, 집단 참여일지, 경쾌한 음악, 카세트, 필기도구

3. 진행상 유의점
하나님과의 불화 관계를 화해하는 관점에서, 하나님에 대해 서운하게 생각했던 점, 하나님과 불화 관계에 있었던 점을 되돌아보고, 하나님께 용서를 구하고, 죄 사함의 은혜를 덧입어 바른 관계를 형성하고, 하나님에 대한 올바른 이미지를 갖도록 촉진한다.

4. 진행과정

(1) 감정 형용사 붙이기 (5분)
- 준비 : 명찰을 나눠주고 그룹별로 모이게 한다.
- 활동
  ① 조용한 음악을 들으며 하나님에 대한 자신의 지금 감정이 어떠한지 생각해 본다.
  ② 하나님에 대한 지금의 감정을 형용사로 표현하여 자신의 이름 앞에 붙여본다.

③ 형용사로 표현된 자신의 별칭으로 그룹 친구들과 인사한다.
예) "저는 하나님에 대해 (감사하는, 불만스러운, …) ○○○입니다."

(2) 하나님에 대한 나의 감정 돌아보기 (15분)
- 준비물 : 6회기의 과제 [하나님에 대한 나의 생각]
- 활동
① 지금 이 순간 하나님에 대해 어떤 감정이 느껴지는가? 또는 어떤 감정을 갖고 있는가?
② 여러 측면에서 살펴본 후 하나님에 대한 당신의 감정에 어떤 변화가 있었는가? 있었다면 어떤 변화인가?

(3) 하나님에 대한 바른 이미지를 향상시키는 방법 (30분)
① 아버지에 대한 이미지 떠올려보기 (동일시)
  1) 아버지와 함께 했던 장면들을 2~3가지 적어보세요.
  2) 이 장면에서 느껴지는 아버지는 어떤 이미지인가요?
  3) 아버지의 장점과 단점을 3~4가지씩 적어보세요.

② 하나님에 대한 이미지 떠올려보기
  1) 하나님을 아주 가깝게 느껴 보았던 장면이나 사건을 적어보세요.
  2) 이 장면이나 사건에서 느껴지는 하나님은 어떤 이미지인가요?
  3) 하나님에 대한 장점과 단점을 3~4가지씩 적어보세요.

(4) 하나님에 대한 바른 시각 갖기 (30분)
① 다음 말씀을 묵상하고, 평소에 알고 있던 하나님과의 차이점을 적어보세요.
  - 용서와 자비의 하나님 : [사1:18]여호와께서 말씀하시되 오라 우리가 서로 변론하자 너희의 죄가 주홍 같을지라도 눈과 같이 희어질 것이요 진홍 같이 붉을지라도 양털 같이 희게 되리라.
  - 늘 함께 하시는 하나님 : [창35:3]우리가 일어나 벧엘로 올라가자 내 환난 날에 내게 응답하시며 내가 가는 길에서 나와 함께 하신 하나님께 내가 거기서 제단을 쌓으려 하노라 하매

- 눈동자처럼 지키시는 하나님 : [신32:10]여호와께서 그를 황무지에서, 짐승이 부르짖는 광야에서 만나시고 호위하시며 보호하시며 자기의 눈동자 같이 지키셨도다.
- 영원하신 하나님 : [사40:28-29]너는 알지 못하였느냐 듣지 못하였느냐 영원하신 하나님 여호와, 땅 끝까지 창조하신 이는 피곤하지 않으시며 곤비하지 않으시며 명철이 한이 없으시며 29 피곤한 자에게는 능력을 주시며 무능한 자에게는 힘을 더하시나니
- 친구 되신 하나님 : [요15:15]이제부터는 너희를 종이라 하지 아니하리니 종은 주인이 하는 것을 알지 못함이라. 너희를 친구라 하였노니 내가 내 아버지께 들은 것을 다 너희에게 알게 하였음이라.
- 말할 수 없는 탄식으로 기도하시는 하나님 : [롬8:26]이와 같이 성령도 우리의 연약함을 도우시나니 우리는 마땅히 기도할 바를 알지 못하나 오직 성령이 말할 수 없는 탄식으로 우리를 위하여 친히 간구하시느니라.

1) 하나님에 대한 오해
2) 새롭게 알게 된 하나님

② 하나님과 아버지의 유사점과 차이점을 적어보세요.
    1) 유사점
    2) 차이점

6. 다음 시간을 위한 과제
- 다음 시간에는 '용서의 나무 가꾸기'에 대해 살펴봅니다.
- '용서 나무 가꾸기의 계획과 실천'을 미리 적어보시기 바랍니다.

활동지7

이름 :

7회기 (전개6) : 하나님의 이미지 회복하기

1. 목표
우리는 보통 실제 생활에서 하나님을 잘 의식하지 못하거나 하나님에 대한 잘못된 이미지를 가지고 살 때가 있습니다. 이번 활동을 통해 하나님을 보다 가깝게 인식하고 왜곡된 하나님의 이미지를 바르게 회복하는 활동을 하게 됩니다.

2. 진행상 유의점
이번 시간에는 하나님과의 불화 관계를 화해하는 관점에서, 하나님에 대해 서운하게 생각했던 점, 하나님과 불화 관계에 있었던 점을 되돌아보고, 하나님께 용서를 구하고, 죄 사함의 은혜를 덧입어 바른 관계를 형성하고, 하나님에 대한 올바른 이미지를 갖도록 촉진한다.

3. 별칭에 감정 형용사 붙이기 (5분)
① 조용한 음악을 들으며 하나님에 대한 자신의 지금 감정이 어떠한지 생각해 본다.
② 하나님에 대한 지금의 감정을 형용사로 표현하여 자신의 이름 앞에 붙여본다.
③ 형용사로 표현된 자신의 별칭으로 그룹 친구들과 인사한다.
　예) "저는 하나님에 대해 (서운한, 불만스러운, 감사하는, …) ○○○입니다."

4. 하나님에 대한 나의 감정 돌아보기 (15분)
- 준비물 : 6회기의 과제 [하나님에 대한 나의 생각]
- 활동
  ① 지금 이 순간 하나님에 대해 어떤 느낌(감정)을 갖고 있는가?
  ② 하나님을 언제, 얼마나 의식하나요?
  　예) 평소에 늘, 모임 때만, 말씀묵상 · 찬송 · 기도할 때, 대화할 때, 거의 의식하지 않음.
  ③ 하나님을 잘 의식하지 못한다면 이유는 무엇인가요?
  　예) 학교생활에 바빠서, 별로 특별한 것이 없어서, 하나님의 존재를 잘 느낄 수 없어서
  ④ 하나님에 대한 이미지 떠올려보기
  　1) 하나님을 아주 가깝게 느껴 보았던 장면이나 사건을 적어보세요.
  　2) 이 장면이나 사건에서 느껴지는 하나님은 어떤 이미지인가요?
  　3) 평소에 하나님에 대해 어떻게 생각하는가?
  　예) 무서운 하나님, 율법적인 하나님, 필요할 때만 찾는 하나님, 인과응보적인 하나님, 요구하고 명령하는 하나님, 조건적인 하나님(~하면 ~한다.)

5. 하나님에 대한 바른 시각 갖기 (30분)
① 다음 말씀을 묵상하고, 평소에 알고 있던 하나님과의 차이점을 적어보세요.
- 용서와 자비의 하나님 : [사1:18]여호와께서 말씀하시되 오라 우리가 서로 변론하자 너희의 죄가 주홍 같을지라도 눈과 같이 희어질 것이요 진홍 같이 붉을지라도 양털 같이 희게 되리라.
- 늘 함께 하시는 하나님 : [창35:3]우리가 일어나 벧엘로 올라가자. 내 환난 날에 내게 응답하시며 내가 가는 길에서 나와 함께 하신 하나님께 내가 거기서 제단을 쌓으려 하노라 하매
- 눈동자처럼 지키시는 하나님 : [신32:10]여호와께서 그를 황무지에서, 짐승이 부르짖는 광야에서 만나시고 호위하시며 보호하시며 자기의 눈동자 같이 지키셨도다.
- 영원하신 하나님 : [사40:28-29]너는 알지 못하였느냐 듣지 못하였느냐 영원하신 하나님 여호와, 땅 끝까지 창조하신 이는 피곤하지 않으시며 곤비하지 않으시며 명철이 한이 없으시며, 피곤한 자에게는 능력을 주시며 무능한 자에게는 힘을 더하시나니

- 친구 되신 하나님 : [요15:15]이제부터는 너희를 종이라 하지 아니하리니 종은 주인이 하는 것을 알지 못함이라. 너희를 친구라 하였노니 내가 내 아버지께 들은 것을 다 너희에게 알게 하였음이라.
- 말할 수 없는 탄식으로 기도하시는 하나님 : [롬8:26]이와 같이 성령도 우리의 연약함을 도우시나니 우리는 마땅히 기도할 바를 알지 못하나 오직 성령이 말할 수 없는 탄식으로 우리를 위하여 친히 간구하시느니라.

1) 하나님에 대해 오해한 점

2) 하나님에 대해 새롭게 알게 된 점

② 여러 측면에서 살펴본 후 하나님에 대한 당신의 감정에 어떤 변화가 있었는가? 있었다면 어떤 변화인가?

쉼터

모래 위에 두 발자국
－일본 사형수 네카타의 시－

어느 날 밤 나는 꿈을 꾸었네.
여호와와 함께 긴 해안을 걷고 있는 그런 꿈을
매 장면마다, 나는 보았네.
모래 위의 두 발자국을…
하나는 내 것.
다른 하나는 여호와의 것.

인생의 최후의 장면이 나타났을 때
나는 돌아보았네, 모래 위에 두 발자국을
아! 그러나 이 어찌된 일인가?
모래 위에 발자국은 하나뿐이니……

나는 여호와께 말씀드렸네.
여호와여 저는 모르겠나이다.
제가 여호와를 따르겠다고 했을 때
여호와께서는 저와 동행해 주신다고 하였는데…
내 인생의 가장 어려운 시기의 때에
그것도 여러 번 모래 위에 발자국은 하나이니

여호와는 말씀하셨네.
내 사랑스럽고 귀여운 자여!
시련의 때에 나는 결코 떠는 일이 없단다.
모래 위에 발자국이 하나뿐일 때
나는 너를 안고 갔노라.

7회 집단 참여 일지

이름 :

1. 지금 내 기분은 _____ 하다.

2. 나는 오늘 _____

_____ 을 깨닫게 되었다.

3. 오늘 프로그램 중에서 가장 인상적인 것은 _____

_____ 이다.

4. 오늘 프로그램에 참여한 소감과 진행자에게 하고 싶은 말은?

_____

_____

_____

_____

_____

과제 7

♡ 용서나무 가꾸기의 계획과 실천 ♡

별칭 :

※나에게 피해나 상처를 주었던 사람에 대해 어떻게 용서를 해줄 것인가 생각하며 용서 나무 가꾸기의 계획과 실천을 적어 봅시다.

1. 누가 나에게 어떤 일로 피해나 상처를 주었는가?
- 누구
- 어떤 일로

2. 나에게 피해나 상처를 준 상대를 어떻게 용서할 것인가?
- 용서에 걸림이 되는 것은?
- 그러나 어떻게 용서할 것인가?

3. 용서를 위한 구체적인 말이나 행동은?
- 용서를 해주는 말

- 용서를 해주는 행동

8회기

용서의 나무 키우기(용서의 항해를 계속해요, 나에게 선물하기)

1. 목표
용서의 유익과 가치에 대해 다시 한 번 떠올려 보고 미래를 향해 나아가는 용서의 삶을 살 수 있도록 한다. 지금까지 용서 활동에 열심히 참여한 자신을 칭찬하며 스스로 격려하고 보상한다. 용서 여행을 함께한 집단원들을 서로 칭찬하고 격려한다.

2. 준비물
강의자료, 용서 설문지, 명찰, 학생활동지, 집단 참여일지, 경쾌한 음악, 카세트, 필기도구

3. 진행상 유의점
그 동안의 집단 활동을 간략히 되돌아본다. 힘든 여정을 함께 한 동료들을 칭찬하고 감사의 마음을 갖도록 한다. 앞으로 어떤 어려움이 있더라도 용서의 실천을 포기하지 않고 지속할 수 있도록 의지와 동기를 갖도록 촉진한다.

4. 진행과정

(1) 감정 형용사 붙이기 (5분)
- 준비 : 명찰을 나눠주고 그룹별로 모이게 한다.
- 활동
  ① 조용한 음악을 들으며 그 동안 활동에 참여한 자신에 대해 생각해 본다.
  ② 꾸준히 활동한 자신에 대해 칭찬하고 격려하는 표현을 이름 앞에 붙여본다.

③ 칭찬하고 격려한 자신의 별칭으로 그룹 친구들에게 소개한다.
　　예) "저는 (참 대견한, 자랑스러운, 이해심이 많은, …) ○○○입니다."

(2) 얼마나 용서했을까? (15분)
- 준비물 : 용서 설문지
- 활동
  ① 나에게 피해나 상처를 준 사람을 생각하며 용서 설문지를 다시 작성한다.
  ② 나에게 피해나 상처를 준 사람에 대해 느낌, 생각, 행동에 어떤 변화가 있는지 살펴본다.

(3) 용서 여정 돌아보기 (30분)
① 나에게 상처를 준 사람에 대한 생각이나 감정의 변화는?
② 나에게 상처를 준 사람에 대한 향후 대처 계획은?
③ 용서 여정에 걸림돌을 극복하는 방법은?
④ 프로그램을 통해 배우거나 깨달은 점은?

(4) 칭찬 세례 : 서로의 장점을 칭찬하며 격려하기 (30분)
① 먼저 리더가 제비를 뽑는다.
② 뽑힌 사람은 리더에게 선물을 받고 Hot Seat에 앉는다.
③ 참여자들은 앉은 사람에게 2분 정도 칭찬을 한다.
④ 칭찬을 받은 사람은 소감을 말하고, 제비를 뽑아 다음 사람으로 이어간다.

(5) 프로그램을 전체적으로 평가하기 (10분)
① 가장 도움이 되었던 인상적인 활동은 무엇인가요?
② 가장 어렵고 힘들었던 활동은 무엇인가요?
③ 더 좋은 활동을 위한 개선점은 무엇인가요?

5. 참여 일지 작성하기 (5분)

활동지8

이름:

8회기 (정리) : 용서의 나무 키우기

(용서의 항해를 계속해요, 나에게 선물하기)

1. 목표
용서의 유익과 가치에 대해 다시 한 번 떠올려 보고 미래를 향해 나아가는 용서의 삶을 살 수 있도록 한다. 지금까지 용서 활동에 열심히 참여한 자신을 칭찬하며 스스로 격려하고 보상한다. 용서 여행을 함께한 집단원들을 서로 칭찬하고 격려한다.

2. 진행상 유의점
그 동안의 집단 활동을 간략히 되돌아본다. 힘든 여정을 함께 한 동료들을 칭찬하고 감사의 마음을 갖도록 한다. 앞으로 어떤 어려움이 있더라도 용서의 실천을 포기하지 않고 지속할 수 있도록 의지와 동기를 갖도록 촉진한다.

3. 별칭에 감정 형용사 붙이기 (5분)
① 조용한 음악을 들으며 그 동안 활동에 참여한 자신에 대해 생각해 본다.
② 꾸준히 활동한 자신에 대해 칭찬하고 격려하는 표현을 이름 앞에 붙여본다.
③ 칭찬하고 격려한 자신의 별칭으로 그룹 친구들에게 소개한다.
　예) "저는 (참 대견한, 자랑스러운, 이해심이 많은, …) ○○○입니다."

4. 용서 여정 돌아보기 (30분)
① 나에게 상처를 준 사람에 대한 생각이나 감정의 변화는?

② 나에게 상처를 준 사람에 대한 향후 대처 계획은?

③ 용서 여정에 걸림돌을 극복하는 방법은?

④ 프로그램을 통해 배우거나 깨달은 점은?

5. 칭찬 세례 : 서로의 장점을 칭찬하며 격려하기 (30분)
① 먼저 리더가 제비를 뽑는다.
② 뽑힌 사람은 리더에게 선물을 받고 Hot Seat에 앉는다.
③ 참여자들은 앉은 사람에게 2분 정도 칭찬을 한다.
④ 칭찬을 받은 사람은 소감을 말하고, 제비를 뽑아 다음 사람으로 이어간다.

6. 프로그램을 전체적으로 평가하기 (10분)
① 가장 도움이 되었던 인상적인 활동은 무엇인가요?

② 가장 어렵고 힘들었던 활동은 무엇인가요?

③ 더 좋은 활동을 위한 개선점은 무엇인가요?

7. 최종 용서 설문 조사 (15분)
① 나에게 피해나 상처를 준 사람을 생각하며 [용서 설문지]를 다시 작성한다.
② 나에게 피해나 상처를 준 사람에 대해 느낌, 생각, 행동에 어떤 변화가 있는지 살펴본다.

용서의 디딤돌과 걸림돌[3]

디딤돌	걸림돌
1. 본인의 마음(35.9%) ―본인의 이해, 인내심, 포용, 의지 2. 상대방의 태도(15.2%) ―상대방의 반성, 사과, 노력, 보상 3. 시간(10.8%) ―고통 감소, 망각, 이해 4. 주변 사람들(9.0%) ―친구, 가족 등의 조언	1. 본인의 마음(51.5%) ―본인의 자존심, 욕심, 배신감, 선입관 2. 상처에 대한 기억(15.7%) ―상처 반복에 대한 걱정, 금전적 손해 3. 상대방의 태도(11.3%) ―상대방의 무반성, 욕심, 나쁜 성격 4. 기타

"모든 지킬 만한 것 중에 더욱 네 마음을 지키라. 생명의 근원이 이에서 남이니라."(잠4:23)

"누가 누구에게 불만이 있거든 서로 용납하여 피차 용서하되 주께서 너희를 용서하신 것 같이 너희도 그리하고"(골3:13)

---

3) 오영희, "한국인의 상처와 용서에 대한 조사" 「교육심리연구」Vol.20 No.2, 467-486.

8회 집단 참여 일지

이름 :

1. 지금 내 기분은 _____ 하다.

2. 나는 오늘 _____

_____ 을 깨닫게 되었다.

3. 오늘 프로그램 중에서 가장 인상적인 것은 _____

_____ 이다.

4. 오늘 프로그램에 참여한 소감과 진행자에게 하고 싶은 같은?

_____

_____

_____

_____

_____

_____

부록 2

I. 용서검사지[4]

이름(별칭):

※ 다음 질문의 빈칸에 기록하거나 적절한 곳에 체크(   ) 하세요.

1. 성별 : ①남 ②여   2. 학년 : ①중1   ②중2   ③중3   ④고1   ⑤고2   ⑥고3

세부 설문
우리는 때로 가족이나 친구, 학교나 교회에서 사람들로부터 상처를 받을 때가 있습니다. 나에게 가장 큰 상처를 준 사람에 대해 떠올려보고, 당시의 있었던 일들을 기억하며 다음 물음에 답해주세요.

1. 어떤 일이었습니까? 간략히 기록해 주세요.

2. 그 일은 언제 있었나요? (경과한 날을 가급적 자세히 기록 바람)
① 1개월 전   ② 2~6개월 전   ③ 7~11개월 전   ④ 1~5년 전   ⑤ 5년 이상

3. 상처를 준 사람은 누구인가요?

① 가족   ② 학교친구   ③ 교회친구   ④ 교사   ⑤ 기타(선후배, 이웃)

4. 그 일이 있을 때, 얼마나 큰 상처를 받았나요?

① 전혀 상처받지 않음   ② 아주 조금 상처를 받음   ③ 보통
④ 많은 상처를 받음   ⑤ 매우 많은상처를 받음

5. 이 문제가 일어나기 전 그 사람과 얼마나 가까웠나요?

① 전혀 가깝지 않음   ② 아주 조금 가까움   ③ 보통
④ 많이 가까웠음   ⑤ 매우 많이 가까웠음

6. 이 문제는 당신에게 어느 정도 심각했습니까?

① 전혀 심각하지 않음   ② 아주 조금 심각함   ③ 보통
④ 조금 많이 심각함   ⑤ 매우 많이 심각함

7. 당신은 얼마나 그런 상처를 받을 만하다고 생각합니까?

① 전혀 받을 만하지 않음   ② 아주 조금 받을 만함   ③ 보통
④ 조금 많이 받을 만함   ⑤ 매우 많이받을 만함

8. 이 문제로 얼마나 오랫동안 고민하거나 고통을 겪었습니까?

① 1개월   ② 2~6개월   ③ 7~11개월   ④ 1~5년   ⑤ 5년 이상

---

4) Enright의 용서검사(The Enright Forgiveness Inventory, 1992). 김광수가 『용서의 심리와 교육프로그램』(파주: 한국학술정보, 2007), 97, 230-235에서 번안하고 수정한 것을 연구자가 재수정함.

◆ **긍정감정과 부정감정 검사**

나에게 상처를 준 그 사람에 대해 <u>어떤 느낌이나 감정</u>을 가지고 있나요?
아래 항목들을 〈보기〉의 빈칸에 대입하여 지금 느끼는 감정으로 가장 적절한 것을
해당란에 체크 (∨) 하세요.

〈보기〉: 나는 그/그녀에 대해 _____ 을/를 느낀다.

연번	항목	0 전혀 그렇지 않다	1 그렇지 않다	2 약간 그렇지 않다	3 약간 그렇다	4 그렇다	5 매우 그렇다
1	따뜻함						
2	부정적 감정						
3	친절함						
4	기쁨						
5	적대감						
6	긍정적 감정						
7	온화함						
8	미움						
9	반감						
10	분노						
11	호의						
12	화난 감정						
13	쌀쌀함						
14	싫은 감정						
15	돌봐주고 싶음						
16	쓰라림						
17	좋은 감정						
18	애정						
19	친근감						
20	역겨움						

※ 유의할 점
1. 역산 문항(10문항) : 2, 5, 8, 9, 10, 12, 13, 14, 16, 20
2. 긍정 감정(10문항) : 1, 3, 4, 6, 7, 11, 15, 17, 18, 19
3. 부정 감정(10문항) : 2, 5, 8, 9, 10, 12, 13, 14, 16, 20

◆ 긍정행동과 부정행동 검사

나에게 상처를 준 그 사람에 대해 어떻게 행동하시겠습니까? 아래 항목들을 〈보기〉의 빈칸에 대입하여 지금 행동하거나 행동 가능한 것의 해당란에 체크 (V) 하세요.

〈보기〉: 그/그녀에 대해 나는 _____ 할 것이다.

연번	항목	0 전혀 그렇지 않다	1 그렇지 않다	2 약간 그렇지 않다	3 약간 그렇다	4 그렇다	5 매우 그렇다
21	우정을 보인다						
22	피한다						
23	무시한다						
24	소홀히 대한다						
25	돕는다						
26	깎아내린다						
27	친절하게 대한다						
28	사려 깊게 대한다						
29	험담한다						
30	다가간다						
31	신경 쓰지 않는다						
32	도와준다						
33	대화하지 않는다						
34	부정적으로 행동한다						
35	좋은 관계를 맺는다						
36	떨어져 있는다						
37	호의를 보인다						
38	어려울 때 도움을 준다						
39	그 사람과 얘기할 때 똑똑 쏘아준다.						
40	그의 파티에 참석한다						

※ 유의할 점
1. 역산 문항(10문항) : 22, 23, 24, 26, 29, 31, 33, 34, 36, 39
2. 긍정 행동(10문항) : 21, 25, 27, 28, 30, 32, 35, 37, 38, 40
3. 부정 행동(10문항) : 22, 23, 24, 26, 29, 31, 33, 34, 36, 39

◆ 긍정사고와 부정사고 검사

나에게 상처를 준 그 사람에 대해 <u>어떻게 생각하십니까?</u> 아래 항목들을 〈보기〉의 빈칸에 대입하여 <u>지금 현재의 생각</u>을 가장 잘 나타내는 해당란에 체크(∨) 하세요.

〈보기〉: 나는 그/그녀가 _____ 라고 생각한다.

연번	항목	0 전혀 그렇지 않다	1 그렇지 않다	2 약간 그렇지 않다	3 약간 그렇다	4 그렇다	5 매우 그렇다
41	비열하다						
42	사악하다						
43	끔찍하다						
44	좋은 자질이 있다						
45	존중받을 만하다						
46	소름 끼친다						
47	사랑스럽다						
48	가치가 없다						
49	비도덕적이다						
50	좋은 사람이다						
51	멋있다						
52	부패(타락)했다						
53	나쁜 사람이다						
54	그가 잘되기를 바란다						
55	그를 인정하지 않는다						
56	그를 호의적으로 생각한다						
57	그가 건강하기를 바란다						
58	그 사람을 비난한다						

59	그가 성공하기를 바란다						
60	그가 행복을 찾기를 바란다						
61	지금 그 일에 대해 생각해 보니 사실 아무 문제도 아니었다.						
62	그 일로 나는 전혀 괴로움을 당하지 않았다.						
63	그가 내게 한 행동에는 잘못된 것이 없다.						
64	내 감정은 전혀 상하지 않았다.						
65	그 사람이 한 일은 공정한 것이었다.						

※ 유의할 점

1. 역산 문항(10문항) : 41, 42, 43, 46, 48, 49, 52, 53, 55, 58
2. 긍정 사고(10문항) : 44, 45, 47, 50, 51, 54, 56, 57, 59, 60
3. 부정 사고(10문항) : 41, 42, 43, 46, 48, 49, 52, 53, 55, 58

부록 3

II. 분노 검사지

다음은 당신에게 피해나 상처를 준 사람에 대해 어떻게 느끼고 있는지에 관한 것입니다. 피해를 준 사람과 관련하여 현재의 감정을 가장 잘 나타내주는 곳에 체크(∨) 하세요.

연번	항목	1 거의 그렇지 않다	2 매우 약간 그렇다	3 그렇다	4 매우 그렇다
1	나는 격분해 있다.				
2	나는 언짢다.				
3	나는 탁자를 내리치고 싶은 심정이다.				
4	나는 화가 난다.				
5	나는 성이 난다.				
6	나는 짜증이 난다.				
7	나는 누군가에게 소리를 지르고 싶은 심정이다.				
8	나는 미칠 듯이 화난다.				
9	나는 당장 폭발할 것 같은 기분이다.				
10	나는 좌절을 느낀다.				
11	나는 욕을 퍼붓고 싶다.				
12	나는 머리끝까지 열 올라 있다.				
13	나는 누군가를 치고 싶다.				
14	나는 뭔가를 부수고 싶다.				
15	나는 분개하고 있다.				

※ 유의할 점 1. 점수 분포 : 15-60점   2. 점수가 높을수록 분노가 높음.

부록 4

Ⅲ. 자존감 검사지

다음은 자기 자신에 대해 어떻게 느끼거나 생각하고 있는지에 관한 것들입니다. 문항을 읽고 자신에게 가장 가깝거나 적합하다고 생각하는 곳에 체크(∨) 하세요.

연번	항목	1 매우 그렇다	2 그렇다	3 그렇지 않다	4 전혀 그렇지 않다
1	나는 다른 사람과 마찬가지로 가치 있는 사람이라고 느낀다.				
2	나는 많은 장점을 가졌다고 느낀다.				
3	나는 모든 면에서 실패자라고 느낀다.				
4	나는 대부분의 다른 사람들만큼 여러 가지 일들을 잘할 수 있다.				
5	나는 자랑할 것이 별로 많지 않다고 느낀다.				
6	나는 나 자신에 대해 긍정적인 태도를 갖고 있다.				
7	전반적으로 나는 내 자신에 대해 만족한다.				
8	나는 나 스스로를 좀 더 존중할 수 있었으면 한다.				
9	나는 확실히 무기력해지는 것을 때때로 느끼곤 한다.				
10	가끔 나는 내가 전혀 착한 사람이 아니라는 생각이 든다.				

※ 유의할 점 1. 역산 문항 : 3, 5, 8, 9, 10 2. 점수 분포 : 10~40점
　　　　　　　3. 점수가 높을수록 자존감이 높음.

부록 5

Ⅳ. 하나님 이미지 검사지[5]

하나님은 당신의 삶에 어떤 영향을 미치고 있나요?
해당하는 빈 칸에 체크(∨) 하세요.

	문항	1 결코 아니다	2 거의 그렇지 않다	3 드물게	4 때때로	5 자주	6 거의 언제나	7 항상
1	나는 하나님의 사랑을 느끼고 있다.							
2	나는 교회가 아닌 다른 곳에서 기도한다.							
3	나는 하나님을 향한 화냄과 분노의 감정을 경험한다.							
4	나는 하나님께 나의 죄를 용서해 달라고 기도한다.							
5	나는 하나님이 어떤 방법으로든 나를 벌주실 것 같아 두렵다.							
6	나는 매일의 삶 속에서 어떤 결정을 내릴 때, 하나님께서 내가 무엇을 하기 원하신지 알기 위해 노력한다.							
7	나는 하나님이 너무나 크고 위대하셔서 나의 개인적인 문제를 돌보아 줄 시간이 없으신 것 같은 느낌을 갖고 있다.							
8	나는 예배시간이나 내 인생의 가장 중요한 순간에 기도 가운데 하나님이 아주 가까이 있음을 느낀다.							
9	나는 매일의 삶 속에서 하나님이 나와 함께 하심을 느낀다.							
10	나는 하나님께 기도할 때, 나는 마치 친밀한 친구와 이야기하는 느낌이 든다.							
11	나와 하나님과의 관계는 깊은 친교를 나누는 것으로 특징지을 수 있다.							
12	나는 하나님이 실재 존재하는가에 대해 의심하는 내 모습을 보게 된다.							

13	나는 하나님의 손길을 느낄 수 없고, 마치 하나님이 더 이상 존재하거나 나와 함께 있다는 느낌이 들지 않는 때도 있다.						
14	나는 나의 삶에서 모든 좋은 일들은 하나님과 관련될 수 있고, 모든 나쁜 일들은 사단과 연결될 수 있다고 믿는다.						
15	하나님은 내가 어떻게 느끼고, 생각하고 있는지를 항상 알고 있는 것 같다.						
16	하나님은 나의 감정과 생각을 진정으로 잘 이해하고 계신 것처럼 보인다.						
17	나는 때때로 하나님 아버지, 그 아들 예수님과 성령을 완전히 다르게 체험한다.						
18	나는 하나님을 여러 가지 다양한 특징과 성품을 지니신 복합적인 분으로 느껴진다.						
19	나는 때때로 하나님이 왜 그렇게 하시는지에 대해 명확한 의도나 이유를 잘 모르겠다.						
20	하나님이 사람들과의 관계에서 행하시는 일들은 나와 특별한 사람과의 관계에는 영향을 미치지 않는다.						
21	나는 하나님의 행위들을 사랑으로 체험하고 있다.						
22	하나님과 나 자신은 서로 간의 관계에서 능동적인 참여자로 체험한다.						
23	나는 성경에서 묘사된 것과 거의 유사하게 하나님을 체험한다.						
24	나는 예배나 기도와 같은 특별한 시간 동안 하나님의 이미지나 느낌을 지속적으로 간직할 수 있다.						
25	나는 내가 하는 일과 내 주변 사람들에게 일어나는 일들에 대해 하나님의 뜻을 찾으려고 노력한다.						
26	나는 착한 사람들에게 나쁜 일이 일어나는 것을 볼 때, 하나님이 우리를 돌보고 계시는지에 대해 의심이 생길 때가 있다.						
27	나는 하나님이 행하시는 것과 말씀하시는 이유에 대해 묵상하고 이해하려고 노력한다.						
28	나의 삶에서 어려운 일이 닥칠 때, 나는 하나님이 존재하는지 의심하는 경향이 있다.						

5) 김사훈,「내면화 과정과 하나님 이미지 형성 간의 관계 연구」(계명대학교 대학원 박사학위 논문, 2005), 133-138.

ABSTRACT

A Study on the Effects of a Forgiveness Program on Christian Youth in Managing Anger and Improving Self-Esteem

Kim Hong-Gee
Advisor: Prof. Kim Hyun-Jin Ph.D.
Department of Pastoral Counselling
Kwangshin University

In this study, in order to fundamentally solve the problems of knotted anger and damaged self-esteem in today's Christian youth, a forgiveness program was developed and implemented from a reformed theological viewpoint for Christian youth in a missions organization. The results from a statistical analysis based on the research problem and discussion are as follows. First, the forgiveness program that is based on restoring one's relationship with God showed a positive impact on the emotions, thoughts, and actions of forgiveness of the Christian youth. This is evident as the Christian youth who participated in this program experienced a transformation in behavior, healing of emotions, and positive thoughts about forgiveness.

Second, the forgiveness program had a positive impact on anger management for Christian youth. This can be seen in that the spiritual experience of forgiveness of sins through a restored relationship with God has an important role in managing anger and forgiving the person that has hurt you.

Third, the forgiveness program had a positive impact on improving self-esteem of Christian youth. From a reformed theological counseling perspective, this can be seen as the result of realizing one's worth as a being that is made in the image of God and of restoring one's vertical relationship with God as well as one's horizontal relationship with people.

Fourth, the forgiveness program had a positive impact on God's image in Christian youth. Reconsidering God's image and restoring the distorted image of God from wounds through a biblical perspective can be seen to have brought about a positive change.

Thus, though the forgiveness program considers restoring relationships horizontally with humans, it places greater importance on restoring one's vertical relationship with God, and this integrative forgiveness program can be seen as having a positive impact on managing anger and improving self-esteem in Christian youth.

용서의 힘
- 청소년의 분노조절 · 자존감 향상, 용서 프로그램

발행	2017년 6월 15일
지은이	김홍기(모세)
펴낸 곳	꿈과 비전
발행 · 편집인	신수근
편집디자인	한미나
등록번호	제2014-54호
주소	서울 관악구 관악로 105 동산빌딩 403호
전화	02-877-5688(대)
팩스	02-6008-3744
이메일	samuelkshin@naver.com

ISBN 979-11-87634-02-7 부가기호 93180 (PUR제본)
정가 15,000원